Vahlen

Mit inspirierenden Außensichten von: Pater Pirmin Gnädinger · Gymnasialklasse 2LaSa Heerbrugg · Magdalena Hoffmann · Franziska Kuhn-Häderli · Daniel Kosch · Cornelia Lüthy · Sybille Sachs · Sonja Sackmann · Nicolas, Jonas und Simon Wüthrich

Hans A. Wüthrich

THINKOUT

Selbst denken in einer Welt voller Antworten

Mit inspirierenden Außensichten von: David Bosshart · Christine Egerszegi · Jérôme Endrass · Jacqueline Fehr · Daniel Frutig · Mario Gattiker · Peter Gomez · Eva-Maria Kern · Ursula Nold · Marianne Ryter · Reinhard K. Sprenger · Frank Walthes · Theo Wehner · Peter A. Wuffli · Walther Ch. Zimmerli

Vahlen · München   Versus · Zürich

Bibliografische Information der Deutschen Nationalbibliothek
Die Deutsche Nationalbibliothek verzeichnet diese Publikation in der Deutschen Nationalbibliografie; detaillierte bibliografische Daten sind im Internet über http://dnb.dnb.de abrufbar.

Das Werk einschließlich aller seiner Teile ist urheberrechtlich geschützt. Jede Verwertung ist ohne Zustimmung des Verlags unzulässig. Dies gilt insbesondere für Vervielfältigungen, Übersetzungen, Mikroverfilmungen und die Einspeicherung und Verarbeitung in elektronischen Systemen.

© 2025
Versus Verlag AG, Zürich · www.versus.ch
Verlag Franz Vahlen GmbH, München · www.vahlen.de

Umschlagbild: Thomas Woodtli · Witterswil
Satz und Herstellung: Versus Verlag AG · Zürich
Druck: Westermann Druck Zwickau GmbH · Zwickau
Printed in Germany

ISBN Versus: 978-3-03909-345-8 (Print)   978-3-03909-845-3 (E-Book)
ISBN Vahlen: 978-3-8006-7644-6 (Print)   978-3-8006-7645-3 (E-Book)

Thinkout – **Yoga** für den Verstand: Wer nicht dehnt, bleibt **steif im Geist.**

Inhalt

Auftakt – Eigene Antworten finden Seite 9

mit Außensichten von:
Walther Ch. Zimmerli   16
Jacqueline Fehr   19
Pater Pirmin Gnädinger   23

1 Thinkout «Menschenbild» Seite 27

Von welchem Verständnis des Menschseins ausgehen?

mit Außensichten von:
Theo Wehner   39
Christine Egerszegi   43
Mario Gattiker   47

2 Thinkout «Selbstregie» Seite 53

Wie selbstbestimmt ist die Selbstbestimmung?

mit Außensichten von:
David Bosshart   66
Eva-Maria Kern   69
Jérôme Endrass   73

3 Thinkout «Normalität» Seite 79

Was ist normal?

mit Außensichten von:
Gymnasialklasse 2LaSa, Kantonsschule Heerbrugg   91
Nicolas, Jonas und Simon Wüthrich   95
Marianne Ryter   99

4   Thinkout «Transformation» — Seite 107

Wie gelingt Veränderung?

mit Außensichten von:
Ursula Nold   120
Daniel Frutig   123
Cornelia Lüthy   126

5   Thinkout «Komplexität» — Seite 133

Wie trotz Ungewissheit handlungsfähig bleiben?

mit Außensichten von:
Peter Gomez   147
Sonja Sackmann   151
Peter A. Wuffli   156

6   Thinkout «Leadership» — Seite 163

Wie konturiert sich exzellente Führung?

mit Außensichten von:
Reinhard K. Sprenger   178
Sybille Sachs   182
Frank Walthes   186

7   Thinkout «Wertekompass» — Seite 193

Welche Tugenden bieten Orientierung?

mit Außensichten von:
Franziska Kuhn-Häderli   207
Daniel Kosch   210
Magdalena Hoffmann   215

Ausklang – Denken braucht Taten — Seite 221

Anmerkungen   227
Glossar   230
Danksagung   235
Autor   237

«Thinkout»

… ermutigt dazu, innezuhalten, eigenständig zu denken und die geistige Trägheit zu überwinden. Ziel ist es, vertraute Denkpfade zu verlassen, barrierefrei zu denken und eigene Antworten für prinzipiell unbeantwortbare Fragen zu finden. Im Mittelpunkt steht das mutige Spiel mit verschiedenen Perspektiven, das einlädt, produktiv zu zweifeln, an Widersprüchen zu wachsen und die individuelle Denkkraft zu entfalten.

Thinkout – die Einladung
zum mutigen **Selbstdenken.**

Auftakt –
Eigene Antworten finden

Gedanken entfalten – die Kunst der Selbstdenkenden.

Gesucht: Selbstdenkende!

Wir leben in einer Welt voller Antworten. Tagtäglich werden 8,5 Milliarden Suchanfragen gestellt und immer mehr delegieren wir das mühsame eigenständige Denken an die künstliche Intelligenz. Die ernüchternde Realität lautet: Wer selbst denkt, hat das Rennen bereits verloren. Gedanken sind jedoch nicht bloß flüchtige Wolken, die durch unsere Köpfe ziehen, sie sind die Schöpfer unserer Realität. Selbstdenken ist wichtig, denn nur das, was wir erwägen und uns ausmalen können, existiert für uns. Nur das, was wir uns vorzustellen getrauen, bildet den Horizont für unser Handeln in der Gegenwart und bestimmt, wie wir zukünftig agieren. Nur wer die eigene Denkkraft nutzt, es wagt, die Denkroutinen zu unterbrechen und den persönlichen Denkrahmen zu sprengen, überwindet die mentale Lethargie. Oder wie es die Philosophin Christine Abbt pointiert formuliert: «Denken muss trainiert werden, wie ein Muskel.»

Denken erschüttert heutige Gewissheiten und erweitert unseren Sinn für das Denkbare. Denken schafft Überblick, Überblick ermöglicht Einsicht und Einsicht schafft – allenfalls – Rücksicht. Gerade die aktuelle Weltlage zwingt uns dazu, die Zukunft nicht nur aus der Vergangenheit heraus zu denken, die Meinungskorridore bereits heute zu erweitern, den Hoffnungshorizont auszudehnen und die utopische Kraft der Fantasie zu nutzen. Die Unelastizität des Denkens und Blockaden im Kopf lassen sich leichter mit Denkalternativen als mit Denkverboten überwinden. Wir benötigen nicht Querdenkende, sondern **Selbstdenkerinnen** und **Selbstdenker,** die mit einer kritischen Skepsis bereit sind, ihre eigenen Ideen mit anderen zu teilen. In einer Welt, die durch Oberflächlichkeit und Schnelllebigkeit geprägt ist, in der die Lösungen nicht selten das Problem sind, gilt es genauer hinzusehen und uns selbst sowie die uns umgebenden Systeme kritisch zu hinterfragen. Die Fähigkeit intelligente Prompts zu formulieren und die KI effizient zu nutzen, greift zu kurz. Was wir benötigen, sind Narrative des menschlichen Eigenbewusstseins und Debattenräume mit einer Lizenz zum anders und größer Denken. Oder schlicht die Fähigkeit, kritisch zu denken und ein Besinnen auf den von Immanuel Kant formulierten Leitspruch der Aufklärung: *«Habe den Mut, dich deines eigenen Verstandes zu bedienen.»*[1]

Thinkout ist eine atypische Publikation, die sich ausschließlich unerklärbaren Fragen widmet. In Anlehnung an den österreichisch-amerikanischen

Physiker, Philosophen, Mathematiker und Kybernetiker Heinz von Foerster handelt es sich bei den sieben, die Struktur dieser Publikation bildenden Themen, um prinzipiell unbeantwortbare Fragen, für die es keine eindeutigen und endgültigen Antworten gibt und geben kann. Foerster ermutig dazu, solche Fragen zu schätzen, da für ihn die Anerkennung dieser Fragen ein entscheidender Schritt hin zu einem offenen und erkenntnisreichen Denken ist.

Thinkout lädt dazu ein, eigenständig zu denken. Statt durch wissenschaftliche Evidenz zu überzeugen, bietet es Angebote zur Denkstimulation. Die Breite und Vielfalt der Antworten sollen zum persönlichen Nachdenken anregen, zur Überprüfung der persönlichen Überzeugungen, Begrenzungen und Urteile auffordern und zur Entdeckung eigener Antworten ermutigen. Das Buch hilft dabei die «Standard-Denkweise» zu erkunden und das eigene Selbst besser zu verstehen. Es fördert die Selbsterkenntnis als Grundlage für die Selbstbestimmung. Durch die individuellen Antworten wird das persönliche Denk-Narrativ sichtbar.

Thinkout lebt von der Subjektivität und hat die ausdrückliche Ambition zur Unvollständigkeit. Die Denkimpulse sind eine eklektische Sammlung von Beiträgen, die weder Anspruch auf Repräsentativität noch auf Vollständigkeit und Richtigkeit erheben. Die Außensichten sind lebensbiografisch geprägt und bewusst persönlich gehalten. Diese individuellen Antworten fördern die gewünschte Denkvielfalt als Basis für das eigene Klügerwerden. Sie helfen dabei, die persönliche Denklogik herauszufordern, Denken als soziale Tätigkeit zu verstehen und den Dialog mit Andersdenkenden zu führen.

Thinkout ist eine geistige Dehnübung für offenes Nachdenken und produktives Zweifeln. Es basiert auf dem Prinzip der Rückkoppelung zur Erkenntnisgewinnung. Die Denkangebote von Dritten sollen inspirieren und verunsichern, persönliche Gewissheiten hinterfragen und neue Fragen aufwerfen. Diese zirkulären Prozesse fördern das ursprünglich Philosophische, nämlich die Kunst des Fragens, die Reflexion über das Selbstverständliche sowie die Freundschaft zur Weisheit. Die Publikation soll die Mutigen anspornen und die Ängstlichen einladen, die eigene Denkkraft bewusst zu nutzen.

Denkfaulheit führt ins Verderben

«Manche Menschen würden eher sterben als nachdenken. Und sie tun es auch.» Diese zugespitzte Botschaft des Philosophen Bertrand Russell trifft den Kern. Tagtäglich denken wir weniger klar als wir es könnten und sind uns der Denkzwänge, sowohl selbstauferlegter als auch äußerer, oft kaum bewusst. Erschwerend kommt hinzu, dass das Unvermögen zu denken oft mit der Unfähigkeit zu schweigen einhergeht. Wolf Lotter fordert zu Recht: **Macht weniger Selfies und mehr «Denkies».** Was wir benötigen, sind Denkakrobatinnen und Denkakrobaten, die den Mut haben, spielerisch und ohne «Geländer» zu denken, und die durch ihre geistigen Reflexionen und Gedankenspiele den Weg für ungeschriebene Geschichten ebnen. Selbstdenkende sind die Pioniere der Zukunft. Sie erinnern uns als unbequeme Stacheln im faulen Denkfleisch daran, dass Fortschritt und Veränderung oft durch Abweichungen vom Mainstream entstehen. Sie biegen sich nicht mit jeder Wendung des Zeitgeistes und denken das Nachher als Hypothese im Jetzt mit. Besonders bemerkenswert ist hierbei die verblüffende These des Historikers Caspar Hirschi: *«Nachdenken ist ein Privileg der Machtfernen».*[2] Unabhängig davon, ob wir über einen gewöhnlichen oder überdurchschnittlichen Verstand verfügen, können wir selbst denken, uns von festen Meinungen lösen und von Autoritäten emanzipieren. Selbstdenken bedeutet jedoch nicht, sich abzuschotten und ein Weltbild allein, ohne äußere Anregung und Korrektur, zu schaffen. Vielmehr heißt es, sich der eigenen Vernunft zu bedienen und im Austausch mit Mitmenschen Argumente zu schärfen und Neues zu kreieren. Nutzen wir daher die persönliche Denkkraft und das Privileg, frei zu denken. Auch wenn es anstrengend ist, Schmerzen verursachen kann und möglicherweise nur einen halben Schritt über den Konsens hinaus geht. Doch genau dieser halbe Schritt ist entscheidend, denn die Qualität der Gedanken, bestimmt die Qualität des Lebens.

**Selbstdenkende befreien das Denken,
helfen den Horizont des Gewohnten zu erweitern
und passende Lösungen für morgen zu finden.**

Die Kraft einer schlichten Frage

Überlastung und hektisches Treiben verhindern **originelles Denken.** Wer weniger umtriebig ist, den Rückzug aus der Alltagshektik wagt und sich von der toxischen Mischung aus ständiger Dringlichkeit und permanenter Verfügbarkeit befreit, kann mehr erreichen. Denken ist glücklicherweise auch eine Möglichkeit, Ruhe zu finden. Ruhe nicht im meditativen Sinn einer gedankenlosen Stille, sondern als Distanznahme. Denkpausen sind deshalb kraftvolle Denkschübe und in der Stille kann unser Geist seine volle Urteilskraft entfalten. Nachdenken und «Deep Thinking» lässt uns wacher werden. Zu Beginn möchte ich Sie, geschätzte Leserinnen, geschätzte Leser, deshalb einladen, sich eine kurze Auszeit und einen Moment der Ruhe zu gönnen. Nehmen Sie sich eine Tasse Kaffee oder Ihren bevorzugten Drink und stellen Sie sich folgende Frage: *Auf welche Fragen hätten Sie gerne schon früher die eigenen Antworten gekannt? Wie lauten diese Antworten heute – jetzt, da Sie einen tieferen Einblick gewonnen haben?*

Lassen Sie sich von Ihren eigenen Gedanken überraschen und inspirieren. Beobachten Sie sich als Beobachterin oder Beobachter. Wie interpretieren Sie das Ergebnis Ihrer Reflexion? Was hat Sie überrascht, was war absehbar?

Ermutigt durch die tiefgründige Botschaft des deutschen Widerstandkämpfers und Politikers Heinz Brandt – «früher wusste ich die Antworten, heute bin ich froh, wenn ich die Fragen kenne» – bildet die an Sie gerichtete Eingangsfrage den Ausgangspunkt für diese Publikation. Je intensiver ich mich mit den eigenen Antworten auseinandergesetzt habe, desto klarer erkannte ich das Potenzial dieser Reflexionsfrage. Sie dient einerseits als Grundlage zur Selbsterkennung und andererseits für ein besseres Verständnis der eigenen Haltung und Handlungen. Durch das Denken erkennen wir uns selbst.

Für mich persönlich sind es **sieben Kernfragen,** auf die ich meine heutigen Antworten gerne schon viel früher gekannt hätte. Diese lauten wie folgt:
- Von welchem Verständnis des Menschseins gehe ich aus?
- Wie selbstbestimmt ist meine Selbstbestimmung?
- Was ist für mich normal?
- Wie bewirke ich Veränderungen?
- Wie bleibe ich trotz Ungewissheit handlungsfähig?

- Welches Bild habe ich von einer exzellenten Führung?
- Welche Tugenden bieten mir Orientierung?

Basierend auf diesen Fragen, bietet die Publikation in Form eines Kaleidoskops vielfältige Reflexionsangebote zu den Denkkonstrukten **«Menschenbild», «Selbstregie», «Normalität», «Transformation», «Komplexität», «Leadership» und «Wertekompass»** an. Da der Austausch für den Denkprozess von grundlegender Bedeutung ist, teilen neben dem Autor auch renommierte Expertinnen und Experten sowie beeindruckende Persönlichkeiten aus akademischen, politischen, wirtschaftlichen und öffentlichen Bereichen ihre biografischen Lektionen und Überzeugungen in prägnanter Form. Dabei geht es nicht um einen Wettbewerb der Antworten. Vielmehr sollen die vielfältigen Sichtweisen zum Nachdenken anregen und dazu einladen, die eigene Denkwelt spielerisch zu erkunden, zu hinterfragen und den intellektuellen Durst zu stillen. Vielleicht führen sie sogar zu einer Art «Reset» oder einem «Refraiming» der eigenen Gedankenwelt.

Die Einstiegsfrage habe ich in verschiedenen Variationen drei bemerkenswerten Persönlichkeiten gestellt: Walther Christoph Zimmerli, dem Schweizer Philosophen, Jacqueline Fehr, der Zürcher Regierungsrätin, und Pater Pirmin Gnädinger, dem Benediktinermönch. Im Folgenden finden Sie die drei lebensbiografischen Denkanstöße.

Prof. em. Dr. Walther Ch. Zimmerli studierte Philosophie, Germanistik und Anglistik in Göttingen und Zürich und habilitierte sich in Philosophie. Seine akademische Laufbahn umfasste Lehrstühle an der TU Braunschweig, der Universität Bamberg und Erlangen-Nürnberg sowie an der Universität Marburg. Von 1999 bis 2002 bekleidete er das Amt des Präsidenten an der privaten Universität Witten Herdecke und von 2002 bis 2007 als Mitglied des Topmanagements des Volkswagenkonzerns das Amt des Gründungspräsidenten der AutoUni. Zwischen 2007 und 2013 fungierte er als Präsident der Brandenburgischen Technischen Universität Cottbus und genießt seither nach eigener Aussage «das Ruhestandsprivileg, als Honorarprofessor und Senior Fellow an verschiedenen Forschungseinrichtungen des In- und Auslands akademisch zu wildern». Ich habe Walther Ch. Zimmerli die **bereits bekannte Einstiegsfrage** gestellt.

Narrative Selfies
Walther Ch. Zimmerli

Die Frage, wer ich bin, wird unmittelbar zeitlich aufgespreizt zur Frage: Wie bin ich geworden, wer ich bin? Und in demselben Atemzug zur Frage: Wie werde ich zu dem werden, der ich bin? Da auch ich, wie wir alle, in einer Zeit vollständiger digitaler Spiegelung lebe, schaue ich zur Beantwortung dieser Fragen in irgendeinen der heute allzeit und überall verfügbaren digitalen Spiegel: Ich google mich. Und wenn mir nicht irgendwelche kreativen Abweichungen, etwa in Gestalt von Druck- oder Übermittlungsfehlern, zur Hilfe kommen, schallt es mir aus dem Wald des Netzes ziemlich genau so entgegen, wie ich und andere es hineingerufen haben: Ich bin so zu dem geworden, der ich bin, wie es die scheinbar lineare Rationalisierungsgeschichte meines Curriculum Vitae, meines narrativen Selfies, erzählt.

Angesichts dieses Spiegelbildes geht es mir – und vermutlich vielen anderen – so wie Herrn Keuner, dessen Reaktion auf die Bemerkung, er habe sich nicht verändert, von Bertold Brecht zu dem locus classicus verdichtet wurde: «Oh, sagte Herr K. und erbleichte». Wobei sich dieses Erbleichen wohl nicht nur auf die vergangene Entwicklung, sondern vielleicht noch stärker darauf bezieht, was wir, fälschlicherweise im Singular, «die Zukunft» nennen. Wer keine verschiedenen Möglichkeiten, sondern nur noch eine unveränderliche Fortsetzung der Vergangenheit vor sich sieht, hat eben im Wortsinne auch keine Zukunft mehr. So betrachtet, schlägt also jede Antwort, die man für schlüssig hält und die man auch als «Einsicht» bezeichnen kann, Türen zu, während jede (noch) unbeantwortete Frage verschiedene Möglichkeiten offenhält oder vielleicht erst öffnet. Und dieses Wechselspiel von zugeschlagenen und sich öffnenden Türen ist das, was wir «Lernen» nennen. Daraus aber ergibt sich eine weitere Schwierigkeit: Wäre ich, hätte ich diese Antworten schon früher gekannt, **derselbe geworden, der ich jetzt bin?** Oder hätte ich mich, diesen gelernten Einsichten entsprechend, nicht anders verhalten und hätte nun dementsprechend auch ein anderes narratives Selfie?

Wenn ich, Walther Ch. Zimmerli, dem mich aus den verschiedenen Versionen meines eigenen CV anblickenden Selbstbild Vertrauen schenke, bin ich beruflich ein Wanderer zwischen den verschiedenen Welten von Wissenschaft, Technologie und Wirtschaft. Aus dieser Perspektive lässt sich das bisher Ausgeführte an Beispielen aus meiner Zeit als Mitglied des Topmanagements der Volkswagen AG illustrieren. Damals habe ich gelernt, dass einige der vermeintlich betriebswirtschaftlich gut begründeten theoretischen Einsichten der Wirklichkeit des Unternehmensalltags praktisch nicht standhalten. In der wissenschaftlichen Variante meines narrativen Selfies meinte ich nämlich gelernt zu haben, die wirtschaftliche Realität ließe sich u. a. durch die Kennzahl des

ROI («Return On Investment») beschreiben. Dementsprechend wäre theoretisch anzunehmen, dass rational agierende wirtschaftliche Akteure immer versuchen werden, Kapital so zu investieren, dass es mit einer möglichst großen Rendite wieder an sie zurückfließt. Das bedeutet aber auch, dass die Investition rechnerisch über die gesamte geplante Laufzeit abgeschrieben werden muss.

In der wirtschaftlichen Praxisvariante meines narrativen Selfies erhielt ich allerdings auf die Frage nach den Kennzeichen wirtschaftlichen Handelns eine andere Antwort. In vielen Fällen nämlich sind (auch große) Investitionen schon von Anfang an abgeschrieben. Und zwar nicht etwa deswegen, weil der ROI schon von Anfang an garantiert wäre, wie etwa bei der Investition in ein sich potenziell zum Unicorn entwickelndes Startup-Unternehmen, sondern aufgrund ökonomisch «weicher» Faktoren wie etwa Prestige, Marketing oder auch Zu- oder Abneigung. Eine Großinvestition, die, allerdings ohne mein Zutun, mit dem Beginn meiner Mitwirkung im Volkswagenkonzern zusammenfällt, mag das belegen: Von 2001 bis 2016 wurde die viertürige Stufenhecklimousine Phaeton in Zwickau und Dresden gebaut. Dabei handelte es sich um den Versuch, die Konkurrenten Mercedes und BMW auf deren ureigenstem Terrain, dem Segment der Luxuslimousinen, anzugreifen. Dass es sich beim Phaeton, wie ich aus eigener Erfahrung weiß, um ein Fahrzeug handelte, das mit der Qualität der Mitbewerber technisch durchaus mithalten konnte, ist eine Angelegenheit; dass sich der Konzern im europäischen Markt mit einem Absatz von durchschnittlich nur rund 4000 statt der ursprünglich geplanten 20 000 Stück pro Jahr zufriedengeben musste, ist eine andere Sache, die dieses Fahrzeug zu einem der verlustreichsten Pkw-Modelle der Unternehmensgeschichte machte. Zwar war den Experten eigentlich von Anfang an klar, dass eine Luxuslimousine der Marke Volkswagen dieses Schicksal erleiden würde; aufgrund übersteigerter Ambitionen einiger der relevanten Akteure wurden dennoch Milliarden investiert, die, rückblickend, schon von Anfang an abgeschrieben waren.

Etwas Ähnliches habe ich selbst in dem von mir geleiteten Bereich der unternehmenseigenen Corporate University, der Volkswagen AutoUni, erlebt. Hierzu zwei Anekdoten zur Einstimmung: Als ich nach dem Ende meiner Zeit als Präsident der Private Universität Witten/Herdecke gGmbH im Frühjahr 2002 zu einem Vorstellungsgespräch in die berühmte Vorstandsetage des Volkswagen-Konzerns nach Wolfsburg kam, traf ich dort auf den Vorstandsvorsitzenden Bernd Pischetsrieder und den Personalvorstand Peter Hartz, die mich für die Aufgabe der Gründung und Leitung einer unternehmenseigenen Corporate University gewinnen wollten. Auf meine Frage danach, was denn da von mir erwartet werde, kam eine Antwort, die den Ausschlag dafür gab, dass ich schlussendlich zusagte: «Wenn wir das wüssten», hieß es wie aus einem Munde, «bräuchten wir Sie nicht.» Pleinpouvoir, wie es damals in meinen Ohren klang, oder bereits abgeschriebene Investition?

Und als es danach darum ging, die Mittel zur Finanzierung des ersten Bauabschnitts der AutoUni, den Mobile Life Campus, bereitzustellen, erlebte ich

Analoges: Der damalige Geschäftsführer der Wolfsburg AG und ich gingen mit einem gut ausgearbeiteten Antrag auf Zuweisung von 4 Mio. Euro für die Planung eines Sale-and-lease-back-Modells in die Vorstandssitzung und kamen mit der Zusage über die gesamten 50 Mio. Euro heraus. «Warum sollen wir ein derart vielversprechendes Geschäft Dritten überlassen?», so der damalige Finanzvorstand. «Geist braucht Raum, und Raum kostet Geld.» Das war der Beginn einer wunderbaren Zusammenarbeit mit Gunter Henn, dem brillanten Architekten der Autostadt, woraus der heute noch am Wolfsburger Hageberg zu besichtigende wegweisende Bau einer zukunftsfähigen Wissensarchitektur, der Mobile Life Campus (Bauzeit 2004–2006), hervorging. Dass dieser später einer anderen Nutzung zugeführt und dass die ehrgeizige und weltweit stark beachtete Konzeption der Volkswagen AutoUni nicht weiterverfolgt wurde, hängt mit der Kehrseite der Einsicht in die Logik des ROI zusammen. Bereits bei einer der nächsten der zyklisch wiederkehrenden finanziellen Krisen des Konzerns und nach dem Ausscheiden von Peter Hartz (2005), Bernd Pischetsrieder (2006) und mir (2007) aus der Volkswagen AG waren die in die konzerneigene Kader- und Wissensschmiede investierten Millionen abgeschrieben, ohne dass die fällige Wissensrendite an den Investor hätte zurückfließen können. Dass einer der zwischenzeitlich von außen als Sanierer nach Wolfsburg geholten Topmanager allen Ernstes in Erwägung zog, das gerade fertiggestellte symbolträchtige Gebäude zu schleifen, gehört ebenso in das Kuriositätenkabinett dieses Lehrstücks praktischer Betriebswirtschaftslehre wie das sich später ereignende Trauerspiel des Dieselgate-Skandals.

Was – so muss abschließend gefragt werden – waren nun die Fragen, auf die ich schon damals (2002) gerne die für mich heute schlüssigen Antworten gekannt hätte? Vordergründig sind es gewiss die Fragen nach Rentabilität und Abschreibung von Investitionen der Wirtschaft in Wissen. Nach den eingangs angestellten Überlegungen ergeben sich daraus allerdings mindestens **drei weitere Fragen:**
Was wäre gewesen, wenn ich damals schon die Antworten gekannt hätte? Hätte mich die Einsicht in die Tatsache, dass gewisse Investitionen der Wirtschaft, vordringlich Investitionen in Wissen, bereits von allem Anfang an abgeschrieben sein können, davon abgehalten, die Seiten zu wechseln? Bei ehrlicher Betrachtung muss ich zugeben: gewiss nicht; allzu verlockend erschien mir und erscheint mir immer noch die einmalige Chance, eine neuartige Institution der Produktion und Distribution von Wissen ins Leben zu rufen.
Und nun die **zweite Frage:** Ob ich, hätte ich diese Antworten damals schon gekannt, noch derselbe geblieben wäre, der ich damals war bzw. derselbe geworden wäre, der ich heute bin? Fragen dieser Art gehören in der Philosophie zur Gruppe der «Counterfactual Conditionals», in dem flapsigen Politikersprech des ehemaligen nordrhein-westfälischen Ministerpräsidenten, späteren Bundesfinanzministers und SPD-Kanzlerkandidaten Peer Steinbrück:

Fälle von «Hätte-hätte-Fahrradkette». Allerdings sind solche Counterfactual Conditionals für die Konstruktion eines Selbstbildes von zentraler Bedeutung, und zwar nicht nur in Zusammenhängen des Bedauerns verpasster Chancen. Wie mir der damalige Zürcher Erziehungsdirektor (Bildungsminister) Alfred Gilgen bei einem nachträglichen Gespräch über die in den Neunzigerjahren gescheiterte Verhandlung hinsichtlich meiner Berufung an die Universität Zürich sagte: «Denken Sie daran, wie viele Möglichkeiten sich für Sie gerade dadurch eröffnet haben, dass Sie nun nicht Zürcher Professor sind!»

Und schließlich die dritte Frage nach der Geltungsdauer solcher nachträglich für schlüssig gehaltener Antworten: Selbst wenn sich in allen Fällen erweisen würde, dass in der Wirtschaft einmal getätigte Investitionen nicht über ihre gesamte Laufzeit abgeschrieben würden, kann es sein, dass es in meinem Fall gerade morgen eine Ausnahme von dieser Regel gibt. Und das eröffnet wieder den erwähnten Raum der Möglichkeiten, den wir, wie gesagt fälschlicherweise im Singular, «Zukunft» nennen. Kurz: Mein narratives Selfie ist noch nicht am Ende …

Die Schweizer Politikerin und Zürcher Regierungsrätin, äquivalent zur deutschen Landesministerin, **Jacqueline Fehr** ist ausgebildete Sekundarlehrerin und hat Studien in Psychologie, Betriebswirtschaftslehre und Politikwissenschaft absolviert. Im Jahr 2015 erlangte sie ihren Executive Master of Public Administration an der Universität Bern. Fehr war von 1998 bis 2015 Nationalrätin und bekleidete von 2008 bis 2015 das Amt der Vizepräsidentin der SP Schweiz. Darüber hinaus engagiert sie sich als Verwaltungs- und Stiftungsrätin. Seit 2015 leitet sie als Zürcher Regierungsrätin die Direktion der Justiz und des Innern. Jacqueline Fehr habe ich gebeten, die Frage zu beantworten: **Was hättest du gerne bereits zu Beginn deines Lebens gewusst, was für dich heute klar und einsichtig ist?**

Seelischer Muskelkater: schmerzhaft aber wohltuend

Jacqueline Fehr

In jedem Leben gibt es Entscheide, die man gefällt, Haltungen, die man vertreten, Schritte, die man gemacht oder eben nicht gemacht hat, und von denen man im Rückblick findet: Hätte ich besser nicht. Hätte ich besser anders. Unser Leben ist durchzogen von solchen Fällen. Fehler machen, Niederlagen einstecken, Misserfolge verkraften. Das gehört zur menschlichen Natur, ist sozusagen eine anthropologische Konstante. Was nichts daran ändert, dass jeder Fehler und jede Niederlage schmerzen. Da ist nichts Frohes daran. Vielmehr kämpft man mit einer Art «seelischem Muskelkater», und der tut wirklich weh. Das Hadern kommt auch in der Rhetorik zum Ausdruck, mit der wir unsere Momente des Scheiterns begleiten: *«Das hätte jetzt nicht sein müssen.»* Oder: *«Wenn ich doch gewusst hätte, wie es rauskommt.»* Wäre es demnach nett, man bekäme bei der Geburt einen Gutschein für zehn Gratis-Erkenntnisse? Zehn Erkenntnisse, die man nicht mit Lehrgeld, also mit einem angestoßenen Kopf bezahlen muss? So verlockend das klingen mag: *Nein, ich möchte meine Niederlagen nicht missen!* Dies aus mindestens drei Gründen:

Erstens ist das Fehlermachen der Entwicklungsmotor schlechthin, und zwar individuell, für jede und jeden unter uns, wie auch für unsere Zivilisation. Misserfolge machen uns reicher. Reicher an Wissen, reicher an Resilienz und reicher an Erfahrung, dass man wieder auf die Beine kommt. Jeder Fehler ist ein Lernschritt. Nicht von ungefähr ist «Trial-and-Error» das wohl wichtigste und berühmteste Entwicklungsprinzip: Probieren, scheitern, wieder aufstehen, nochmals probieren, erneut scheitern, erneut aufstehen, erneut probieren und irgendwann funktioniert's. Und was die allgemeine, also überindividuelle Ebene betrifft: Der Umstand, dass das Lernen zur menschlichen Natur gehört, macht mich zu einem vorsichtig optimistischen Menschen. Ich glaube an die Lernfähigkeit der Menschen und ich glaube daran, dass diese Fähigkeit dazu führt, dass Gesellschaften ihre Irrwege früher oder später erkennen und korrigieren. Aber natürlich weiß ich: Es gibt leider auch das Gegenteil und dafür zahllose historische Beispiele. Ich denke an die vielen Fälle, wo Lernfähigkeit nicht zu zivilisatorischem Fortschritt geführt hat, sondern zur Perfektionierung des Bösen.

Es gibt einen **zweiten Grund,** weshalb ich meine Niederlagen nicht missen möchte. Das Wissen um die eigene Fehlbarkeit macht demütig. Wenn das Leben aus Versuch und Irrtum besteht, dann heißt das gleichzeitig: Ein großer Teil unseres Wissens ist vorläufig. Manche Überzeugungen, die wir einst mit Verve vertreten haben, geraten im Lauf eines Lebens ins Wanken, andere wachsen erst mit der Zeit. Politikerinnen und Politiker, die sich diese Vorläufigkeit eingestehen, politisieren anders. Sie zweifeln mehr und hören besser zu, weil für sie stets die Möglichkeit besteht, dass nicht sie selbst Recht haben, sondern das politische Gegenüber. Ich mag Politikerinnen und Politiker, die nicht ihre Überzeugungen verabsolutieren, sondern wach bleiben, Fragen stellen, Zweifel haben, Zwischentöne zulassen und auch bereit sind, eine Haltung zu korrigieren.

Der **dritte Grund,** weshalb ich dafür plädiere, sich mit seinen Niederlagen anzufreunden: Es gibt wohl in jeder Biografie Misserfolge, die im Moment zwar geschmerzt haben, die sich aber im Rückblick als Glücksfall erweisen. Wäre ich 2010 tatsächlich zur Bundesrätin gewählt worden, wäre ich nie Regierungsrätin des Kantons Zürich geworden. Heute bin ich der Überzeugung, dass es kein schöneres, gehaltvolleres und freieres Amt gibt als das einer Zürcher Regierungsrätin. Ich übe dieses Amt unglaublich gerne aus, bin sehr dankbar, dass ich das tun darf und möchte mit niemandem tauschen.

Meine Erfahrungen, mein Lernen und damit auch meine Niederlagen machen mich zu dem Menschen, der ich heute bin. Sie haben mich geformt und formen mich weiter, solange ich bin. Nun drückt diese Aussage einerseits den «Common Sense» aus. Uns allen ist bewusst, dass Erfahrung, Lernen und Niederlagen unsere Entwicklung prägen. Doch gleichzeitig liegt für mich in dieser Aussage auch eine große Dankbarkeit. Ich bin unendlich dankbar für die Menschen, mit denen ich aufwachsen durfte und für die Menschen, die mich in meinem Leben begleitet haben und immer noch begleiten. Stets hat mich mein Umfeld zum Lernen motiviert, hat mir Erfahrungen ermöglicht und hat mich auch und gerade bei Misserfolgen nie zur Versagerin gestempelt. Kurz: Alle machen Fehler, alle erleiden Niederlagen. Aber nicht alle haben das Privileg, in einem Umfeld zu leben, in dem sie Fehler machen und Niederlagen erleiden dürfen. Derart privilegiert zu sein, bedeutet individuelles Glück für die Betroffenen.

Doch neben der individuellen gibt es auch eine gesellschaftliche Dimension: Je verbreiteter in einer Gesellschaft ein Klima der unbefangenen Lust am Sich-Weiterentwickeln und eine Kultur des entspannt-toleranten Umgangs mit Fehlern sind, umso besser gedeiht diese Gesellschaft. Dieses Klima schafft die Voraussetzung, dass Menschen bereit sind, Verantwortung zu übernehmen, nicht nur für sich selbst, sondern auch für andere. Wer keine Angst vor Fehlern haben muss, kann Verantwortung wagen. Ich kann das an meiner eigenen Biografie illustrieren. In meiner Jugendzeit im Turnverein habe ich Führungsaufgaben übernommen, Ausflüge und Sportlager für über 50 Mädchen organisiert und geleitet sowie große Veranstaltungen erfolgreich durchgeführt. Dies alles habe ich mir zugetraut, da ich das Glück hatte, von einem unterstützenden Umfeld in Familie, Verein und Schule umgeben zu sein. Dieses Umfeld hat mir nicht nur Vertrauen entgegengebracht, sondern auch meine persönliche Entwicklung gefördert und mir Raum gelassen, aus Fehlern zu lernen.

Misserfolge, Niederlagen, Scheitern, sie sind unumgänglich und sie sind wichtig. Doch wie eingangs erwähnt: Lustig sind sie nicht. Deshalb gilt fürs Fehlermachen dasselbe Prinzip wie für den Besuch bei der Ärztin: *So oft wie nötig. So wenig wie möglich.* Mit anderen Worten: So wichtig es ist, einen entspannten Umgang mit dem eigenen Scheitern zu finden, so hilfreich fürs eigene Seelenheil wie fürs Umfeld, in und mit dem man lebt, ist es, Niederlagen nach Möglichkeit zu verhindern und Fehlleistungen zu vermeiden. Die vermutlich zuverlässigste und wirkungsvollste Fehlerprophylaxe ist Bildung: Denn natürlich lernen wir alle nicht nur durch Erfahrung und Versuch und Irrtum. Wir lernen auch durch vermitteltes und erarbeitetes Wissen, in der Volksschule, in der Berufslehre, im Gymnasium, im Studium, durch Weiterbildungen, durch Lesen, Zuhören und Zuschauen, überhaupt durch die eigene Neugier. Mir war und ist es wichtig, dass ich das theoretische Rüstzeug besitze, das mich in meiner praktischen Arbeit unterstützt. Das war schon damals im Turnverein so. Leidenschaftlich gerne besuchte ich die Kurse von «Jugend und Sport» (J+S). Unzählige hatte ich absolviert, sie gaben mir das Wissen und die Sicherheit, die ich für das Verantwortung-Übernehmen benötigte.

Ich komme zurück zur Ausgangsfrage: *«Was hätte ich gerne bereits zu Beginn meines Lebens gewusst, was für mich heute klar und einsichtig ist?»* Vielleicht wäre man etwas geduldiger mit sich selbst, wenn man von Beginn an wüsste: Das Leben ist gewürzt mit Irrtümern. Und sie sind das Material der Entwicklung. Denn sie bringen uns zum Lernen. In dieser Antwort liegt ein Auftrag an mich selbst: Wenn ich hier fürs Lernen-Wollen und Scheitern-Dürfen plädiere, dann stehe ich als Direktionsvorsteherin mit über 2000 Mitarbeitenden und darüber hinaus auch in allen anderen privaten, politischen und beruflichen Rollen in der Verantwortung. Ich stehe in der Verantwortung, in meinem Einflussbereich ein Umfeld und eine Kultur zu schaffen, wo das Lernen, Experimentieren, Ausprobieren, Abschauen und Suchen nicht nur möglich, sondern erwünscht sind, wo zudem Weiterbildungen aller Art gefördert und unterstützt werden und wo Fehler und Misserfolge erlaubt sind. Im Wissen darum, dass es kein Lernen ohne Scheitern gibt. Damit wir uns in Robert Musils Worten **«vorwärts irren» können.**

Die direkte Verbindung zwischen zwei Punkten liegt auf einer Geraden. So haben wir es in der Mathematik gelernt. Ebenso lässt sich das Leben und Wirken von **Pater Pirmin Gnädinger** auf einen gemeinsamen Nenner bringen. Trotz der Möglichkeit, andere Wege einzuschlagen, entschied er sich für den Weg eines Mönchs und Lehrers. Geboren in Ramsen im Kanton Schaffhausen, wuchs er in einem bäuerlichen Umfeld auf. Nach der Matura am Gymnasium Disentis trat er 1963 ins Kloster ein. Er studierte an der Benediktiner-Hochschule Sant'Anselmo in Rom Theologie und an der ETH Zürich und an der Universität Fribourg Physik und Mathematik. Über insgesamt 40 Schuljahre hinweg unterrichtete er am Gymnasium Kloster Disentis und war Rektor der Schule. Meine Frage an Pater Pirmin Gnädinger lautete: **Was würdest du heute dem 20-jährigen ICH mit auf den Lebensweg geben?**

Mit-Mensch und lebenslang suchend sein
Pater Pirmin Gnädinger

ICH, der Schreiber dieser Zeilen, wurde während des Zweiten Weltkriegs geboren und er hat inzwischen die Achtzig überschritten. Während einer Lebenszeit sammelt sich Lebenserfahrung an. Sie kann nur fragmentarisch weitergegeben werden und dient nicht als Rezept. Vielleicht kann sie zum Weiterdenken anregen.

«Alles fließt» und nichts bleibt; es gibt nur ein ewiges Werden und Wandeln. Die Formel «Panta rhei» stammt wenigstens ihrem Sinn nach vom vorsokratischen Philosophen Heraklit. Die Metapher ist dem Fluss abgeschaut. Johann Wolfgang Goethe hat den Gedanken in einen Vers gefasst: *«Gleich mit jedem Regengusse ändert sich dein holdes Tal, ach, und in demselben Flusse, schwimmst du nicht zum zweiten Mal»*. Wie das Wasser eines Flusses abwärts fließt, so kennt die Zeit nur eine Richtung. Sie lässt sich weder anhalten noch zurückdrehen. Unaufhaltsam fließt sie von der Vergangenheit in die Zukunft. Alle Veränderungen aufzulisten, die um mich und mit mir geschehen sind, ist unmöglich. Als Schüler haben wir zum Beispiel 1959 über die Einführung des Frauenstimmrechts debattiert und wir pubertierende Burschen hielten es damals für unnötig. Zum Glück sind wir reifer und vernünftiger geworden.

«Alles fließt»: Veränderungen hat es immer gegeben und wird es immer geben. Dies ist bereits durch die Natur vorbestimmt. Das Tempo von Veränderungen jeder Art hat ständig zugenommen und schwindelerregende Werte erreicht. Erwähnt sei die digitale Revolution. Sie bringt viele Erleichterungen. Doch wie jede Errungenschaft ist sie ambivalent. «Big Brother is watching you», dieser Ausspruch erfüllt mich mit Sorge. Nicht so sehr um mich persönlich, sondern vielmehr um die jüngeren Mitmenschen und die kommenden Generationen. Welche Auswirkungen werden diese Entwicklungen auf die Freiheit der Menschen haben? Wie stark werden wir zukünftig durch die künstliche Intelligenz manipuliert?

«Alles fließt»: Der Vogel Strauß ist dafür bekannt, bei drohender Gefahr seinen Kopf in den Sand zu stecken. Es ist der untaugliche Versuch, Probleme zu lösen, indem man sie ignoriert. Die einzig sinnvolle Devise lautet: Der Realität ins Auge schauen und sich das eigene Denken nicht nehmen lassen. Die Bibel und geistliche Lehrer empfehlen eine «Unterscheidung der Geister». *«Prüft alles und behaltet das Gute. Meidet das Böse in jeder Gestalt!»* So der Apostel Paulus (1Thess 5, 21). Prüfen und richtig entscheiden ist tägliche Kleinarbeit. Die Einflüsse von außen sind übermächtig. Durch mein Tun und mein Verhalten bleiben mir kleine Möglichkeiten, Veränderungen in meiner Umgebung zu beeinflussen. Auch mit dem Stimmzettel. Doch welches sind die richtigen Entscheide? Um das zu beurteilen ist eine Auseinandersetzung mit den geistigen Strömungen in unserer Gesellschaft und in der Politik unverzichtbar.

«Alles fließt»: Was bleibt? Welches sind bei allen Veränderungen die Konstanten? Was ist für eine gute Zukunft der Menschheit zu bedenken? Was kann ich aus meiner Erfahrung dem 20-jährigen ICH mit auf den Lebensweg geben? Der Mensch ist Mensch. Jeder Mensch ist einzigartig. Geprägt durch seine Abstammung und seine persönliche Geschichte. Gleichzeitig gibt es grundlegende Gemeinsamkeiten aller Menschen. Jeder Mensch wird geboren und alle Menschen sterben. Geburt und Tod sind die entscheidenden Ereignisse unseres Lebens. Dazwischen liegt ein individueller Lebensweg. Im Gegensatz zu vielen Tieren kommt der Mensch «unfertig» zur Welt. Ohne die Hilfe von Mitmenschen kann er nicht überleben. Sprechen, denken und handeln lernt er durch das Nachahmen von Bezugspersonen. Von seiner Natur aus ist der Mensch ein Gemeinschaftswesen. Er ist Mit-Mensch. Sein Leben ist **ein Leben als Mitmensch und mit Mitmenschen.** Es ist ein Geben und Nehmen. Nicht ein Nehmen und Gehen. Gegenseitig sind wir aufeinander angewiesen. Von der Gesellschaft akzeptierte Regeln geben Orientierung und Halt für das Zusammenleben. Sowohl die Juden und Christen als auch die großen Weltreligionen wie Hinduismus, Buddhismus und Islam betonen, was man später die Goldene Regel nannte: *«Was du nicht willst, dass man dir tut, das füg auch keinem andern zu.»* Werte wie Solidarität, Toleranz, Freiheit, Gleichheit, Achtsamkeit und Respekt leiten zu mitmenschlichem Handeln an. Sie gipfeln im biblischen Hauptgebot der Liebe: *«Du sollst deinen Nächsten lieben wie dich selbst».* Die Alltagsform der Liebe ist die Geduld, die Höchstform der Liebe das Verzeihen. Die Schweizerische Bundesverfassung gebietet: *«Die Würde des Menschen ist zu achten und zu schützen»* (Art. 7). Zu ihr gehört die Selbstbestimmung des Menschen. Sie darf nicht absolut verstanden werden. Der Mensch kann nicht machen, was er will und was ihm beliebt. Seine Handlungsfreiheit hat ihre Grenzen an der Freiheit der Mitmenschen. Dies sind nicht nur der Nachbar um die Ecke oder die Schwiegermutter. Wir leben in einer globalen Welt. Was auf ihr geschieht, betrifft alle Menschen, Zeitgenossen und nachkommende Generationen. Unsere Generation lebt auf (zu) großem Fuß. Die Rechnung für die Folgen unseres Fußabdruckes haben zu einem wesentlichen Teil unsere Nachfahren zu begleichen. Dafür tragen wir Verantwortung. Entsprechend zu handeln ist unverzichtbare Pflicht.

Der Mensch ist sterblich. Auf dieser Erde ist ihm eine begrenzte Lebenszeit gegeben. Unsere Grenzen erfahren wir nicht erst am Ende des Lebens. Der Tod ragt in unser Leben hinein. Krankheit, Misserfolg, Leiden sind Vorboten des Todes. Letztlich haben wir unser Leben nicht selbst in der Hand. Ein alttestamentlicher Psalm sagt: *«Des Menschen Tage sind wie Gras, er blüht wie die Blume des Feldes. Fährt der Wind darüber, ist sie dahin; der Ort, wo sie stand, weiß nichts mehr von ihr.»* (Ps 103,15f.). Der Psalm mahnt zu Demut und Bescheidenheit. Ich soll meine eigene Bedeutung nicht überschätzen. Der Tod gehört zum Leben. Ihn zu tabuisieren ist nicht hilfreich. Der Mönchsvater Benedikt von Nursia gibt den Rat: «*Sich täglich wachsam den Tod vor Augen halten*». Das hilft, bewusster zu leben. Es macht den gegenwärtigen Augenblick bedeutsam und kostbar. Ich lebe aufmerksamer. Ich werde dankbar für die kleinen Dinge des Alltags und menschenfreundlicher den Mitmenschen gegenüber. **Entstehen und Vergehen sind Grundgesetze der Welt.** Im Universum ist der Mensch weniger als ein Staubkorn. Als Person besitzt er einzigartige Größe und Würde. Er hat Geist, Seele und freien Willen. Der Mensch ist mehr als Materie und Energie. Das hebt ihn über alle physikalischen Gesetzmäßigkeiten hinaus und macht ihn unvergleichlich einmalig.

Suchend auf dem Weg sein

Für den französischen Mathematiker und Philosophen Blaise Pascal war der Glaube an die Existenz Gottes zunächst eine Frage des Kalküls. Entweder es gibt Gott oder es gibt ihn nicht. Ein Drittes gibt es nicht. Der Mensch kann an die Existenz Gottes glauben oder nicht an sie glauben. Aus den vier möglichen Optionen folgerte der Pionier der Wahrscheinlichkeitsrechnung, «*es sei stets eine bessere ‹Wette›, an Gott zu glauben*». Logisches Kalkül kann hilfreich sein, doch es greift zu kurz. Die Existenz Gottes wissenschaftlich beweisen können weder Theologie und Philosophie noch die Naturwissenschaften. Ebenso wenig können sie beweisen, dass es Gott nicht gibt. Was wir wissenschaftlich erfassen können, ist ein winzig kleiner Teil des Ganzen. **«Stückwerk ist unser Erkennen».** Die Frage nach Gott ist mir jetzt gestellt. Bewusst oder unbewusst beantworte ich sie durch mein Leben. Unbestimmt auf «irgendein höheres Wesen» zu verweisen, bedeutet der Frage auszuweichen. Ein klein bisschen Gott ist nicht möglich.

Blaise Pascal ließ es nicht mit dem logischen Kalkül bewenden. In seinen «Pensées» schreibt er: «*Das Herz hat seine Gründe, die der Verstand nicht kennt.*» Hintergrund dieser Aussage war eine persönliche, intensive geistliche Erfahrung, die sein weiteres Leben entscheidend geprägt hat. Und Antoine de Saint-Exupéry lässt den kleinen Prinzen sagen: «*Das Hier und Jetzt, das gehört dir. Man sieht nur mit dem Herzen gut, das Wesentliche ist für die Augen unsichtbar*». Das Herz symbolisiert die innerste Mitte unserer Person. **Im Herzen, nicht im Kopf, fallen die wichtigen Lebensentscheide.** Glaube ist Herzenssache. Er ist innige Beziehung zwischen zwei Personen. Das ist mehr als ein Fürwahrhalten von Lehrsätzen, mehr als moralische Vorschriften. Glaube und Vernunft widersprechen sich nicht. Sie ergänzen sich gegenseitig. Glaube ohne Vernunft führt in den Aberglauben. Vernunft ohne Glauben zur Verzweiflung. Je tiefer der Glaube, umso mehr schärft er die Vernunft. Im Glauben vertraue ich einem DU, das vertrauenswürdig ist und auf das ich mich unbedingt verlassen kann. Das mitmenschliche Zusammenleben beruht auf gegenseitigem Vertrauen. Ebenso beruht meine Beziehung zu Gott auf

Vertrauen. Vertrauen gibt mir Sicherheit. Die Bibel gebraucht das Bild eines Felsens, der mir festen Boden unter die Füße gibt. Der mir Halt und Sicherheit gibt, sodass ich meinen Weg gehen kann. Als gläubiger Christ vertraue ich auf die unendliche Güte und Allmacht Gottes. Gott ist für mich eine permanente Herausforderung. Oft verstehe ich ihn nicht. Ich bin mir bewusst, bis zu meinem Tod werde ich ihn nicht verstehen. Seine Gedanken und seine Wege kenne ich nicht. Über ihn kann ich nicht verfügen. Für meinen begrenzten Verstand und meine beschränkte Erkenntnis ist er einfach viel zu groß. Wäre er das nicht, dann wäre er nicht mein Gott. Analog gilt das für unsere Beziehung mit den Mitmenschen. Sie sind eigenständige Persönlichkeiten, die ich im Letzten auch nicht verstehe. Der russische Schriftsteller Fjodor Michailowitsch Dostojewski hat geschrieben: «*Der Mensch ist ein Geheimnis. Man muss es enträtseln, und wenn du es ein ganzes Leben lang enträtseln wirst, so sage nicht, du hättest die Zeit verloren. Ich beschäftige mich mit diesem Geheimnis, denn ich will ein Mensch sein*». Was der Dichter von unserer Beziehung zu den Mitmenschen sagt, das gilt erst recht für unser Verhältnis zu Gott. Sich mit ihm auseinanderzusetzen, ist nicht verlorene Zeit. Es geht um existentielle Themen wie: *Wer bin ich? Wo stehe ich? Wohin gehe ich? Wie komme ich ans Ziel? An welches Ziel?* Benedikt von Nursia erwartet von seinen Mönchen, dass sie «wahrhaft Gott suchen». Ihn suchen beansprucht Raum und Zeit. Die Suche ist vergleichbar mit einer Reise, die den Horizont erweitert und das Herz öffnet. Ich darf noch auf dem Weg sein. Jeden Tag freut es mich von Neuem zu erleben, wie diese Reise meine Erfahrungen bereichert. Als Mit-Mensch auf dem Weg sein, auf der Suche nach Gott. *Wer sucht, der findet!*

Lesehinweise: Die Ausführungen zu den sieben Denkkonstrukten bilden in sich geschlossene Abschnitte und können, je nach Interesse, in beliebiger Reihenfolge gelesen werden. Um eine geschlechtergerechte Sprache zu gewährleisten, verwendet die Publikation neutrale Formulierungen und gendergerechte Ausdrucksweisen. Dies schließt den Gebrauch von Doppelformen (z. B. Autorinnen und Autoren) und neutralen Begriffen (z. B. Studierende statt Studenten) ein. Ausgewählte Fachbegriffe und spezielle Ausdrücke werden im Glossar ab Seite 230 erläutert.

Thinkout «Menschenbild»

Von welchem Verständnis des Menschseins ausgehen?

oder

Wie meine Einstellung zum Mitmenschen die Welt verändert.

Wegen der **Toxizität** des Negativen ist ein **positives** Menschenbild **alternativlos.**

Mein Menschenbild – vorbehaltslos optimistisch und naiv gutgläubig

Verschiedenste Wissenschaftsdisziplinen beschäftigen sich mit der Frage nach der Natur des Menschen und liefern punktuell interessante Erkenntnisse. Ein Pauschalurteil über unsere Spezies und ein universelles Menschenbild vermögen sie jedoch nicht zu liefern. Wenn die Wissenschaft scheitert und sich nichts über «den Menschen an sich» sagen lässt, suche ich selbst nach einer Antwort. Die einzige Möglichkeit, diese zu finden, besteht darin, sich experimentell anzunähern und das eigene «Menschenbild» schrittweise zu konturieren.

Meine Erfahrung zeigt, dass jedes Kollektiv, sei es ein Studierendenjahrgang an der Universität, eine Abteilung in einer Organisation oder Teile einer Gesellschaft, aus Egoisten und Altruisten besteht. Die uns alle interessierende Frage lautet: Wie sieht die statistische Normalverteilung in diesem Kontext aus? Wie groß ist der zu erwartende Anteil an Mitmenschen, die egozentrisch und eigenvorteilszentriert durchs Leben gehen? Liegt dieser bei 2, 20 oder gar 90 Prozent? Meine feste, selbstverständlich nicht erhärtete Überzeugung lautet: Der Anteil ist eher gering. **Kurzfristiger Eigennutzen, Rücksichtslosigkeit und Gier sind nicht die Haupttriebkräfte von uns Menschen.** Prosoziales Verhalten zeigt sich häufiger, als wir es erwarten.

Mit großer Zuversicht gehe ich von einem humanistischen, positiven und «mündigen» Menschenbild aus. Ich bin überzeugt, dass die überwiegende Mehrheit der Menschen eine altruistische Grunddisposition besitzt, sich grundsätzlich kooperativ verhält, nach Exzellenz strebt, über ein eigenes Urteilsvermögen verfügt, intrinsisch motiviert ist, sich selbst organisieren kann und bereit ist, Verantwortung zu übernehmen. Ich vertraue auf die **soziale Programmierung des Gehirns** und darauf, dass Fairness, Mitgefühl und eine natürliche Moral, die das zwischenmenschliche Miteinander reguliert, zur menschlichen Veranlagung gehören. Ich glaube daran, dass der humane Verstand zum Denken und nicht zum Gehorchen geschaffen ist und dass eigene Ambitionen Grundlage für das Außergewöhnliche und Große bilden, das jeder Mensch leisten will und kann. Auch angesichts der gegenwärtigen kriegerischen Konflikte, die enormes Leid verursachen, bleiben diese Prämissen für mich handlungsleitend.

Unabhängig von der nie in ihrer Gesamtheit erfahrbaren anthropologischen Realität ist die Haltung des kühnen Optimismus und der naiven Gutgläubigkeit alternativlos. Wenn ich mich stattdessen von Misstrauen leiten lasse und meine Aufmerksamkeit auf die Minderheit der Egoisten, Vorteilsmaximierer und Rücksichtslosen richte, verpasse ich die Chance, die Potenziale meiner Mitmenschen zu erkennen. Dadurch werde ich selbst vom Gift des Negativen befallen, was zu einer pessimistischen Haltung führt, die meine eigene Selbstentfaltung lähmt. Diese wiederum bewirkt, dass ich ein misstrauensorientiertes Verhalten (vor-)lebe, das nicht nur mich selbst, sondern auch meine Mitmenschen und die Gesellschaft in ihrer Entwicklung hemmt.

Meine gegenwärtige Überzeugung:
Wegen der Toxizität des Negativen ist ein
positives Menschenbild alternativlos.

Menschenbild – die unterschätzte Schlüsselfrage

Was ist der Mensch? So lautet eine der vier philosophischen Grundfragen von Immanuel Kant. Rückblickend erkenne ich, dass ich die hohe Relevanz und außerordentliche Tragweite der Frage nach dem mich leitenden Menschenbild (zu) lange nicht erkannt und unterschätzt habe. Meine tagtäglichen Entscheidungen in den verschiedenen Lebensrollen, sei es als Ehepartner, Vater, Großvater, Gremienmitglied, Bürger und bis 2020 als Hochschullehrer, werden respektive wurden maßgeblich durch die grundlegende, implizite oder explizite, Vorstellung, wie ich Mitmenschen in ihrer Wesensart und ihren Eigenschaften verstehe, bestimmt. Welche Problemlösungen ich favorisiere, welche Maßnahmen ich für geeignet erachte und wie ich mich letztlich in den diversen Lebenssituationen entscheide, hängt maßgeblich von meinem Bild der Mitmenschen ab. Die subjektive Einschätzung der Urteils- und Handlungsfähigkeit unserer Enkelkinder beeinflusst die Entscheidungen, die wir als Großeltern treffen. Wir überlegen, welche Verantwortungen wir unseren Enkeln zuschreiben, in welchen Bereichen wir ihnen die Freiheit zur eigenen Entscheidungsfindung gewähren und in welchen wir, bewusst übersteuernd, Grenzen setzen. Das Bild, das wir von den Studierenden haben, beeinflusst die gewählte Prüfungsform oder die inhaltliche Ausgestaltung einer neuen Studienordnung. Gehe ich von Studierenden aus, die mehrheitlich intrinsisch motiviert und lernwillig sind, werde ich den Mut haben, akademische Leistungen selbst bewerten zu lassen. Oder die Studienordnung wird mehr Freifächer enthalten als in einem Fall, in dem ich den Studierenden ein kalkuliert opportunistisches Verhalten unterstelle.

Mit der gewählten Organisationsstruktur, den eingesetzten Instrumenten und Anreizmechanismen offenbaren auch Organisationen ihr tatsächliches Menschenbild. Konkret zum Beispiel die Ausgestaltung des Spesenreglements. Umfasst dieses 40 Seiten oder besteht dieses, wie bei Netflix, aus sechs Worten: «*Handle im besten Interesse von Netflix!*» Setzt die Organisation auf ein regel- oder integritätsbasiertes Compliance-System? An Beispielen dieser Art wird deutlich, ob den Mitarbeitenden das auf Immanuel Kant zurückgehende Prinzip der Mündigkeit in Form von Eigenverantwortung und Urteilskraft zugesprochen wird. Ob man ihnen zutraut, erwachsen zu sein, sich weiterentwickeln zu wollen und zu können. Oder ob Bevormundung, Misstrauen und Unmündigkeit handlungsleitend sind. Nicht die wohlklingenden Formulierungen in den Hochglanz-Leitbildern, sondern das beobachtbare Systemlayout lässt verlässliche Rückschlüsse auf das unterstellte Menschenbild zu.

Die Annahme, ob Menschen von Natur aus eher egoistisch und rücksichtslos oder altruistisch und kooperativ handeln, beeinflusst die Werteorientierung einer Gesellschaft und hat ebenso Auswirkungen auf moralische Normen und die gesamte Gesetzgebung. Das Menschenbild prägt außerdem unsere Vorstellungen von sozialen Strukturen und beeinflusst zum Beispiel die Ausgestaltung unserer Sozialsysteme. Persönlich habe ich den Eindruck, dass unser Menschenbild aktuell mutlos und von einer gewissen Resignation geprägt ist. Es dominiert die unterstellte soziale Dysfunktion eines zügellosen Egoismus.

Mein Menschenbild definiert mein Verhalten anderen Menschen gegenüber und hat somit auch eine indirekte Wirkung auf meine Mitmenschen. Man kann von einer **«sozialen Ansteckung»** sprechen. Die Art und Haltung, mit der ich Dritten begegne, welche Prämissen ich unterstelle, werden wahrgenommen und entfalten beim Gegenüber eine transformative Kraft. Wenn gute Gefühle auf uns einwirken, verändert dies auch unsere Persönlichkeit.

Menschen neigen dazu, Gutes zu tun, wenn von ihnen Gutes erwartet wird. Oder, wie es Johann Wolfgang Goethe treffend formuliert: *«Behandle die Menschen so, als wären sie, was sie sein sollten, und du hilfst ihnen zu werden, was sie sein können.»*[3] Wenn wir auf ein Kleinreden von Menschen verzichten, ihnen mit Achtung, Empathie, Wertschätzung begegnen und davon ausgehen, dass das Gute in ihnen steckt, hat dies einen ansteckenden und selbstverstärkenden positiven Effekt. Wir verbreiten eine positive Energie und helfen Menschen, an ihre besten Eigenschaften zu glauben und diese weiterzuentwickeln. Persönlich habe ich dies immer wieder im universitären Umfeld erlebt. Wenn man Studierenden das verdiente Vertrauen in ihre Fähigkeiten schenkt und sie nach ihrem Potenzial behandelt, wachsen viele über sich hinaus und werden zu dem, was sie tatsächlich sein können. Indem ich Menschen ihren Fähigkeiten entsprechend behandle, fördere ich ihre Potenzialentfaltung und ihre zukünftige Wirkungskraft.

Unterschätzt habe ich auch die **vielfältigen zirkulären Effekte,** die zwischen meinem zugrunde liegenden Menschenbild und meinem Selbst wirken. Das Menschenbild prägt meine Selbstwahrnehmung und bestimmt, wie ich mich in Beziehung zu anderen sehe. Wenn du negative Gedanken säst, wirst du negative Erfahrungen ernten; wenn du hingegen bejahende Gedanken säst, wirst du Positives beobachten können. Ein positives Bild von meinen Mitmenschen führt tendenziell dazu, dass ich mich selbst in einem bejahenden Licht sehe und das wiederum stärkt mein Selbstwertgefühl. Es beeinflusst auch mein Verhalten in sozialen Interaktionen. Ich verhalte mich offen und freundlich, was wiederum zu anerkennenden sozialen Rückmeldungen führt. Wenn gute Gefühle auf mich einwirken, verändert das langfristig meine Persönlichkeit. Durch den öffnenden Charakter kann ich vorurteilsfreier mit Menschen umgehen und ich werde dadurch sozial kompetenter. Die Wechselwirkungen zwischen dem individuellen Menschenbild und dem Selbst unterstreichen somit den wertvollen Einfluss einer positiven Einstellung unseren Mitmenschen gegenüber auf unser eigenes Ich. Oder wie es der Neurowissenschaftler Joachim Bauer formuliert: *«Die stärkste Droge für den Menschen ist der andere Mensch.»*[4] Grundsätzlich zeigt die Forschung, dass für unsere Persönlichkeitsentwicklung und Gesundheit Mitmenschen unerlässlich sind. In den 1930er Jahren wurden 724 Männer, ein Teil Harvard-Studierende und ein Teil aus den Armenvierteln von Boston, ausgewählt. Sie wurden jedes Jahr nach den Themen Arbeit, Familienleben und Gesundheit befragt. Daraus entstanden ist die weltweit größte und längste durchgeführte Glücksstudie, die seit über 80 Jahren Menschen begleitet und beobachtet. Das klare Ergebnis: **«Soziale Fitness»** ist entscheidend. Gute Beziehungen machen uns glücklicher und gesünder. Soziale Beziehungen schützen unser Gehirn vor Gedächtnisschwund und Einsamkeit wirkt toxisch.[5]

Bei der Frage nach dem Menschenbild handelt es sich daher um eine **basale Frage,** die unseren Blick auf die Welt prägt, unseren eigenen Wirkkreis bestimmt, Resonanzen in anderen Menschen auslöst, und mit der wir uns deshalb zwingend lebenslang beschäftigen sollten. Durch diese Auseinandersetzung trage ich dazu bei, die Grundlagen meiner Gedanken, meines Handelns und meines Zusammenlebens zu reflektieren und gegebenenfalls auch zu justieren.

Menschenbild – meine Spurensuche

Wie haben sich meine grundlegenden Vorstellungen vom Mitmenschen im Laufe der Zeit entwickelt und wie hat sich mein humanistisches Menschenbild geformt? Im Bewusstsein, dass jede diesbezügliche Reflexion unerkannten Wahrnehmungsverzerrungen und Täuschungen unterliegt und der Grundsatz gilt: *If you have a brain, you are biased,* lohnt sich die eigene Spurensuche. Rückblickend bin ich überzeugt, dass das Elternhaus und das familiäre Umfeld prägend waren. Ich wuchs zusammen mit vier Schwestern in einer wohlbehüten Umgebung auf. Meine Mutter, die aus einem bäuerlichen Milieu stammte, lebte bis ins hohe Alter von 99 Jahren eine ausgeprägte calvinistische Grundhaltung. Mein Vater war eine gutmütige, sozialdenkende und geschätzte Persönlichkeit. Ich denke, von ihm habe ich das optimistische Menschenbild beispielhaft vorgelebt bekommen. Er sah grundsätzlich das Gute in den Mitmenschen und vertraute Dritten fast blind. Ich erlebte auch, dass seine Gutmütigkeit missbraucht wurde und er sich in einzelnen Menschen getäuscht hat. Erfahrungen dieser Art vermochten jedoch seine innere Überzeugung und Haltung nie zu ändern.

Im Rahmen meiner Ausbildung und später der beruflichen Tätigkeit als Hochschullehrer, Berater und aktives Gremiumsmitglied habe ich zahlreiche

Persönlichkeiten kennengelernt, die sich von einem positiven Menschenbild haben leiten lassen. Darüber hinaus hatte ich in vielen Interaktionen die Gelegenheit, mir ein Bild vom Gegenüber zu machen und über eine längere Zeit dessen Passgenauigkeit zu überprüfen. Bei der Ausbildung meines eigenen Bildes vom Mitmenschen haben mich Einsichten aus den unterschiedlichsten wissenschaftlichen Disziplinen maßgeblich beeinflusst. Diese Wissenschaften beschäftigen sich aus vielfältigen Perspektiven mit der anthropologischen Grundfrage. Im Folgenden finden sich einige ausgewählte Erkenntnisse, die zu einer tieferen Reflexion über das **Verständnis des Wesens des Menschseins** und das Zusammenspiel von biologischen, sozialen und kulturellen Faktoren anregen:

Die *Anthropologie* geht davon aus, dass der Mensch biologisch eine hochvariable Spezies ist, deren genetische Vielfalt durch evolutionäre Prozesse geprägt wurde. Das Menschenbild ist nicht universell, es existiert in vielfältigen Ausprägungen. Insgesamt ergibt sich ein Bild des Menschen als eines biologisch diversen, kulturell geprägten, sozial kooperativen und kognitiv anspruchsvollen Wesens, mit hochentwickelten Fähigkeiten wie abstraktem Denken, Planen und Lernen.

Die *Humanethnologie* hebt hervor, dass das Menschenbild entscheidend von kulturellen Kontexten und sozialen Interaktionen beeinflusst wird. Verschiedene Kulturen haben unterschiedliche Vorstellungen von Identität, Normen und Werten, die das individuelle Verhalten prägen. Sie betont die Anpassungsfähigkeit des Menschen an verschiedene Umweltbedingungen und zeigt auf, wie individuelle Identität und persönliches Verhalten stark von sozialen Interaktionen und Bindungen beeinflusst werden.

Die *philosophische Diskussion* über das Menschenbild zeichnet ein vielschichtiges und komplexes Bild des Menschen. Philosophen heben die Fähigkeit des Menschen hervor, bewusste Entscheidungen zu treffen, sich mit grundlegenden Fragen über das Sein, die Moral und die Natur der Realität zu beschäftigen und Verantwortung für das eigene Handeln zu übernehmen. Sie betonen, dass das Menschenbild dynamisch ist.

Die *Soziologie* unterstreicht die Bedeutung von sozialen Strukturen, Interaktionen und Prozessen zur Erlangung der persönlichen Identität. Individuelles Handeln und Entscheiden werden stark von Faktoren wie Klasse, Geschlecht, Ethnizität und Bildung beeinflusst. Hervorgehoben wird die Bedeutung der sozialen Konstruktion von Identität, Wirklichkeit und der Dynamik sozialer Veränderungen.

Die *Psychologie* erkennt die individuelle Vielfalt an und betont die Wechselwirkungen zwischen biologischen Dispositionen, kognitiven Prozessen und sozialem Verhalten. Menschen weisen einzigartige Kombinationen von Persönlichkeitsmerkmalen, Interessen und Fähigkeiten auf. Jeder Mensch wird als ein individuelles Wesen betrachtet, das auf einmalige Weise auf Umweltreize reagiert. Sie hebt die Rolle des Bewusstseins, der Kognition und Erfahrung hervor.

Die *Neurowissenschaften* erklären menschliches Verhalten auf Basis der biologischen Struktur des Gehirns, der komplexen Verbindungen zwischen Neuronen und der neurochemischen Prozesse im Hirn. Sie zeigen, wie neuronale Aktivitäten zur Wahrnehmung, Bildung des Selbstgefühls, zur Reflexion des eigenen Denkens und zur Entstehung von Emotionen beitragen. Ein zentrales Element ist die neuroplastische Anpassungsfähigkeit des Gehirns.

Die Rolle von Uneigennützigkeit, Mitgefühl und Kooperation in menschlichen Interaktionen beleuchtet die *Altruismusforschung.* Sie zeigt, dass der Mensch von Natur aus sowohl egoistische als auch kooperative Neigungen hat. Soziale Normen, Erziehung, Zugehörigkeit zu Gruppen und moralische Werte können dazu führen, dass Menschen sich für das Wohl anderer einsetzen. Eine zentrale Erkenntnis stellt das Konzept der Reziprozität dar, bei dem Menschen altruistisches Verhalten zeigen, um in der Zukunft selbst belohnt zu werden. Dieses Prinzip erklärt das kooperative Verhalten in sozialen Gruppen. In Studien konnte der Zürcher Verhaltensökonom Ernst Fehr nachweisen, dass der Eigennutz die Leute viel weniger beeinflusst, als man dies erwarten könnte, und nur ein Viertel der Menschen rein egoistisch handeln. Erkennbar wurde folgende Verteilung: 35 Prozent sind Altruisten, die bereit sind, eigene Ressourcen dafür einzusetzen, um anderen, denen es schlechter geht, zu helfen. 45 Prozent haben eine Aversion gegen Ungleichheiten und ebenfalls den Wunsch, Benachteiligten zu helfen und dabei auf eigenen Wohlstand zu verzichten. Lediglich bei 20 bis 25 Prozent sind soziale Motive kaum feststellbar.[6] Gerade im aktuellen Kontext, in dem wir erleben, wozu Menschen im Kriege fähig sind, fällt es nicht einfach, Altruismus zu unterstellen.

Die *Spieltheorie* analysiert Rationalität und Strategien hinter dem menschlichen Handeln. Sie geht davon aus, dass Menschen rationale Akteure sind, die ihre Entscheidungen auf der Basis einer Nutzenkalkulation treffen und zur Kooperation bereit sind, um ihre eigenen Vorteile zu maximieren. Die Spieltheorie betont die Interdependenz zwischen der eigenen Entscheidung und der Entscheidung anderer. Dabei stellt die Frage, wie Kooperation in Situationen mit gegensätzlichen Interessen erreicht werden kann, ein zentrales Anliegen dar.

Die im wissenschaftlichen Diskurs zentralen gegensätzlichen Positionen lassen sich wie folgt zusammenfassen: Eine der kontroversen Debatten über das Menschenbild betrifft die Frage nach der Natur des Bewusstseins und der Verbindung zwischen Geist und Körper. Dualisten vertreten die Ansicht, dass Geist und Körper zwei getrennte Elemente sind, während Materialisten argumentieren, dass der Geist eine Folge materieller Prozesse im Gehirn ist. Diese Debatte wirft Fragen zur Identität des Menschen auf. Die Frage, ob menschliches Verhalten durch vorherige Bedingungen determiniert ist oder ob der Mensch über einen echten freien Willen verfügt, stellt ein weiteres Element des Diskurses dar. Gemäß dem Begründer der Logotherapie und Existenzanalyse, Viktor E. Frankl, tragen wir Menschen einen Freiraum in uns, und seine These lautet: *«Zwischen Reiz und Reaktion liegt ein Raum. In diesem Raum liegt unsere Macht zur Wahl unserer Reaktion. In unserer Reaktion liegen unsere Entwicklung und unsere Freiheit».*[7]

Auch die Diskussion über die Bedeutung von genetischer Veranlagung und Umweltfaktoren bei der Formung des Menschenbildes ist von großer Relevanz. Während einige argumentieren, dass die Gene und die biologische Natur den Großteil unseres Verhaltens und unserer Eigenschaften bestimmt, betonen andere die Rolle der kulturellen Evolution und Sozialisation bei der Entwicklung des Menschen. Stellvertretend dazu die Aussage von Carel van Schaik, dem Zoologen und Anthropologen: **«Gene prädisponieren, sie determinieren nicht».** Sie bilden eine solide Grundlage für das gesamte Verhaltensrepertoire einer Art.[8] Und schließlich gibt es eine Kontroverse zur Frage, ob es universelle Merkmale des Menschenbildes gibt, die für die gesamte Spezies gelten, oder ob das Menschenbild von der kulturellen Vielfalt beeinflusst wird und daher stark variieren kann und muss. Bei 99,9 Prozent gleichen Erbgutes ist hingegen davon auszugehen, dass sich Menschen verschiedener Ethnien in ihrer Disposition nicht allzu stark unterscheiden.

Das Fazit: Auch die Wissenschaft lässt mehr Fragen offen, als sie in der Lage ist, eindeutig zu beantworten. Die Ausführungen zeigen, dass die Frage nach dem Menschenbild unbeantwortbar bleibt, und wir können weder wissen, ob es universell gültige Dispositionen gibt, noch wie diese aussehen. Wovon wir ausgehen müssen, ist, dass Menschen komplexe Wesen sind, mit einer **Mischung aus egoistischen und altruistischen Eigenschaften.** Wir sind weder vollkommen selbstsüchtig noch vollkommen selbstlos. Dies lässt sich durch die Evolution erklären. Wir haben gelernt, dass sich unsere Überlebenschancen erhöhen, wenn wir kooperieren und in einer Gemeinschaft leben. Daraus hat sich unser Mitgefühl entwickelt. Dieses Mitgefühl hat auch seine Grenzen, besteht doch unser biologisches Ziel darin, zu überleben und Gene weiterzugeben. Akzeptieren wir also die Vielfalt und schätzen wir unsere Mitmenschen als komplexe Individuen, unetikettiert und faszinierend.

Menschenbild – die fortwährende Erosionsgefahr

In seinem Buch mit dem Titel «*Warum es so schwer ist, ein guter Mensch zu sein*» beschreibt der Verhaltensökonom Armin Falk das nachfolgende Experiment. Studierende durften entweder 100 Euro behalten oder 350 Euro wurden direkt für die lebenserhaltende Behandlung eines an Tuberkulose erkrankten Mitmenschen in Indien gespendet. Das Ergebnis des Experiments: Nur 57 Prozent spendeten das Geld, 43 Prozent steckten es lieber selbst ein. Warum also verhalten sich viele Menschen unsozial, obwohl ihnen ein positives Selbstbild wichtig ist? Eine Antwort lautet: Weil unsere selbstsüchtigen Gefühle manchmal unseren Verstand dominieren.[9] Oder wie es der amerikanische Experimentalpsychologe Steven Pinker formuliert: «*Unsere Gene sind manchmal stärker als unsere Ideale.*»[10] Ein ernüchterndes Ergebnis, welches offensichtlich im krassen Widerspruch zu meinem postulierten Menschenbild steht.

Auch meine eigene Lebenserfahrung zeigt, dass das Vertrauen, das ich Mitmenschen entgegenbringe, in regelmäßigen Abständen missbraucht wird, und dass ich immer wieder Enttäuschungen erlebe. Während meiner Tätigkeit als Verwaltungsrat war ich unter anderem Mitglied in Audit-Ausschüssen und hatte in dieser Funktion mit zahlreichen Compliance-Fällen zu tun. Situationen also, in denen Führungskräfte oder Mitarbeitende in betrügerischer Absicht die Organisation geschädigt haben. Aufgrund der Häufung dieser Fälle und dem in der Hirn- und Kognitionsforschung als «Negativitätsverzerrung» bekannten Phänomen, das besagt, dass unser Gehirn aufgrund der evolutionär geprägten Gefahrenabwehr negative Botschaften etwa viermal stärker wahrnimmt als positive, neigen wir dazu, störenden Einzelerlebnissen mehr Aufmerksamkeit zu schenken, sie intensiver zu erleben und tendenziell überzubewerten. Dies birgt die Gefahr, dass mein positives Menschenbild langsam erodiert und meine Haltung gegenüber Mitmenschen kritischer und misstrauischer wird. Die anspruchsvolle Herausforderung lautet daher: Die immer wieder erlebbaren Enttäuschungen in Relation zu den positiven Beobachtungen setzen, sie angemessen gewichten und das eigene, der inneren Überzeugung entsprechende Menschenbild bewahren. Wie kann dies gelingen? Bei jeder erlebten Enttäuschung lohnt es sich, eine kurze Reflexion über die persönliche «Erlebnis-Bilanz» anzustellen. In welchem Verhältnis stehen die mein Menschenbild in Frage stellenden zu den es bestätigenden Beobachtungen? Für mich persönlich ist dies eine wirksame Form der **Erosionsprophylaxe** und zur Minimierung des stets drohenden Rückfallrisikos. Setze ich die erlebten Compliance-Fälle ins Verhältnis zur Gesamtzahl der Mitarbeitenden, so handelte es sich stets um einen Anteil im Promillebereich.

Mein heutiges Fazit, welches bereits morgen anders ausfallen könnte.

Das Menschenbild:
- Prägt unsere Gesellschaft entscheidend, da es all unsere Dispositionen in den verschiedenen Lebensrollen und Situationen beeinflusst und selbst die Gesetzgebung mitbestimmt.
- Hat eine starke soziale Ansteckungskraft und transformative Wirkung. Die Art und Weise, wie Menschen anderen begegnen, beeinflusst die Mitmenschen nachhaltig.
- Wirkt sich in einem zirkulären Prozess auf die Selbstwahrnehmung aus und beeinflusst die persönliche Entwicklung sowie das Verhalten in sozialen Interaktionen.
- Besitzt eine grundlegend hohe Relevanz, da es den Seh- und Wirkkreis bestimmt, Resonanzen erzeugt und einen erheblichen Einfluss auf unser Denken, Handeln und das Zusammenleben hat.

Außensichten zur Denkstimulation

Nachfolgend die Denkangebote von Theo Wehner, Organisations- und Arbeitspsychologe, von Christine Egerszegi, ehemalige Nationalratspräsidentin und Ständerätin, sowie Mario Gattiker, früherer Staatssekretär für Migration und Leiter des Staatssekretariats für Migration.

Nach abgeschlossener Berufsausbildung und mehrjähriger Angestelltentätigkeit studierte **Prof. em. Dr. Theo Wehner** Psychologie und Soziologie an der Universität Münster. Er promovierte und habilitierte sich an der Universität Bremen. Er war Professor für Arbeitspsychologie an der TU Hamburg-Harburg und ab Oktober 1997 ordentlicher Professor für Arbeits- und Organisationspsychologie sowie Leiter des Zentrums für Organisations- und Arbeitswissenschaften an der ETH Zürich. In seiner Forschung hat er sich mit Themen rund um die Arbeitsgesellschaft beschäftigt: von der Erwerbs- zur Freiwilligenarbeit bis hin zum Bedingungslosen Grundeinkommen. Ich habe Theo Wehner die Frage gestellt: **Welche Überzeugungen über die Natur des Menschen konturieren dein persönliches Menschenbild?**

Implizit soll sie bleiben, die Frage nach dem Menschenbild

Theo Wehner

Die Frage nach dem Menschenbild stellt sich erst dann, wenn es zu Missverständnissen kommt. Während ich zustimme, dass Menschenbilder verkleidete Überzeugungen hüten, besteht die Herausforderung für mich darin, dass ich ausführen soll, was ich nicht vor mir hertrage, sondern erst dann expliziere, wenn im Denken Fühlen oder Handeln unerwartete, vielleicht sogar unerwünschte Ereignisse auftreten. Bei aller Reserve gegenüber den eigenen Überzeugungen – sie haben meist eine zu lange Halbwertszeit und werden nicht unbedingt durch Wissen gezeugt – liegt die Sache bei mir anders: Mich interessiert seit gut 40 Jahren die wissenschaftliche Auseinandersetzung mit der Produktivität von Zielverfehlungen, seien es Missverständnisse in der Kommunikation, Fehler bei der Bedienung technischer Geräte, Irrtümer beim schlussfolgernden Denken oder Erfahrungen des Scheiterns im Alltag und Berufsleben. Die Auseinandersetzung mit der «Vitalität fehlerhaften Handelns», mit ungeplanten, nicht-intendierten Ereignissen, führte bei mir zu Überzeugungen über die Natur des Menschen, welche mein persönliches Menschenbild konturieren. Wenn ich ein Gespräch oder eine Debatte beginne, wenn ich einen Vortrag oder eine Vorlesung halte oder Prüfungsfragen stelle, muss ich voraussetzen, dass Vorverständnis vorhanden und Einverständnis möglich ist. Mein implizites Menschenbild geht also davon aus, dass mich meine Mitmenschen verstehen, noch bevor sie mich wirklich verstanden haben oder gar eine konstruktive Kontroverse mit Perspektivenverschränkung möglich wird. Da die Schnittmenge der gemeinsamen Informationen, des geteilten Wissens oder der persönlichen Erfahrungen nie wirklich bekannt ist, stelle ich sinnvollerweise Vagheit in der Debatte an den Anfang und intendiere Genauigkeit durch die zu überwindenden Stolpersteine, die sich im Tun zeigen. Zusätzlich teile ich die Annahme und dabei habe ich den hermeneutischen Zirkel im Kopf, dass dort, wo kommuniziert, gehandelt oder gedacht wird, Missverständnisse entstehen, die wiederum (nur) durch Denken, Handeln oder durch Kommunikation ausgeräumt werden können. Das unterstellt zusätzlich, dass der Wille nach Einverständnis bzw. Zielerreichung ursprünglicher ist als das Auftreten oder gar das Provozieren von Missverständnissen. Für das Warum ist an dieser Stelle kein Platz, für das Wozu und damit für die Einträglichkeit hingegen schon: Missdeutungen, Irrtümer, Fehlschlüsse, kurz: Barrieren jeder Art, befeuern die Dynamik sozialer Interaktionen, bergen innovatives Potenzial, wecken Emotionen, erzeugen Stress, rufen Streit hervor und ermöglichen häufig genug nur über diesen Weg eine Zielerreichung. Kognitive, emotionale, kontextuelle Handlungsbarrieren oder Erfahrungen des Scheiterns beweisen dann ihre Nützlichkeit, wenn bei ihrem Auftreten die Frage nach dem jeweiligen Menschenbild gestellt und die damit verbundenen Überzeugen hinterfragt, angepasst oder aufgegeben werden.

Nicht jeder Mist ist Dünger
Beabsichtigte Abweichungen vom Richtigen können in Staunen versetzen und zur Nachdenklichkeit herausfordern. George Balanchine, Mitbegründer des New York City Ballet, hat das Stolpern und selbst Stürze seiner Tänzerinnen in seinen Choreografien genutzt und so das vermeintliche Scheitern produktiv gewendet und enttabuisiert. Eine besondere Art der Fehlerpoetik findet sich auch in der Musik. Aus Schrägem und Falschem entstehen neue Arten von Klang. Indem Musiker es wagten, bewusst mit Fehlern umzugehen und in der Tonalität zu scheitern, wurden sie zu den Wegbereitern des Jazz. Die berühmten «Wrong Notes» von Thelonious Monk gelten als «falsche Noten», weil sie beim Hören nicht dem entsprechen, was wir erwarten. Sie fallen in der Komposition aus dem Rahmen. «Wrong is right», sagte Monk, und das lässt vermuten, dass er das Klavier bewusst für das Stück «Blue Note» verstimmte. Wenn diese Töne dann auch in seinen Ohren zu falsch klangen, rief er aus: «I played the wrong wrong notes!» Der Komponist und Musiker Mauricio Kagel behauptete: «Falsche Tonleitern sind viel aufregender», und integrierte das Misslingen in seine Musik. Die Komposition Exotica (1970) geht so weit, dass die Musiker Instrumente spielen, die sie vorher noch nie gesehen hatten. Im

Scheitern und in den Misstönen wollte Kagel die einzelnen Instrumentalisten zur Kreativität zurückführen. Während also in Jazzclubs und Konzertsälen, beim Ballett, in der Lyrik und oder in der Bildenden Kunst – Christo und Jeanne-Claude verpackten den Deutschen Reichstag, um ihn zu «enthüllen» – von Fehlerfreundlichkeit gesprochen werden kann, will die psychologische, pädagogische, soziologische oder die angewandte ingenieurwissenschaftliche Fehlerforschung primär eliminieren und verpasst es so, das innovative und schöpferische Potenzial der Zielverfehlungen produktiv zu nutzen. Wobei zugegebenermaßen gilt, was mir ein agrarwissenschaftlicher ETH-Kollege einmal zu bedenken gab: «*Nicht jeder Mist ist Dünger.*»

Nur wenn es der Jongleur verpasst, seinen Ball zu fangen, wirkt er auf mich

Die nur scheinbar kontraintuitive Beobachtung von Khalil Gibran, des Dichters und philosophischen Brückenbauers zwischen östlicher und westlicher Kulturauffassung, verortet das Menschsein nicht dort, wo uns der Mensch in einer sozialen Rolle, hier der des Jongleurs, begegnet, sondern dort, wo er die Rolle, entgegen seinem Willen, verlässt. Auch wenn ein solcher Bewegungskünstler meine Aufmerksamkeit auf sich gezogen hat, weil er virtuos mit seinen Bällen und anderen Requisiten umzugehen wusste, wirkte er als Mitmensch auf mich in genau dem von Gibran hervorgehobenen Moment: wenn ihn sein Können für kurze Zeit verlässt. Für mich ist das heute auch der Moment, wo ich das Trinkgeld verdopple.

Errare humanum est – Fehlerfreundlichkeit ist die Antwort

Auch wenn das meist verkürzt wiedergegebene Sprichwort als Auszeichnung des Menschen vor anderen Geschöpfen anzusehen ist, entpflichtet es uns nicht, bei unseren Handlungsvorhaben skeptisch zu bleiben, Zielerreichungen in Frage zu stellen und eventuelle Zielverfehlungen zu korrigieren. Die vollständige Sentenz nämlich lautet: «*Irren ist menschlich, aber auf Irrtümern zu bestehen ist teuflisch*». Die Haltung, mit der Zielverfehlungen wahrgenommen und korrigiert werden sollten, so ein weiterer Aspekt meines Menschenbildes, hat unsere Forschungsgruppe dem Konzept der Fehlerfreundlichkeit entnommen und für die betriebliche Lebenswelt sowie für den Alltag wie folgt umschrieben. Fehlerfreundlichkeit bedeutet:
- eine optimistisch aufklärerische Haltung, die der bewussten, enttabuisierenden Hinwendung zum Fehler und nicht der Abwendung und Ignoranz dient;
- die Wirksamkeit eines Prinzips, das auch die aktive Handlungskontrolle von Fehlerkonsequenzen und nicht nur die Vermeidung oder Korrektur unterstützt;
- dass der Zeitpunkt sowie die Korrekturmaßnahmen vom Handelnden selbst be- oder mitbestimmt werden und somit Lern- bzw. Aneignungschancen für das Individuum, auch für Organisationen ermöglicht werden.

Damit dies gelingt, müssen durch technische Konstruktionen, organisatorische Planungen und individuellen Fertigkeitserwerb Vorkehrungen getroffen werden, sodass die unerwünschten Konsequenzen von Zielverfehlungen harmlos gehalten werden. Dabei ist wiederum zu beachten, dass durch Testen oder Modellieren stets nur die Anwesenheit bekannter, nie aber die Abwesenheit von kontingent auftretenden Fehlern bewiesen werden kann.

Nur wenn der Bumerang sein Ziel verfehlt, kommt er zurück
In der Konstruktions- und Wirkweise des Bumerangs findet das Prinzip der Fehlerfreundlichkeit seinen prominentesten Niederschlag. Der Bumerang wurde ursprünglich von westaustralischen Aborigines bei der Jagd eingesetzt. Bei dieser Verwendung erweist er sich nur dann als «Kehrwiederholz», wenn der Jäger sein eigentliches Ziel und damit die Intention verfehlt. Ziel eines Jägers nämlich war es, die beobachtete Beute zu treffen. In der Konstruktionsweise und im Handhabungsprinzip des Bumerangs steckt die Einsicht, dass über den Weg der Zielverfehlung die ursprüngliche Handlungsintention aufrechterhalten wird. Die von uns vertretene psychologische Fehlerforschung ist Erkenntnisgegenstand und methodisches Vehikel zugleich. Fehler bei der Ausführung von Handlungen (ver-)bergen in diesem Sinne wertvolle Hinweise, die es zu nutzen gilt. Unangemessen und falsch wäre es demgegenüber, sie ausschließlich negativ als Misserfolge oder als ein Scheitern zu betrachten.

Die Stärke unserer Überzeugungen ist kein Beweis für ihre Richtigkeit
Bei John Locke findet sich diese Überzeugung und ich stimme ihr zu. Die hier vorgetragenen Facetten meines Menschenbildes sind Überzeugungen, sollen aber, da ich ja keine empirischen Befunde referiert habe, Plausibilität beanspruchen: Ihre Richtigkeit muss in der Selbstanwendung der Lesenden oder durch das Studium der Quellen erfahren werden, wobei es dabei zu einer paradoxen Situation kommen kann: Fehlerforschung nämlich hat einen tyrannischen Charakter. Ich zähle meine eigenen Fehler zwar nicht, begehe aber heute sicher nicht weniger als vor 40 Jahren. Ich nutze sie als Rohdaten, kann sie meist schnell klassifizieren und vor allem kann ich – bei einigen davon – immer noch darüber staunen, was und wann etwas Zielverfehlendes geschieht, wenn ich als tätiges Wesen unterwegs bin.

Die bekannte Schweizer Politikerin **Christine Egerszegi** hat Romanistik an den Universitäten Zürich und Lausanne sowie Gesang an der Musikakademie Zürich studiert. Sie war Mitglied im Großen Rat des Kantons Aargau und von 1995 bis 2007 Nationalrätin. 2006/07 war sie als Präsidentin des Nationalrats «höchste Schweizerin». Von 2007 bis 2015 war Christine Egerszegi im Ständerat und sie präsidierte mehrere Parlamentarische Gruppen und Kommissionen. Sie verfügt über eine breite Erfahrung in den verschiedensten Gremien in der Wirtschaft, der Bildung und im Sozialbereich. Meine Frage an Christine Egerszegi lautete: **Wo und auf welche Weise hast du erfahren, wie deine Haltung gegenüber dem Mitmenschen die Welt verändern kann?**

Piano statt Fortissimo und die Welt klingt anders

Christine Egerszegi

War es Zufall? Oder Schicksal? Wir wohnten seit Kurzem als junge Familie in Mellingen, einem mittelalterlichen Städtchen an der Reuss, als mich ein Kollege, mit dem ich oft musizierte, fragte, ob ich nicht Mitglied der Musikschulkommission werden wolle. Er war Oboist und Musiklehrer, und weil er an die Kantonsschule Wettingen gewählt worden war, suchte er eine Nachfolgerin. Ich sagte zu und realisierte erst nach der Wahl durch den Stadtrat, dass ich nun als Mitglied dieser Kommission ehrenamtliche Leiterin der regionalen Musikschule geworden war. Die Anstellungsbedingungen für Musiklehrkräfte in den 1980er Jahren waren miserabel. Kurz nach meinem Amtsantritt wurde eine Blockflötenlehrerin im Vollamt ernsthaft krank. Sie musste ihre Stellvertretung selbst suchen und bezahlen, es waren unhaltbare Zustände. Ich stellte einen ersten Antrag an die Schulpflege für eine Absicherung der Musiklehrkräfte nach Obligationenrecht. Nach diesem müssen mindestens drei Wochen bei Krankheit übernommen werden. Das Begehren wurde abgelehnt. Ich hatte neben meinem Romanistikstudium auch eine Gesangsausbildung abgeschlossen und sang jeden Montag im Kammerchor Zürich. Dort fragte ich andere Musikschulleiter nach ihren Regelungen. Darauf stellte ich mein erstes richtiges Dossier mit Fallbeispielen zusammen. Die Schulpflege gab grünes Licht. Der Stadtrat aber, der die Änderungen hätte finanzieren müssen, schrieb: *«Weil es bisher so gut funktioniert hat, lassen wir es, wie es immer war».* Dieser Satz hat mich politisiert. Gegen dieses Bisherige wollte ich ankämpfen. Aber wie? Mein Mann war Mitglied der FDP und sagte, dass ich mir Verbündete suchen müsste, um etwas zu bewegen; in politischen Gremien wären das Parteikollegen. Zwar wollte ich nie in eine Partei, aber so ging ich mit ihm an die GV der FDP Mellingen, und wurde bald Vorstandsmitglied, weil die Protokollführerin zurücktrat. Und tatsächlich: Mein dritter Anlauf für die Verbesserung der Anstellungsbedingungen gelang. Daraus gelernt habe ich, dass man als Einzelkämpferin in der Politik wenig erreicht. Es ist wichtig, sich gründlich vorzubereiten, Beispiele für Lösungen anzuführen, sich breit zu vernetzen und von verschiedenen Seiten her mit Verbündeten Ziele gemeinsam anzustreben.

Bei einer Ablehnung darf man nicht gleich aufgeben, sondern muss die Gründe für das Scheitern eruieren, und dann kontern. Zugegeben, der Antrag würde Mehrkosten bedingen, aber das Gesetz verlangt im Krankheitsfall mindestens drei Wochen Absicherung für alle Angestellten. Ja, man müsste das Personal-Reglement ändern, aber diese kleine Ergänzung geht schnell. Mehr Mühe hatte ich mit der Haltung, dass es «nur» Musiklehrer seien, die nicht dem kantonalen Schulgesetz unterstünden. Das waren und sind bis heute Lehrkräfte, die eine lange und teure Berufsausbildung absolviert haben. Sogar ein Hilfspolizist hatte damals bessere Anstellungsbedingungen. Meine Hartnäckigkeit hat mir nicht geschadet. Ich wurde nach vier Jahren in der Schulpflege erste Stadträtin.

Ausweichmanöver

Statt einer klaren Ablehnung wird oftmals ausgewichen mit dem Vorwand: Das wäre ein «Präjudiz». Dieses Wort kann ich nicht ausstehen. Und es gibt wahre Spezialisten, die damit jeden Versuch einer Neuerung im Keim ersticken. Dazu gibt es drei Versionen: Erstens: Es geht nicht, weil man es so noch nie gemacht hat. Zweitens: Es geht nicht, weil man es schon immer so gemacht hat. Und drittens: Es geht nicht, sonst könnte ja jeder kommen. Als Nationalratspräsidentin bin ich diesem Wort immer wieder begegnet. Wenn ich etwas Unkonventionelles vorschlug, antwortete der Generalsekretär jeweils mit ernster Miene: «Da muss man aufpassen, das könnte ein Präjudiz geben.» Angefangen hat das bereits bei meiner Wahl, als ich statt einer langen Antrittsrede über meine Herkunft und den politischen Weg ein junges, gut ausgebildetes Sängerquartett in den Ratssaal eingeladen habe, um Volkslieder in allen Landessprachen zu singen. Am Schluss fasste ich nur noch zusammen, weshalb mir das wichtig war. Alle Ratsmitglieder sollten still und aufmerksam den Stimmen der jungen Generation zuhören. Diese jungen Menschen zeigten uns, dass auch Solisten aufeinander achten und Rücksicht nehmen, dass sie als Teil eines Ganzen wahrgenommen werden, und dass es viel schwieriger ist, ein Piano durchzuhalten, als ein Fortissimo in den Saal zu schmettern. Am Schluss wurde begeistert applaudiert, und zwar von links bis rechts. Zugegeben, ein wenig recht hatte der Sekretär schon. Es war ein Minipräjudiz, denn seither gibt es bei jeder Präsidiumswahl in beiden Räten wenigstens eine musikalische Umrahmung zu den Reden. Ein anderes «Präjudiz» in diesem Amt war meine persönliche Verabschiedung jedes zurücktretenden Ratsmitgliedes am Ende der Legislatur. Die kleine Würdigung ihrer Arbeit brauchte etwas Zeit, aber ich finde solche Gesten wichtig: Alle haben Aufmerksamkeit und Dank für ihre Arbeit verdient. Sie vertreten das Volk in Bern. Diese Gleichbehandlung war mir wichtig: Bei der Vereidigung habe ich die neuen Ratsmitglieder die Eidesformel nachsprechen lassen. Danach fügte ich immer hinzu: *«Sie treten ein schönes Amt an. Es unterscheidet sich durch nichts von jeder anderen Arbeit im Land. So viel, wie Sie sich dafür einsetzen, so viel wird auch wieder zurückkommen. Allerdings nicht im selben Moment. Manchmal geht es auch lang, sehr lang, bis man das spüren kann. Aber es kommt zurück. Ich wünsche Ihnen viel Freude, Geduld und Durchhaltewillen, und danke Ihnen für Ihr Engagement».* Auch dies war ein Präjudiz und auch dies wird bis heute noch so gemacht. Es braucht einen kleinen Anstoß, um den Pfad der Gewohnheit zu verlassen. Aber wenn es gelingt, sind alle zufrieden.

Mit einem positiven Menschenbild Widerstände abbauen
Als Politikerin habe ich unzählige Situationen erlebt, in denen, dank meiner persönliche Haltung Mitmenschen gegenüber, Undenkbares möglich wurde. Zwei konkrete Beispiele dazu:

«Soldatebrugg»: Der Bau eines Fußgängerstegs über die Reuss, neben der Autobrücke, die die Altstadt mit den neueren Quartieren verbindet, war schon vor Jahren ein Begehren des Stadtrates. Er scheiterte an der Zustimmung des Kantons wegen Ortsbild- und Naturschutzbedenken. Zu Beginn meiner Amtsperiode war eine Primarschul-Haussanierung geplant. Der ganze Schulbetrieb sollte für ein halbes Jahr in ein anderes Schulquartier ausgesiedelt werden. Das hieß, dass täglich etwa 300 Schüler die beiden engen Stadttore auf schmalen Trottoirs neben den vielen Lastwagen passieren mussten. Das bereitete uns Sorgen. Am einberufenen Elternabend berichtete ein Vater, dass sie bei den Genietruppen der Armee eine ältere Brücke hätten, die sie gerne beim nächsten WK noch einmal irgendwo aufbauen würden. Ein Steg über die Reuss, das wäre doch die Lösung. Ich nahm diesen Vorschlag mit in die nächste Stadtratssitzung. Meine Kollegen sahen keine Chance, weil sie schon ein paar Jahre zuvor mit einem Antrag an den Kanton gescheitert waren.

Als damalige Großrätin ging ich, argumentativ gut vorbereitet, zum Baudirektor und versuchte, ihn für eine provisorische Brücke über die Reuss zu gewinnen. Dies gelang mühelos. Da er einst selber in den Genietruppen Dienst getan hatte, war er vom Vorschlag des Militärs begeistert. Wir erhielten umgehend die Erlaubnis für die Erstellung und Nutzung eines provisorischen Steges für zwei Jahre. Nach dieser Zeit hatte sich die Bevölkerung so daran gewöhnt, dass eine Petition eingereicht wurde, deren Menge an Unterschriften die Zahl der Bewohner überstieg. Die neue Fußgängerbrücke durfte erstellt werden.

Militärversicherung: Die Militärversicherung (MV) ist unsere älteste Sozialversicherung. Sie stammt aus dem Jahr 1901. Sie übernimmt alle Kosten für Krankheiten und Unfälle, die während des Militärdienstes anfallen. In den vergangenen Jahrzehnten wurden Unfallversicherung und Krankenversicherung obligatorisch eingeführt. Diese werden über Prämien bezahlt und decken alle gesundheitlichen Eventualitäten ab. Damit sind Dienstleistende während ihres Einsatzes doppelt versichert. Diese Doppelspurigkeit verursacht unnötige Kosten. Die wären zu umgehen, indem man spezielle Unfälle im Umgang mit Waffen, Panzern und Kriegsmaterialien in einer eigenen Sparte in die Unfall- oder Krankenversicherung integrieren würde. Das Bundesamt für Militärversicherung wäre überflüssig. Dies war mein erster Vorstoß im Parlament: Die Abschaffung der Militärversicherung (MV) und die Integration ihrer Leistungen in die Unfall- oder Krankenversicherung. Es war ein Tabubruch. Die Kommission beschloss mit einer Gegenstimme, meiner eigenen, von links bis rechts Ablehnung. Vor der Abstimmung argumentierte der Direktor: «*Frau Egerszegi, Sie machen einen Denkfehler: Wenn ein Mitglied der Schweizer Armee krank wird, ist es von ganz anderer Dringlichkeit, dass es wieder gesund wird, als unsereins.*» Manchmal braucht es Zeit, bis sich etwas bewegt. Acht Jahre später wurde das Bundesamt aufgelöst. Die Leistungen wurden in die SUVA integriert.

Das eigene Verhalten gegenüber Mitmenschen ist entscheidend

Im Laufe der Zeit wurde ich immer wieder mit Ablehnung, Rückstellung oder Verschiebung meiner Anliegen konfrontiert. Die Gründe für eine Rückweisung ähnelten sich: *Es verursache Kosten. Es sei zu kompliziert. Das sei strikt geregelt. Damit habe man keine Erfahrung. Das wäre Präjudiz für weitere Forderungen. Es sei jetzt nicht prioritär.* Gegen diese Mentalität habe ich verschiedene Strategien entwickelt. In der mündlichen Diskussion ist es einfach, dem Anliegen noch einmal Schub zu geben oder Gegenargumente anzuführen:

«Warum denkst du, dass es nicht geht?» «Wie könnten wir das verbessern?» «Starten wir neu, was könnten wir verändern?» Wenn es zäh wird oder richtige Anträge braucht, dann suche ich Verbündete. Am besten aus verschiedenen Interessengruppen. Es ist hilfreich, den größten gemeinsamen Nenner zu finden und diesen weiterzuentwickeln. So entstehen aus vernetzten Persönlichkeiten Partner. Vernetzung beginnt im Kleinen und verbreitet sich wie Kreise um einen ins Wasser geworfenen Stein. Aber gute Vernetzung ist nie Ersatz für eigenes Engagement. Gründliche Vorbereitung und Zuverlässigkeit sind die Basis zum Weiterkommen. Quelle aller politischen Energie ist die Tiefe der eigenen Überzeugung. Trotzdem, nicht immer hatte ich Erfolg. Mit freundlicher Hartnäckigkeit und einem positiven Menschenbild gelang es mir immer wieder, Veränderungen zu erzielen und hoffentlich auch die Welt, wenn auch nur in kleinen Schritten, ein wenig besser zu gestalten. Mitmenschen im engen und weiteren Umfeld verdanke ich das, was mir und meinen Verbündeten im Laufe eines nicht geplanten politischen Lebens gelungen ist.

Dr. h.c. Mario Gattiker hat Rechtswissenschaften an der Universität Bern studiert. Danach arbeitete er für verschiedene nichtstaatliche Organisationen im Bereich des Migrations- und Flüchtlingsrechts. So u. a. in den Jahren 1990 bis 2001 als Leiter des Rechtsdienstes von Caritas Schweiz. Er war leitender Sekretär der Eidgenössischen Ausländerkommission und ab 2012 Direktor des Bundesamtes für Migration. 2015 wurde er zum Staatssekretär für Migration berufen; das Staatssekretariat für Migration leitete er bis Ende 2021. Im gleichen Jahr erhielt er den Ehrendoktortitel der Universität Freiburg. Er war Lehrbeauftragter für Migrationsrecht an der Hochschule für Soziale Arbeit in Luzern und heute ist er Partner von MEG, einer Beratungsunternehmung, die Regierungen, internationale Organisationen und nichtstaatliche Organisationen in Fragen der Migrationspolitik berät. Ich habe Mario Gattiker gebeten, die nachfolgende Frage zu beantworten: **Welche Begegnungen, Erlebnisse und Erfahrungen haben dein heutiges Menschenbild geprägt?**

«Freiheit heilt» – Menschenbilder im Rückblick
Mario Gattiker

Menschenbilder 1978
Die psychiatrischen Anstalten in Italien waren bis in die 1970er Jahre – wie in vielen anderen europäischen Ländern – berüchtigte, gefängnisähnliche Einrichtungen. Menschen mit schweren und weniger schweren psychischen Erkrankungen wurden weggesperrt, oft aber auch junge oder ältere Menschen, die aufgrund sozialer oder familiärer Probleme keinen Platz mehr in der Gesellschaft fanden oder von ihren Familien verstossen worden waren. Aufzeichnungen aus dieser Zeit zeichnen ein düsteres Bild. Die Patienten wurden gefesselt, gedemütigt, sediert und in eiskalte Bäder gesteckt. Elektroschocks gehörten zur «Standardprozedur» und wurden oft zur Bestrafung eines als «renitent» empfundenen Verhaltens eingesetzt. Anfang der 1970er Jahre gründeten progressive Psychiaterinnen und Psychiatriepfleger die Reformbewegung der «psychiatria democratica». Sie vertraten die Auffassung, dass die Anstalten zusätzliche krankhafte Verhaltensweisen produzierten und bestehende Krankheiten verschärften. Die Bewegung setzte sich dafür ein, die Anstalten zu öffnen, sie in ihrer bestehenden Form abzuschaffen und die betroffenen Menschen in die Gesellschaft zu integrieren. Ihr therapeutisches Ziel war es, das wahre Krankheitsbild zu erkennen und zu heilen.

Das Zentrum der Bewegung, die sich in den folgenden Jahren auf ganz Italien ausbreitete, befand sich in Trieste, einer altehrwürdigen «K&K-Stadt» an der Grenze zu Slowenien. 1978 gehörte ich zu den zahlreichen jungen Freiwilligen, die nach Trieste reisten, um sich für die Öffnung der «Irrenhäuser» («manicomi») einzusetzen. Tagsüber unterstützten wir die Insassen, begleiteten sie bei Behördengängen und der Wohnungssuche und arbeiteten mit ihnen in Landwirtschaftskooperativen sowie anderen Integrationsprojekten zusammen. Die ehemaligen Anstaltsinsassen wurden bewusst «utenti», also «Benutzerinnen und Benutzer» genannt. Sie wohnten nun mitten in der Stadt und wurden aus ambulanten Quartierzentren heraus sozial und medizinisch betreut, während wir Freiwilligen in den alten Pavillons auf dem Spitalgelände lebten. «La Libertà è terapeutica» («Freiheit heilt») stand in grossen Buchstaben auf einer der Mauern im Eingangsbereich, die die ehemalige Psychiatrieanstalt umgaben. Die Zeit in Trieste hat meinen persönlichen und beruflichen Weg nachhaltig geprägt, sowohl durch kleine als auch größere Erkenntnisse. Besonders spannend war es, den Vollversammlungen beizuwohnen, bei denen Ärztinnen, Gesundheitspersonal und «utenti» gemeinsam Fragen des Alltagslebens oder der sozialen und beruflichen Integration besprachen. Oftmals waren die Beiträge nicht direkt einer bestimmten Rolle zuzuordnen, da das Personal bewusst auf die übliche weiße Berufskleidung verzichtete. Beeindruckend war wie schnell und erfolgreich sich die Bewegung landesweit durchsetzte. Bereits nach wenigen Jahren verabschiedete das Parlament ein Gesetz, das die Psychiatrie nach dem Vorbild Triestes reformierte und menschlicher gestaltete.

Menschenbilder 2001

Im Jahre 2001 wurde die Integration von Ausländerinnen und Ausländern zu einer Bundesaufgabe, indem erstmals Mittel zur Förderung entsprechender Projekte bereitgestellt wurden. Ich wechselte aus dem nicht-staatlichen Bereich in die Verwaltung, um diese Förderung mit aufzubauen. Damals basierte die Integrationsarbeit überwiegend auf zivilgesellschaftlichem Engagement, insbesondere durch private Vereinigungen und häufig durch Ausländerorganisationen. Im Mittelpunkt standen das Zusammenleben und die soziale Integration. Dieses Engagement manifestierte sich zum Beispiel in der Schaffung von Begegnungsstätten, der Durchführung kultureller Veranstaltungen oder dem Aufbau von Medien, die sich an die ausländische Bevölkerung, spezifische Nationalitäten oder ethnische Gruppen richteten. Trotz des verdienstvollen Einsatzes konnte diese Form der Förderung allein wenig an den bestehenden strukturellen Defiziten im Bereich Schule, Bildung oder beruflicher Integration ändern. Diese Defizite, wie überdurchschnittlich hohe Sozialhilfebezüge und Arbeitslosigkeit sowie vergleichsweise schlechte Bildungserfolge von Kindern und Jugendlichen, waren maßgeblich eine Folge der jahrzehntelangen «Gastarbeiterpolitik». Diese Politik führte dazu, dass arbeitsintensive Wirtschaftszweige wie Bau, Landwirtschaft und Gastronomie sogenannte «Saisonniers» beschäftigten, wobei die Menschen von vielen staatlichen Leistungen und dem gesellschaftlichen Leben ausgeschlossen wurden. Max Frisch brachte dies auf den Punkt: «*Wir holten Arbeitskräfte, und es kamen Menschen.*» Mit dem neuen Integrationskredit auf Bundesebene verbanden viele in der Integrationsarbeit tätige Organisationen die Erwartung, dass zumindest ein Teil ihres zivilgesellschaftlichen Engagements durch den Bund finanziert würde. Diese Erwartung konnte jedoch nur zu einem sehr kleinen Teil erfüllt werden. Prioritär aus Integrationssicht war es nämlich, die Rahmenbedingungen für eine bessere Integration zu schaffen: die Sensibilisierung des Bildungswesens für die Bedürfnisse der ausländischen Bevölkerung zu erhöhen, die Maßnahmen in den Bereichen Sozialversicherungen und Sozialhilfe stärker auf Integrationsbelange auszurichten und nicht zuletzt die Rechtsstellung von Ausländerinnen und Ausländern zu verbessern, um ihnen beispielsweise im Arbeitsmarkt chancengleichen Zugang zu gewähren. Es ging generell darum, staatliche Behörden auf Bundes-, Kantons- und Gemeindeebene verstärkt in die Lage zu versetzen, sich für Integrationsbelange zu öffnen. Einige zivilgesellschaftliche Akteure empfanden dies als Schwächung ihrer Position. Der Aufbau der Integrationsförderung auf Bundesebene war zumindest in ihren Anfangsjahren ein notwendiger und komplexer Veränderungsprozess, der viele schwierige Auseinandersetzungen zwischen den involvierten Akteuren mit sich brachte. Es war jedoch wichtig, im Integrationsverständnis und in der Integrationspolitik ambitionierter zu werden und über das bloße Organisieren des Zusammenlebens hinaus eine Politik der Chancengleichheit und wirklichen Teilhabe anzustreben. Auch für die Integrationspolitik gilt, dass *«zuerst das Fressen, dann die Moral kommt»*, wie es Bertolt Brecht in einem anderen Zusammenhang treffend ausgedrückt hat. Der Bundesrat, der damals diesen Ansatz energisch vorantrieb und dadurch maßgeblich die Integrationspolitik stärkte, gehört übrigens einer Partei an, die sonst für ausländerkritische Positionen bekannt ist. «Richtige» Menschenbilder lassen sich nicht immer eindeutig einem bestimmten politischen Spektrum zuordnen.

Menschenbilder 2021

Ich empfand es als herausfordernd, den ressourcenorientierten Ansatz, den ich in Trieste erlebte und den wir beim Aufbau der Integrationspolitik verfolgten, in meinem Führungsalltag in der Bundesverwaltung umzusetzen. Zwischen 2012 und Ende 2021 leitete ich als Direktor und Staatssekretär das Bundesamt für Migration. In Anlehnung an die Menschenbilder des Managementtheoretikers Douglas McGregor könnte man meinen Führungsstil als ein ständiges Pendeln zwischen Theorie X («Der Mensch ist unwillig und braucht externe Motivation.») und Theorie Y («Der Mensch ist von Natur aus leistungsbereit und intrinsisch motiviert.») beschreiben. Dies lag nicht nur an meinem Naturell, sondern maßgeblich auch an externen Faktoren. Zu Beginn meiner Amtszeit übernahm ich ein Bundesamt, das nach einer gescheiterten Reorganisation im politisch sensiblen Bereich der Asylpolitik kaum noch in der Lage war, seinen gesetzlichen Auftrag – das effiziente und faire Prüfen und Entscheiden von Asylgesuchen – zu erfüllen. Die Personalzufriedenheit war im Keller und die Reputation des Amtes nach außen stark beschädigt. Unter erheblichem Druck mussten schnelle Erfolge («Quick Wins») erzielt werden. In dieser Phase war ich oft misstrauisch, ob die neuen Vorgaben tatsächlich umgesetzt wurden. Glücklicherweise konnte mich mein erfahrener Vizedirektor gelegentlich erfolgreich davon abhalten, ins Mikromanagement eines «Kontrollfreaks» zu verfallen. Mit dem Fortschreiten des «Heilungsprozesses» des Bundesamtes wuchs auch meine Gelassenheit im Führungsalltag. Die Erfolge des Amtes, etwa bei der Bewältigung des «arabischen Frühlings» oder des starken Anstiegs der Asylgesuche im Gefolge des Bürgerkriegs in Syrien, spielten dabei eine maßgebliche Rolle. Durch die Einführung sofort umsetzbarer Maßnahmen sowie einer umfassenden Reform zur Beschleunigung der

Asylverfahren konnten wir die Effizienz steigern, was den Ruf des Bundesamtes erheblich verbesserte und den Mitarbeiterinnen und Mitarbeitern die verloren gegangene Sicherheit zurückgab. Dies führte zu einem signifikanten Anstieg der Personalzufriedenheit. Als erschwerend empfand ich jedoch die oft zu starren Vorgaben im Personalbereich, die Veränderungen und Innovationen behinderten. Ein zentrales Anliegen meiner Geschäftsleitung und mir war es zum Beispiel, den viel zu niedrigen Anteil weiblicher Führungskräfte zu erhöhen. Wir förderten aktiv das Jobsharing, um möglichst viele Mitarbeiterinnen in Führungspositionen zu bringen. Leider stieß diese Strategie auf erheblichen Widerstand durch Reglemente, die dazu führten, dass Führungskräfte im Jobsharing Abstriche bei den Lohnklassen hinnehmen mussten und Stellvertretungsregelungen verunmöglicht wurden.

Chancengleichheit und Teilhabe müssen in Organisationsstrukturen stets neu erkämpft werden. Der Leitsatz von Trieste, dass «Freiheit heilt», hat nichts von seiner Gültigkeit verloren.

Vom Denken zum Handeln

Es ist davon auszugehen, dass das Toxische des Negativen, bezogen auf die eigene Person, die Mitmenschen und die Gesellschaft stark dysfunktional wirkt. Daher ist die Annahme eines positiven Menschenbilds schlicht und einfach alternativlos und es lohnt sich, Partei für die Menschlichkeit zu ergreifen. Gerade im aktuellen Kontext der schockierenden kriegerischen Ereignisse in der Ukraine und im Nahen Osten stellt sich die Frage, ob meine skizzierten Gedanken nicht weltfremd sind und das von mir unterstellte Menschenbild zu optimistisch ist. Meine empfohlene **paradoxe Intervention**[11] lautet daher:

Trotz des Wissens um die Vielzahl an Egoisten Mitmenschen vorbehaltslos wohlwollend und naiv gutgläubig begegnen und sich von der beeindruckenden Kraft der sozialen Ansteckung überraschen lassen.

Dies ist eine mutige Forderung, deren Umsetzung meiner Ansicht nach eine erhebliche Wirkung auf Mitmenschen, die Gesellschaft und entscheidend auch auf mich selbst hat. «Es gibt das Gute, es gibt Menschen, die daran teilhaben – und vielleicht sind es mehr, als wir glauben.» Treffende Worte des französischen Karikaturisten Jean-Jacques Sempé. Selbst Mirjana Spoljaric Egger, die Präsidentin des IKRK, die im Rahmen ihrer Tätigkeit unsäglich viel Leid sieht, ist überzeugt, dass Menschen in Frieden leben wollen. Diese Botschaft sollte uns Mut machen, die Stärken und Potenziale unserer Mitmenschen und nicht primär deren Defizite zu sehen.

Das Handeln ist die beste Lehrmeisterin. Um die Thematik des Menschenbildes persönlich zu vertiefen, empfehle ich im Sinne einer Selbsterkundung, die folgenden Aktionen durchzuführen, die angebotenen Reflexionsfragen zu beantworten und Experimente zu wagen:

To-dos
- Formulieren Sie Ihren One-Pager zum Thema «*Mein Menschenbild*». Übergeben Sie das Dokument mehreren Ihnen nahestehenden Personen und bitten Sie diese um ein Feedback. Interpretieren Sie die Rückmeldungen und suchen Sie Erklärungen für die allfälligen Abweichungen zwischen dem Eigen- und Fremdbild.
- Begeben Sie sich auf eine persönliche Spurensuche und überlegen Sie sich, wie Ihr Menschenbild entstanden ist. Welche Erfahrungen, Prägungen und Begegnungen haben Ihr Verständnis des Menschseins maßgeblich beeinflusst?
- Erstellen Sie Ihre «Bilanz» der erlebten altruistischen und egoistischen Lebenserfahrungen und leiten Sie daraus Ihre Schlussfolgerungen ab.

Reflexionsfragen
- Welchen Stellenwert messen Sie persönlich der Frage nach dem eigenen Menschenbild bei?
- Als wie konsistent stufen Sie Ihr Menschenbild ein und wie konsequent leben Sie dieses?
- Wo und wie erleben Sie die Auswirkungen und Folgeeffekte Ihres Menschenbildes?
- Wie viel Beziehungszeit setzen Sie ein, um Mitmenschen wirklich kennenzulernen?
- In welchen Situationen erfahren Sie die Relevanz des Menschenbildes?
- Von welchen impliziten Annahmen wird Ihr Menschenbild geprägt?

- Was, denken Sie, dominiert den Menschen – seine Gene oder Ideale, seine selbstsüchtigen Triebe oder sein Verstand?
- Welches Verhalten oder welche Eigenschaften bewundern Sie bei Mitmenschen und weshalb sind diese Aspekte für Sie so bedeutsam?
- Welchen Grad an Veränderbarkeit attestieren Sie Mitmenschen und wie beeinflusst dies Ihr Menschenbild?
- Welche Erfahrungen haben Ihr bisheriges Menschenbild herausgefordert oder in Frage gestellt und wie sind Sie damit umgegangen?
- Wie sieht Ihre «Erosionsprophylaxe» aus – konkret: Wie reagieren Sie, wenn Sie von Mitmenschen enttäuscht werden, und wie gelingt es Ihnen, Ihr originäres Menschenbild zu bewahren?

Experimente

Kontradiktorisches Wohlwollen

Zollen Sie auch Mitmenschen gegenüber Wohlwollen und Respekt, die es nicht verdient haben. Vergegenwärtigen Sie sich Ihre aktuellen Interaktionen mit Mitmenschen und wählen Sie bewusst diejenige Persönlichkeit aus, gegenüber der Sie die größten Vorbehalte haben. Disziplinieren Sie sich selbst und begegnen Sie dieser Person, als Spiegelbild Ihres eigenen Charakters, einen Monat lang mit einer positiven Einstellung und mit maximaler Zuneigung. Beobachten Sie während dieses Zeitraums kontinuierlich, was sich in Ihrer Interaktion verändert und besprechen Sie die Ergebnisse anschließend offen mit Ihrem Problem-Partner oder Ihrer Problem-Partnerin.

Mit Kalkül überschätzen

Basierend auf früheren Erfahrungen neigen wir oft dazu, die Fähigkeiten unserer Kolleginnen und Kollegen zu unterschätzen. Viele sind jedoch talentierter, als wir annehmen oder sie sich selbst zutrauen. Es lohnt sich, in Menschen mehr Potenzial zu sehen, als sie selbst erkennen, und sie dazu zu ermutigen, mehr zu erreichen, als sie sich zutrauen. Formulieren Sie deshalb in ihrem beruflichen Umfeld den nächsten Auftrag gemeinsam mit der betrauten Person so ambitioniert, dass dieser die Person anfangs überfordert. Geben Sie eine ermutigende Unterstützung und lassen Sie sich überraschen, was passiert. Nach dieser Erfahrung lohnt sich der Austausch über das Selbst- und Fremdbild, das Vertrauen in die eigenen Fähigkeiten und die Mächtigkeit des Zutrauens als reife Form des Vertrauens.

2

Thinkout «Selbstregie»

Wie selbstbestimmt ist die Selbstbestimmung?

oder

Wie ich fremdbestimmt selbstbestimmt handeln kann.

Produktiv **resignieren** und **Regie** auf der **Hinterbühne** führen.

Selbstregie – der naive Wunsch

Wer glaubt, alles im Griff zu haben, ist besonders gefährdet, in eine Krise zu geraten, sobald die Dinge nicht nach Plan verlaufen. Letztlich liegt dann die Verantwortung für das Versagen auch bei mir selbst. Die Vorstellung, im Fahrersitz zu sein, das Leben selbstbestimmt nach eigenen Werten, Zielen und Überzeugungen zu gestalten, Potenziale zu entfalten und Träume zu verwirklichen, ist ein grundlegendes menschliches Bedürfnis. Für dieses Streben nach individueller Souveränität gibt es vielfältige Motive. Die Selbstbestimmungstheorie von Edward L. Deci und Richard M. Ryan unterscheidet drei grundlegende psychologische Bedürfnisse:[12] Erstens *Autonomie*: Menschen haben ein Verlangen danach, Handlungen und Entscheidungen in Übereinstimmung mit den eigenen Werten und Überzeugungen zu treffen. Zweitens *Kompetenz*: Menschen wollen sich in ihren Aktivitäten kompetent fühlen und ihre Fähigkeiten selbstbestimmt weiterentwickeln. Und schließlich drittens *soziale Eingebundenheit*: Dieses Bedürfnis adressiert den Wunsch nach sozialen Beziehungen und der Einbettung in eine Gemeinschaft. Menschen streben also nach Selbstbestimmung, um ihre persönliche Integrität zu bewahren. Sie wollen eigene Entscheidungen treffen und nicht von anderen dominiert oder kontrolliert werden. Sie wollen sie selbst sein, aus innerer Freude heraus handeln und sozial integriert leben. Menschen, die selbstbestimmt handeln, zeigen tendenziell eine **höhere intrinsische Motivation, erleben weniger Stress und berichten von größerer Zufriedenheit** sowie einer verbesserten psychischen Gesundheit. Ihr Leben empfinden sie als erfüllend, indem sie ihren wahren Wünschen nachgehen. Das Hauptproblem für viele liegt jedoch gerade darin, dass sie diese Wünsche nicht klar identifizieren können. Selbstbestimmung fördert auch die Fähigkeit zur Selbstregulation und Selbstkontrolle und trägt zur Qualität zwischenmenschlicher Interaktionen bei. Der Wunsch nach Selbstbestimmung ist also verständlicherweise ausgeprägt und die Beweggründe sind vielfältig. Doch wie sieht die Realität aus? Wie sehr sind wir tatsächlich Regisseur oder Regisseurin unseres eigenen Lebens?

Gestatten wir der Wirklichkeit einen Einspruch. Rückblickend wird mir bewusst, dass ich lange Zeit davon überzeugt war, weitgehend selbstbestimmt entscheiden und handeln zu können. Es waren vielfältige lebensbiografische Erlebnisse, die mir die Grenzen meiner Selbstbestimmtheit subtil oder auch drastisch vor Augen geführt und mich veranlasst haben, vermeintliche Selbstverständlichkeiten zu hinterfragen und Unhinterfragtes zu überdenken.

Vor mehr als 30 Jahren, also lange vor dem Hype der sozialen Medien, las ich in einem Buch die These, dass es in den USA undenkbar sei, dass ein übergewichtiger Mann mit Glatze zum Präsidenten der Vereinigten Staaten von Amerika gewählt wird. Die Begründung hierfür lautete: Für den Wahlerfolg in der medialen Welt sei es entscheidend, dass die Kandidierenden telegen – heute würde man sagen medientauglich – sind. Die Gründe für diese Präferenz sind vielfältig. Beim Fernsehen und heute in den sozialen Medien spielen visuelle und ästhetische Merkmale eine entscheidende Rolle. Persönlichkeiten müssen einem bestimmten Schönheits- und Erwartungsideal entsprechen. Zum anderen sind Verhaltensweisen und Merkmale gefragt, die als unterhaltsam angesehen werden. Diese irritierende Tatsache unterstreicht einerseits die vielzitierte und wohlbekannte Macht der Medien. Sie kann zu Ausgrenzungen und Diskriminierungen und somit zur Benachteiligung nicht medienaffiner Personen führen. Andererseits hat mich dieses Beispiel auch veranlasst darüber nachzudenken, wie sich meine eigenen Bilder, Meinungen und Haltungen, zum Beispiel zu Personen wie Joe Biden oder Donald Trump, gebildet haben. Wie wohl auch Sie, geschätzte Leserinnen und Leser, bin ich den beiden Politikern nie persönlich begegnet. Meine individuelle Vorstellungswelt basiert ausschließlich auf Medienberichten und Drittmeinungen. Medien verfügen also nicht nur über manipulative Macht, sie schaffen auch maßgeblich (meine) Realität und Wirklichkeit. Oder, wie es Niklas Luhmann formulierte: *«Was wir über unsere Gesellschaft, ja über die Welt, in der wir leben, wissen, erfahren wir durch die Massenmedien.»*[13]

Fernsehprogramme, soziale Medien und andere Informationsquellen präsentieren uns eine Vielzahl von Schilderungen und Aussagen zu aktuellen Ereignissen und gesellschaftlichen Themen. Diese Vielfalt ermöglicht es uns, verschiedene Standpunkte zu erkunden und eine Sichtweise auf komplexe Fragen zu entwickeln. Da Medienquellen, heute zusätzlich auf Grundlage der von künstlicher Intelligenz ermittelten Vorlieben, die Informationen selektionieren, wird unsere Meinungsbildung subtil in eine bestimmte Richtung gelenkt. Wir befinden uns in einer «Filterblase», und es besteht die Gefahr, dass es zu einer Selbstverstärkung bestehender Überzeugungen und einem Tunnelblick kommt. Wahrnehmung schlägt oftmals die Wirklichkeit. Zudem stellt sich die grundlegende Frage nach Realismus oder Konstruktivismus: Spiegeln uns die Medien die Wirklichkeit deckungsgleich bis verzerrt wider oder konstruieren Medien Begebenheiten? Ist die uns vermittelte Welt also eine Einschätzung oder ein Entwurf der Medien? Unabhängig von den Antworten auf diese Frage können wir festhalten: Medien haben einen erheblichen Einfluss auf unsere individuelle Meinungsbildung und die Erzeugung unserer Realität. **Medien schaffen Wirklichkeit.** Tatsächlich sind wir oft als medienmanipulierte «Papageien» unterwegs und das Gefühl, im Fahrersitz zu sitzen, entpuppt sich als ein naiver Wunsch.

Selbstregie – der Clash mit der Realität

Die individuelle Autonomie wird nicht nur durch die medial geprägte Meinungsbildung und Wirklichkeitskonstruktion, sondern auch durch vielfältige weitere Einflüsse begrenzt. Und es stellt sich grundlegend die Frage, wie wir zu dem geworden sind, was wir sind. Durch meine Tätigkeit in verschiedenen Gremien wurde mir beispielsweise bewusst, wie stark die Ausbildung das eigene Denken beeinflusst und somit indirekt die Selbstbestimmung determiniert. Jede Profession und wissenschaftliche Disziplin entwickelt spezifische Denkstrukturen, sodass es nicht überraschend ist, dass diese bei Juristinnen anders ausgeprägt sind als bei Soziologen, Theologinnen, Pädagogen oder Historikerinnen. Während meiner Zeit im Senat der UniBw München erlebte ich immer wieder, wie mich meine ökonomisch geprägte, stark auf Effizienz ausgerichtete Denkhaltung (fremd-)bestimmte. So ertappte ich mich oft, dass mich die ausufernde, nicht auf den Punkt gebrachte, nach meiner Sicht ineffiziente Artikulationsweise eines Kollegen daran hinderte, den Mehrwert seiner Botschaft überhaupt zu erkennen und zu verstehen. Die Ausbildung und fachliche Prägung stellen Einflüsse dar, die nicht unterschätzt werden sollten. Sie beeinflussen nicht nur unser Wissen und unsere Fähigkeiten, sondern auch unser Denkvermögen und begrenzen den Grad an Selbstregie. Sie formen unsere moralischen Werte, unsere Weltanschauungen und unsere kulturelle Identität.

Die Debatte über den freien Willen wird seit mehr als 2000 Jahren geführt. Der Vorstellung, dass Menschen autonome, bewusste Entscheidungen treffen, ist schwer mit der Annahme zu vereinbaren, dass die Prozesse, die beim Denken im Gehirn ablaufen, ursächlich determiniert sind und vollständig durch physikalische Gesetze erklärt werden können. Dennoch lässt sich nicht wegdiskutieren, dass der menschliche Wille in viele kausale Zusammenhänge eingebunden ist. Die Frage nach der Selbstbestimmung und ihrer möglichen Fremdbestimmtheit ist deshalb nicht überraschend ein zentrales Thema in verschiedenen wissenschaftlichen Disziplinen.

Philosophische Debatten reflektieren die Frage nach der uneingeschränkten Willensfreiheit, also ob wahrhaft selbstbestimmtes Handeln grundsätzlich möglich ist und individuelle Entscheidungen überhaupt frei von äußeren Einflüssen getroffen werden können. Der Kompatibilismus argumentiert, dass die Vorstellung von freiem Willen nicht zwangsläufig im Widerspruch zum Determinismus steht und dass Menschen in der Lage sind, moralisch und ethisch verantwortliche Entscheidungen zu treffen, selbst wenn ihre Handlungen durch Dritteinflüsse beeinflusst werden. Der Libertarismus betont, dass der menschliche Wille nicht durch vorherige Dispositionen festgelegt ist und dass echter freier Wille existiert, der es Menschen erlaubt, unabhängige Entscheidungen zu treffen und selbstbestimmt zu handeln.

Die *Psychologie* untersucht, wie kognitive Verzerrungen, sozialer Druck oder andere seelische Prozesse individuelle Entscheidungen lenken. Sie zeigt die Rolle von Gewohnheiten, Emotionen und unbewussten Motiven auf und weist darauf hin, dass selbstbestimmtes Handeln weniger autonom ist als angenommen. Es ist davon auszugehen, dass das Unterbewusstsein unser Denken, Fühlen und Verhalten zu 95 bis 99 Prozent lenkt. Ein Großteil unserer Reaktionen wird demnach unbewusst gesteuert und ein Reiz der Umwelt löst automatisch ein hierfür angelegtes Verhaltensprogramm aus. Unterbewusstsein und Bewusstsein sind nicht Gegensätze. Evolutionsmäßig besteht ihr gemeinsames Ziel darin, unseren Fortbestand sicherzustellen.[14]

Die neuronale Basis von Entscheidungsprozessen ist Gegenstand der *Neurowissenschaften*. Unsere Hirnaktivitäten werden durch biologische Faktoren, genetische Prädispositionen und Umwelteinflüsse geformt. Angesichts dieser neurologischen Limitationen scheint eine uneingeschränkte Selbstbestimmung ebenfalls fraglich.

Die *Sozialwissenschaften* betrachten die sozialen und kulturellen Einflüsse auf unsere Entscheidungsfindung. Sie kommen zum Schluss, dass gesellschaftliche Normen, Erwartungen und soziale Strukturen unser Verhalten formen und unsere Wahlfreiheit begrenzen oder erweitern können. Soziale

Konditionierung kann dazu führen, dass wir Entscheidungen treffen, die mehr von äußeren Einflüssen als von inneren Überzeugungen geleitet sind.

Die interdisziplinäre Auslegeordnung zeigt, dass die Frage nach individueller Autonomie vielschichtig ist und weiterhin Gegenstand kontroverser wissenschaftlicher Diskussionen bleiben wird. **Selbstbestimmung ist ein komplexes Zusammenspiel** von biologischen, psychologischen, sozialen und kulturellen Faktoren. Die Verhaltensgenetiker schätzen, dass Gene etwa 40 bis 50 Prozent des Charakters formen und die individuelle Umwelt für die restlichen 50 Prozent verantwortlich ist.[15]

Im Alltag sind es immer wieder Rahmenbedingungen in Form von Sachzwängen, die den Grad an Selbstbestimmung begrenzen. Gesellschaften haben etablierte Normen und Werte, die das Verhalten und die Entscheidungen von uns allen beeinflussen. Abweichungen davon können Sanktionen zur Folge haben, welche unsere Selbstbestimmung einschränken. Auch der soziale und wirtschaftliche Status kann unsere Handlungsmöglichkeiten wesentlich determinieren. Schulden oder finanzielle Abhängigkeiten sowie die Notwendigkeit, den Lebensunterhalt zu verdienen, können dazu führen, dass wir Arbeitsbedingungen akzeptieren müssen, selbst wenn diese unseren Präferenzen und Fähigkeiten entgegenstehen. Zudem schränken Gesetze und Vorschriften oder politische Entscheidungen die individuelle Autonomie ein. Nebst diesen offensichtlichen faktischen Sachzwängen gibt es auch individuelle Denkzwänge, die auf subtile Weise unsere Selbstbestimmung beeinflussen und begrenzen. Sie basieren auf persönlichen Erfahrungen, gesellschaftlichen Erwartungen oder psychologischen Faktoren.

Der Bestätigungsfehler (Confirmation Bias) ist ein Beispiel für solche Denkzwänge. Er tritt auf, wenn Menschen bevorzugt Informationen suchen, die ihre bestehenden Überzeugungen bestätigen. Das führt zu einer selektiven Informationsaufnahme und birgt die Gefahr, dass wir in unseren Ansichten verharren und alternative Sichtweisen ignorieren. Weitere Denkzwänge umfassen Stereotype und Vorurteile, persönliche Ängste sowie den sozialen Konformitätsdruck.

Hinsichtlich der Frage, wie selbstbestimmt meine Selbstbestimmung ist, lässt sich als vorläufiges Fazit festhalten: Auch wenn wir, wie es der Philosoph Peter Bieri formuliert hat, «danach streben, uns das Gesetz unseres Willens selbst zu geben», erscheint **Selbstregie als eine naive Illusion**.

Oder wie es Christoph Sigrist auf den Punkt bringt: *«Unser Bauchnabel ist das Korrektiv für die Vorstellung, wir hätten übersteuert autonom alles im Griff.»*[16] Wir alle unterliegen zahlreichen faktischen Einflüssen. Sachzwänge und eigene Denkzwänge sind allgegenwärtig und begrenzen das Ausmaß unserer individuellen Autonomie erheblich. Im Rückblick wird mir auch die durch eigene Kinder bedingte Fremdbestimmtheit auf besonders eindringliche Weise bewusst. Sie sind es, die in einer bestimmten Lebensphase unserer Handlungsfreiheit als Eltern enge Grenzen setzen. Es ist also ratsam, Selbstregie und Autonomie nüchtern und realistisch zu betrachten, und es lohnt sich, Fremd- und Selbstbestimmung differenzierter zu sehen.

Ohnmacht durch Eigenmacht ersetzen

Das bewusste Erkennen der Grenzen der Selbstbestimmung wirkt ernüchternd. Es kann zu Frustration führen und Enttäuschungserfahrungen provozieren. Obwohl diese für die menschliche Entwicklung wichtig sind, besteht die Gefahr, in eine pessimistisch-resignative Haltung abzudriften. Man fühlt sich passiviert in der Opferrolle, den nicht beeinflussbaren Rahmenbedingungen hilflos ausgeliefert, sucht die Schuld bei anderen oder äußeren Umständen. Frei nach dem Motto: **Lieber bequem beherrscht als eigenverantwortlich handeln.** Der Psychologe Martin Seligmann spricht von «erlernter Hilflosigkeit»[17] Der Begriff beschreibt einen psychologischen Zustand, in dem ein Individuum, nach wiederholten Erfahrungen der Machtlosigkeit oder des Kontrollverlusts, die Überzeugung entwickelt, dass es seine Situation nicht ändern kann, selbst wenn Möglichkeiten zur Verbesserung bestehen. Wer sich selbst als Opfer sieht und sich in der Duldungsstarre befindet, gibt anderen die Macht, Einfluss zu nehmen. Diese Opfermentalität fördert dysfunktionale Denkmuster. Negative Glaubenssätze werden zur selbsterfüllenden Prophezeiung. Sie führen zu Passivität und empfundener Machtlosigkeit. Negative Emotionen wie Angst, Depression und Wut können die Folge davon sein. Verbunden mit dieser Haltung ist auch eine emotionale Ansteckung der Mitmenschen im Umfeld. Der amerikanische Psychologieprofessor Thomas D. Gilovich spricht von der «Gegenwind-Rückenwind-Asymmetrie»[18]. Sie beschreibt ein psychologisches Phänomen, bei dem Menschen dazu neigen, die Hindernisse (Gegenwind) in ihrem Leben stärker wahrzunehmen als die Unterstützungen oder Vorteile (Rückenwind). Diese Asymmetrie ist nicht nur bei Fahrradtouren, sondern auch im Alltag ganz grundsätzlich immer wieder spürbar. So fallen uns die Schwierigkeiten im Leben viel stärker auf als all das, was gut läuft.

Kürzlich habe ich im Rahmen eines Forums für Mitglieder von Schulleitungen diese Ohnmachtsgefühle eindrucksvoll erlebt. Die Tagung zum Thema «Führung inspiriert» hatte zum Ziel, die persönliche Führungsarbeit zu reflektieren und die eigenen Kenntnisse im Bereich Führung durch innovative Beispiele aus anderen Bereichen zu erweitern. Den gesamten Vormittag über habe ich die teilnehmenden Schulleiterinnen und Schulleiter als wissensbegierig und offen für musterbrechende Führungsansätze erlebt. Mit spürbarer Frustration wurde in der abschließenden Plenumsdiskussion betont, dass die von der kantonalen Schulaufsichtsbehörde zu verantwortenden gesetzlichen und organisatorischen Vorgaben und Rahmenbedingungen die gewünschten innovativen Führungsformen gar nicht zulassen. Die gefühlte Opferrolle wurde mit der Metapher eines Kampfes gegen Windmühlen illustriert.

Auch in Diskussionen und Meetings erlebe ich oft, dass die fehlende individuelle Autonomie beklagt wird und man sich auf die Umstände und unzureichende Rahmenbedingungen beruft. In Führungs-Coachings stelle ich oft die Frage: Was konkret frustriert und provoziert im Rahmen der eigenen Tätigkeit negative Energie? Nebst der zunehmenden Bürokratie, den Konflikten und zwischenmenschlichen Problemen, der Arbeitsbelastung, dem Zeitdruck und dem Mangel an Ressourcen werden oft die nicht veränderbaren äußeren Rahmenbedingungen als stark energieraubend empfunden. Interessant ist auch die mehrfach erlebte paradoxe Beobachtung. Nicht selten bemängelt die Führungsebene, dass sie von ihren Mitarbeitenden mehr eigenverantwortliches und unternehmerisches Handeln erwartet. Andererseits höre ich von Mitarbeitenden derselben Organisation, dass sie sich eine Führung wünschen, die Gestaltungsspielräume und Eigeninitiative zulässt. Führungskräfte und Mitarbeitende beklagen sich über beidseits gewollte, subjektiv als nicht gewünscht empfundene Freiräume. In gewissen Situationen stellt das Beklagen jedoch auch eine Exkulpation dar, um nicht handeln zu müssen. Daher ist es wichtig, die feine Unterscheidung zwischen Sachzwang und Denkzwang zu treffen. Um fremdbestimmt selbstbestimmt handeln zu können, gilt es sich von den Umständen zu emanzipieren, und als hilfreiche Alternative zur lähmenden Ohnmacht postuliere ich die «produktive Resignation». Der Leitspruch lautet: **Trotz Fremdbestimmtheit die Opferrolle ablegen und eigenverantwortlich handeln** – und dadurch Sinn, Selbststärkung, Selbstbestimmung, Kompetenz und Einfluss, also Gestaltungsmacht erleben.

Ausgehend von dem Bewusstsein und einem vertieften Verständnis der eigenen Fremdbestimmtheit gilt es, im Sinne eines nachdenklichen Realismus, eine nuancierte und nüchterne Einschätzung der individuellen Autonomie und des Grades an Selbstbestimmung zu entwickeln. Grundlage dafür bildet die sorgfältige Selbsterkennung, das heißt, dass ich mir klar werde, was ich wirklich tun will. Darauf aufbauend gilt es die Gestaltungsspielräume auf der sogenannten Hinterbühne zu erkennen und zu nutzen. In den 1950er Jahren entwickelte der Soziologe Erving Goffman das Konzept der **Vorder- und Hinterbühne.** Er nutzte die Metapher der Theaterbühne, um soziale Beziehungen und Dynamiken in Organisationen zu erklären. Auf der Vorderbühne finden die sichtbaren Interaktionen zwischen den Akteuren, den Mitarbeitenden und dem Publikum, den Kunden und Stakeholdern statt. Die Vorderbühne repräsentiert das Verhalten und die Aktivitäten, die für externe Beobachter sichtbar sind und sich an gesellschaftlichen Erwartungen und Normen orientieren. Die Hinterbühne ist der verborgene Bereich, in dem Menschen ihre Rollen ablegen und ihre wahre, oft weniger formalisierte Identität zeigen. Hier können sie ungeschminkt sein und ihre Gedanken und Gefühle offen ausdrücken. Um trotz Fremdbestimmung selbstbestimmt handeln zu können, finde ich die Metaphorik der beiden Bühnen äußerst mächtig. Auf der Vorderbühne unseres Lebenstheaters gilt es, den externen Erwartungen und Auflagen gerecht zu werden. Der Widerstand gegen diese oft unveränderbaren Sachzwänge und Rahmenbedingungen ist zwecklos. Das haben bereits die Stoiker sinngemäß erkannt: «Wenn du etwas ändern kannst, dann ändere es; wenn du etwas nicht ändern kannst, dann nimm es hin.» Die Energie sollten wir also darauf fokussieren, die realistischen und selbst gestaltbaren Spielräume auf der Hinterbühne auszuloten. Das Gelassenheitsgebet, das dem Theologen Reinhold Niebuhr zugeschrieben wird, würde ich deshalb wie folgt abändern: *Ich wünsche mir die Gelassenheit, Dinge auf der Vorderbühne hinzunehmen, die ich nicht ändern kann; die Gabe, die Gestaltungsspielräume auf der Hinterbühne zu erkennen und zu nutzen; und die Weisheit, das eine vom anderen zu unterscheiden.*

Am Beispiel der Schulleitungen illustriert, gilt es, die kantonalen Auflagen zu erfüllen und Freiheiten auf der Hinterbühne zu nutzen. Zum Beispiel kann eine Schulleitung gemeinsam mit ihrem Kollegium die leitenden Werte und pädagogischen Prinzipien, die Art der Zusammenarbeit und gegenseitigen Förderung, die zu realisierenden Schulentwicklungsprojekte und Experimente zur Organisationsgestaltung selbstbestimmt festlegen. Aus den autonom gestaltbaren Initiativen resultiert wertvolle (Lebens-)Energie für alle Beteiligten. Ohnmacht weicht der Eigenmacht und Eigenmacht lässt Eigenverantwortung wirksam werden. Ohnmacht ist also nicht zwingend ein Schicksal, sondern oft eine persönliche Entscheidung. Auch Führungskräfte sind gut beraten, gemeinsam mit ihren Teams die Hinterbühne gezielt als Gestaltungsfeld zu nutzen und die Organisation zu «hacken». Was hindert daran, selbstorganisierte Teams zu etablieren, eigene kulturelle Standards und klare Richtlinien in Form von harten Polen zu definieren, Regeln punktuell außer Kraft zu setzen und sich vom Ergebnis überraschen zu lassen? Das konsequente Bespielen der beiden Bühnen kann zu Diskrepanzen zwischen offiziell erklärten Regeln, Normen und Praktiken und den tatsächlichen in der Praxis gelebten Handlungen und Verhaltensweisen führen. Der Organisationssoziologe Nils Brunsson spricht in diesem Zusammenhang von «Heuchelei». Er folgert, dass Organisationen, um überleben zu können und handlungsfähig zu bleiben, geradezu gezwungen sind, nach außen hin so zu tun, als würden sie bestimmte Regeln einhalten, während sie diese intern nicht konsequent befolgen.[19]

Obwohl wir durch genetische und Umfeldfaktoren beeinflusst werden, sind Selbstbestimmung und Selbstverantwortung entscheidend. Fremd- und Selbstbestimmtheit stellen nicht zwangsläufig einen Widerspruch dar. Wir haben die Möglichkeit, zu entdecken, was möglich ist, die Verantwortung für uns zu übernehmen und die Denkweisen sowie Verhaltensmuster zu beeinflussen und zu verändern. In der Therapie spricht man von Einstellungsmodulation. Dabei handelt es sich um die Fähigkeit, ein neues geistiges Gefühl gegenüber einem Sachverhalt zu finden. Der Soziologe Raimund Schöll bezeichnet die Einstellungsänderung als ein wesentliches Merkmal der Sinn-Lebenskunst.[20] Die Freiheit, mein Leben selbst zu gestalten und etwas zu bewegen, liegt allein in meinen Händen. **Selbstbestimmung ist eine Frage der inneren Einstellung.**

Mit dem Gedankenkonstrukt der beiden Bühnen lässt sich eine nützliche Symbiose herstellen. Basierend auf meinen Lebenserfahrungen komme ich zum Schluss, dass wir uns im privaten, beruflichen und gesellschaftlichen Umfeld oft in einer beklagenden Art stark mit der Vorderbühne und zu wenig mit der Hinterbühne beschäftigen. Es gelingt nur selten, energieschonend auf der Vorderbühne «mitzuspielen» und die sich auf der Hinterbühne bietenden Gestaltungsspielräume zu erkennen und zu nutzen. Oft fehlt uns die Imagination und wir sind nicht in der Lage, uns von der puren Erscheinungswelt zu lösen. Dabei geht es nicht um einen naiven Optimismus oder eine toxische Positivität, sondern um Hoffnung. Der Harvard-Professor Arthur Brooks offeriert dazu in seinem lesenswerten Buch «*Die Kunst und Wissenschaft des Glücklichseins*»[21] eine wertvolle Differenzierung. Optimismus ist der Glaube, dass sich die Dinge immer zum Guten wenden werden, egal was man tut. Hoffnung ist eine Suchbewegung, eine Überzeugung, dass wir selbst etwas tun können, um die Situation zu verbessern. Dies funktioniert nur, wenn ich mir selbst Eigenmacht zugestehe und erkenne, dass jenseits der Komfortzone das echte Abenteuer des Lebens liegt. Vielleicht fehlt es uns neben der Hoffnung auch an der für ein gelingendes Leben so wichtigen Heiterkeit. Nach Axel Hacke, dem deutschen Schriftsteller, bedeutet ein heiterer Mensch zu sein: «*Sich freizumachen von Erwartungen, vom Übermaß, von Selbstüberforderungen. Es bedeutet nicht, das Schwere zu ignorieren, sondern es in etwas Leichtes zu verwandeln. Es jedenfalls zu versuchen. Es bedeutet eine tägliche Arbeit an sich selbst, eine immerwährende Aufmerksamkeit für die Art, wie man der Welt gegenübertritt, den Versuch einer geduldigen Selbsterziehung.*»[22] Indem wir die oft unterschätzen Freiheiten ausschöpfen und das Mögliche gestalten, können wir die **dysfunktionale Opferrolle** ablegen, das lähmende Ohnmachtsgefühl überwinden, auf dem Fahrersitz des Lebens Platz nehmen und Hoffnung und Zuversicht erlangen. Sie bildet die Grundlage für das Gewinnen neuer Lebensenergie. Oder, wie es ein Sprichwort sagt: *Das Leben ist zu kurz für irgendwann.*

Meine gegenwärtige Überzeugung:
Produktiv resignieren und
Regie auf der Hinterbühne führen.

Mein heutiges Fazit
- Selbstregie entpuppt sich als eine Illusion: Die Vorstellung, das eigene Leben selbstbestimmt zu führen, ist naiv und führt oft zu Krisen, insbesondere wenn unvorhergesehene Ereignisse eintreten.
- Autonomie wird vielfältig limitiert: Biologische, psychologische, soziale, kulturelle Faktoren und exogene Rahmenbedingungen sowie insbesondere die Medien als Realitätskonstrukteure begrenzen das Maß unsere Selbstbestimmung.
- Bildung als Denkprägung: Die (Aus-)Bildung beeinflusst nicht nur Wissen und Fähigkeiten, sondern determiniert auch Denkmuster und begrenzt die Selbstregie.
- Produktive Resignation als Alternative: Durch eine unbeirrte Akzeptanz der Fremdbestimmtheit, die Gestaltungsspielräume auf der Hinterbühne konsequent nutzen, Ohnmacht durch Eigenmacht ersetzen, die Opferrolle ablegen, Lebensenergie und Lebensmut gewinnen und den Charme des Lebens erkennen.

Außensichten zur Denkstimulation

Nachfolgend die Denkangebote des Trendforschers und Philosophen David Bosshart, der Universitätspräsidentin Eva-Maria Kern sowie des Psychiaters und Forensikers Jérôme Endrass.

Dr. David Bosshart, Philosoph und Futurist, Retail & Consumer Analyst, lokaler und globaler Redner, Autor zahlreicher Bücher wie «The Age of Less», «Billig», «Polarization Shocks». Präsident der Duttweiler Stiftung, Gründer Bosshart & Partners, einem Netzwerk realistischer Visionäre. Ich habe David Bosshart die Frage gestellt: **In welchem Ausmaß erlebst du deine Selbstbestimmung als selbstbestimmt?**

Selbstbestimmt – fremdbestimmt – unbestimmt

David Bosshart

Als gelernter Kaufmann und Philosoph kommen einem zuerst einmal die prägenden Begegnungen mit Unternehmerpersönlichkeiten und die ganze Wucht der Klassiker der letzten Jahrhunderte entgegen. Ich bin eigentlich die ganze Zeit im Dialog mit Menschen, die einen beruflich und persönlich bewegt haben. Mit Lebendigen und Toten, und auch noch mit Ungeborenen. Dieser Dialog ist das Wertvollste. Abgeschlossen ist nichts, unser Innehalten und Nachdenken ist immer auch situativ und momentan, und immer weiter lernen zu wollen das einzig unerlässliche. Dies ist meine **erste Zwischenerkenntnis:** Obwohl «alles fließt», muss man handeln und immer wieder zur Besinnung kommen. Thukydides, der Athener Stratege und Historiker, hält fest: *Es macht keinen Sinn, zwischen Gelehrten und Machern zu unterscheiden, sie müssen zusammenkommen im Dialog. Wenn die beiden nicht zusammenfinden, bleibt der eine im luftleeren Raum und der andere blind.* Napoleon hatte auch in den Extremsituationen wie einem Krieg stets eine Bibliothek mit dabei. Wenn Theorie und Praxis nicht zusammenkommen, entsteht keine Urteilskraft. Heißt: Selbstbestimmung ist immer beides, Handeln und Nachdenken. Abwägen und Umsetzen. Und vor allem Verantwortung-Übernehmen.

Der Sozial- und Organisationspsychologe Kenneth Gergen hat in den frühen 90er Jahren den Begriff Multiphrenie geprägt, nicht als Krankheit oder gar mit der Schizophrenie zu vergleichen. Menschen haben in ihren sozialen Beziehungen wandelnde Zustände der Phrenie, also Gemüt, Geist und Seele. Der Begriff unterläuft die viel zu einfache Aufteilung in Denken und Emotionen, Verstand oder Vernunft und Gemüt. Wir zeigen uns immer wieder anders. Wieviel davon ist bewusst oder unbewusst und überlebenstriebgesteuert?

Die drängendste Frage scheint mir: *Wie treffen wir Entscheidungen?* Die meisten alltäglichen Entscheidungen werden aus dem Bauchgefühl, mit viel Routine getroffen. Das ist gut so. Müsste alles selbstbestimmt stattfinden, würden Beziehungen wohl schnell kollabieren. Aber je vernetzter, technisierter und spezialisierter der Alltag, desto höher wohl die Fremdbestimmtheit. Und damit die schleichende Ahnung, die Dinge nicht mehr wirklich im Griff zu haben.

Als **zweite Zwischenerkenntnis** vermute ich, nur ganz wenige Entscheidungen sind wirklich selbstbestimmt. Ist Selbstbestimmtheit wichtig? Ist man eine bessere Führungspersönlichkeit, wenn möglichst viel selbstbestimmt ist? Oder dient das vor allem dem eigenen Ego, das nach Anerkennung oder gar Dominanz heischt? Nicht zufällig sind heute Egoismus und Narzissmus, schnelles Gekränktsein und Intoleranz en vogue. Und Freiheit, wohlverstanden, ist im politischen Sinne immer auch nur die Freiheit der anderen. Vielleicht sind nicht einmal existentielle Entscheidungen selbstbestimmt. Wenn ich ein großartiges Jobangebot habe, das mich begeistert, ich aber nicht sicher bin, ob es wirklich zu mir passt, frage ich Freunde, meine Partnerin oder Kollegen und ich wäge ab. Das ist vernünftig, ist es aber auch selbstbestimmt? Stehe ich vor einer Operation, wird Selbstbestimmung eher unwichtig. Viel wichtiger ist, wer mich für meine Entscheidung wie beraten kann.

Dritte Zwischenerkenntnis: Es ist durchaus befriedigend, ja angenehm, wenn vieles repetitiv ist, und man nicht zu oft selbstbestimmt von vorne beginnen muss. Die Firmen schreiten voran, indem sie die Anzahl der Operationen ausweiten, über die man nicht mehr nachdenken muss, um sich daher auf das Wesentliche konzentrieren zu können. Das wäre auch der Sinn von wohlverstandener Technologieentwicklung. Mit der Aufwertung der Technik im Zuge der Digitalisierung und aktuell mit KI hat man mehr oder weniger unverhohlen gesagt: Die Alten sind unbrauchbar. Die verstehen das nicht mehr. Jetzt bestimmen die Jungen, die Programmierer, die MINT-Menschen. Der alte Handwerker hat ausgedient. Aber ist das ein Schritt Richtung mehr Selbstbestimmung? Oder einfach nur eine handfestere Fremdbestimmung? Ich denke, also bin ich, wird zu «*Ich werde gedacht, also bin ich.*» Wieviel kann man von einem Menschen noch verlangen, wenn alles, auch noch das Denken, outgesourct wird an smarte Maschinen? Als Phasen- oder Zwischenmenschen sollten wir voranschreiten, aber immer mit Blick nach vorne und mit Blick zurück. Kluge Kompromisse und Pragmatismus sind wichtig.

Vierte Zwischenerkenntnis: Man kann messen, ob jemand stehengeblieben ist oder voranschreitet vom Anfänger oder Novizen zum Experten. Ersterer hat nur abstraktes Wissen, ist abhängig von Analysen, Schulbüchern, orientiert sich an festen Regeln. Mit Fortschritten lerne ich über Analogien oder Ähnlichkeiten. Kompetenz erlange ich, wenn ich tief in praktischen Angelegenheiten verwurzelt bin und zu priorisieren verstehe. Ich lerne den Kontext besser einzuschätzen und erlange in der Umsetzung Tüchtigkeit. Je tüchtiger, desto schneller kann ich auch komplexere Dinge erfassen. Die Mischung analytisch und intuitiv funktioniert nachweislich besser. Der Experte kann mit dem Kontext spielen, einordnen, aber kennt zugleich seine engen Grenzen. Eine Entscheidung sieht für die Beteiligten mühelos aus, ist aber kristallisierte Urteilskraft. Und wir sind wieder beim Überbrücken von Theorie und Praxis. Je mehr ich gelernt habe und weiß, desto weniger muss ich beweisen, dass ich es scheinbar besser weiß.

Fünfte Zwischenerkenntnis: Schnelles Vorangehen im Stop-and-go-Modus ist weniger gut als langsames, aber kontinuierliches und messbares Voranschreiten. Wichtig ist zu verstehen, warum man Fehler gemacht hat. Apples

Tim Cook hat soeben das Großprojekt selbstfahrendes elektrisches Auto gestoppt – zu viel Investitionsbedarf für eine zu weit von der DNA des Unternehmens entfernte Geschäftsidee. Wenn man selbstkritisch etwas verstehen will, sind alte Geschichten nicht nur gut, sondern auch unerlässlich. Unternehmen sind nichts anderes als «Stories», die die Mitarbeitenden, Kundinnen und Kunden, Lieferantinnen und Lieferanten und vermehrt auch die Medien erzählen. Mythen zu bilden, indem man Geschichten immer wieder neu und leicht anders erzählt, tut der Seele gut. Fakten und Mythen verhalten sich komplementär und tragen zu einer selbstbestimmten Identitätsbildung bei. Sie geben Haltung, Halt und Zusammenhalt.

Sechste Zwischenerkenntnis: Selbstbestimmt kann man nur innerhalb eines überschaubaren zeitlichen und wohl auch räumlichen Rahmens handeln. Von daher auch der Spruch: «Lieber ein Local Hero als ein Global Zero.» Selbstbestimmt kann man nur handeln, wenn man seine Kundinnen und Kunden gut kennt. Und sich auf sie einlässt. Nicht zufällig sind lokal oder regional verankerte KMUs die besten Unternehmen, auch bezüglich nachhaltiger Profitabilität. Der Zeitgeist prämiert unbedingte Nähe, Nähe zum Kunden, zu Mitarbeitenden und Lieferantinnen und Lieferanten, kurz und idealerweise als Verschmelzung. Beziehungen werden zum Convenience-Faktor. Was bedeutet Nähe? Empathie und Verbundenheit mit den Mitarbeitenden entwickeln, aber keine Anbiederung, keine Bevorzugungen von bestimmten Gruppen oder Individuen, ohne dass Transparenz hergestellt wird. Das heißt auch, dass Formalitäten oft Sinn machen. Wir leben scheinbar in Zeiten des grassierenden Individualismus. Aber das ist euphemistisch. Viel stärker sind der Egoismus und der Narzissmus, die oft gar noch als durchsetzungsstarke Selbstbestimmung durchgehen wollen. Es mangelt an Individualität, also an Charakteren und Persönlichkeiten.

Siebte, definitive Erkenntnis: Interessanten Lernstoff zum Thema Selbstbestimmt bietet der Humor. Das Schlimmste sind humorlose Leute. Menschen, die nicht über sich selbst lachen können. Sich selbst todernst nehmen. «No way out!» Warum sind religiöse und ideologische Texte so oft humorlos und fast alle Leitbilder langweilig mit defensivem, austauschbarem Zeitgeistjargon durchsetzt?

Univ-Prof.in Dr. Eva-Maria Kern ist Ingenieurin. Sie studierte Kunststofftechnik und promovierte an der Montanuniversität Leoben. Danach arbeitete sie bei der Firma Semperit und absolvierte einen berufsbegleitenden MBA. 2005 habilitierte sie sich an der Technischen Universität Hamburg-

Harburg. 2007 bis 2023 war sie als Lehrstuhlinhaberin an der Fakultät für Wirtschafts- und Organisationswissenschaften der Universität der Bundeswehr München tätig und seit 2023 ist sie deren Präsidentin. Sie ist Vorsitzende bzw. Mitglied verschiedener Beiräte und Kuratorien. Ich habe Eva-Maria Kern gebeten, uns ihre lebensbiografischen Gedanken zur folgenden Frage mitzuteilen: **Wo und wie gelingt es dir, fremdbestimmt selbstbestimmt zu handeln und dabei Lebensenergie zu gewinnen?**

Gefangen in Möglichkeiten
Eva-Maria Kern

Ich mag es, wenn die Welt so ist und funktioniert, wie ich mir das vorstelle. Immer schon. Wenn ich selbst bestimmen kann und nicht bestimmt werde. Natürlich musste ich feststellen, dass die Realität oft anders ausschaut. Viele Rahmenbedingungen bestimmen mein Tun, seien es anstehende Aufgaben, Dinge, die (vermeintlich) erledigt werden müssen, allfällige Regeln, andere Menschen, Ereignisse oder einfach nur das Wetter. Meiner Selbstbestimmung sind also nahezu immer Grenzen gesetzt. Manchmal stört mich das nicht, manchmal fühle ich mich fremdbestimmt, getrieben, behindert und eingeengt. Nicht jede Art von Fremdbestimmung empfinde ich gleich. Die Wahrnehmung derselben kann sogar tagesformabhängig sein. Demzufolge variiert auch mein Umgang mit Fremdbestimmung. Zuweilen ist er locker, fast entspannt, mitunter ein vehementer Kampf. Und nicht selten hat sich herausgestellt, dass dieser Kampf samt dem damit verbundenen Energieeinsatz nicht nur nichts gebracht hat, sondern auch unnötig war.

Vieles gelernt zur fremdbestimmten Selbstbestimmung habe ich im Beruf. Zur anekdotischen Illustration wichtiger diesbezüglicher Erfahrungen dienen daher drei Impressionen aus meiner Berufsbiografie.

Impression 1: Berufswahl Professorin
Promotion abgeschlossen, eine Ingenieurin muss in die Industrie. Nicht meine Welt. Zu viele Vorgesetzte, Gewinnorientierung als Diktat, zu viel Routine. Mein Ziel war die Universität. Ich wollte Professorin werden. Mein eigener Chef sein und die grundgesetzlich verbriefte Freiheit haben. Selbstbestimmung pur, inhaltlich und zeitlich. Erste Bewerbung: Platz zwei auf der Liste. Gefühltes Scheitern und zutiefst betrübt. An Urgroßmutters Spruch «Wer weiß, wofür es gut ist» gedacht, weiter beworben. Dann endlich Professorin. Bester Beruf der Welt. Ein kleines Reich konnte gestaltet werden. Ich wusste, was ich wollte. Fühlte mich in den (bürokratischen) Grenzen der Universität frei und sicher und sah nun all die Möglichkeiten, die mir offenstanden.

Impression 2: Vizepräsidentin, Covid 19 und 250 Mio. Euro
Zur Vizepräsidentin für Forschung ernannt und bewusst gewählte zweite Reihe. Begrenzter Entscheidungsspielraum, eingeschränkte Verantwortung. Covid-19-Pandemie mit Grenzen für unser Leben und Tun. Mit dem Gedanken «Es hilft ja nix» gut in die Situation eingefügt. Plötzlich 250 Mio. Euro für die Universität zum Aufbau eines Forschungszentrums. Meine Aufgabe: zum Erfolg verdammt. Gefühlt nur Limitationen: Strikte Vorgaben, mäßig geeignete Strukturen, Zeitdruck, anstrengender Kampf gegen die Bürokratie. Erste Fluchtreflexe, dann auf das Mögliche und Machbare konzentriert. Akzeptiert, was akzeptiert werden musste. Gestaltet, was zu gestalten ging. Letztendlich erfolgreich durch den gemeinsamen Einsatz vieler.

Impression 3: Selbstbestimmung an der Spitze?
Kurzes Zögern. Ich wollte es wissen. Entscheidung zum Berufswechsel und zur Aufgabe der persönlichen Freiheit einer Hochschullehrerin. Wahl zur Präsidentin einer Universität. Erste Reihe mit direktem Draht zum Dienstherrn. Schönes, herausforderndes Amt. Nicht über alles die Kontrolle, aber verantwortlich dafür. Ich erlebte eine veränderte Art der Selbstbestimmung. Mehr Entscheidungsfreiheit, viel Gestaltungsspielraum. Das Amt ermöglicht Themenvielfalt, neue Perspektiven und Kontakte. Es verpflichtet jedoch auch zu Präsenz, Grußworten und getakteten Tagen. Nur miteinander geht, denn Menschen ermöglichen und verhindern. Führung fordert. Entscheidungen vor meiner Zeit schränken ein. Wandel dauert. Geduld und Nichtnachlassen sind wichtig. Dann geht es und Erfolge werden sichtbar.

Meine Erkenntnisse zu fremdbestimmt selbstbestimmtem Handeln
Die Reflexion meiner bisherigen Erfahrungen führt mich zu folgenden Erkenntnissen:

Zum Wesen von Selbstbestimmung: Selbstbestimmtes Handeln ist herausfordernd. Es bedingt Wissen, Mut, Risikobereitschaft, den Umgang mit Unsicherheit. Es ist für mich erstrebenswert, aber nicht immer gleich einfach. Selbstbestimmung heißt nicht, alles unter Kontrolle zu haben. Ich kann oft nicht ändern, dass ich fremdbestimmt werde, aber ich habe die Wahl, selbstbestimmt mit Fremdbestimmung umzugehen. Das Gefühl der Fremdbestimmung wird verstärkt, wenn ich es zulasse, dass meine Reaktion darauf auch fremdbestimmt wird, das heißt, wenn ich mich durch die Situation im Affekt ohne Reflexion in eine Reaktion hineintreiben lasse.

Zur Wahrnehmung von Fremdbestimmung: Meine Wahrnehmung von und mein Umgang mit Fremdbestimmung hängen davon ab, wozu oder wohin (mich) die Fremdbestimmung führt. Oder wohin ich glaube, dass sie mich führen wird. Eine wesentliche Rolle spielt, wie limitiert ich mich in einer Situation fühle und welches Ausmaß an Selbstbestimmung ich noch sehe. Fremdbestimmung nehme ich in gewissen Situationen als hilfreich wahr. So kann mir ein vorgegebener Handlungsrahmen Sicherheit bieten und ein unerwartetes Ereignis neue Möglichkeiten eröffnen. Oder mir wird eine Entscheidung abgenommen, die zu treffen ich nicht in der Lage bin. Ich habe gelernt, unerwartete Wendungen als Chancen und als Katalysatoren für das Gehen neuer Wege zu sehen.

Zum Umgang mit Fremdbestimmung: Ob und in welchem Ausmaß ich Fremdbestimmung akzeptiere, ist Teil meiner Selbstbestimmung. Ich muss entscheiden, wo Selbstbestimmung unabdingbar ist, wo ich keine Kompromisse eingehen kann. Ich muss auch erkennen, wo der Kampf gegen Fremdbestimmung sinnlos ist. Unverrückbare Grenzen zu akzeptieren bedeutet nicht, zu resignieren, sondern seine Energie darauf zu verwenden, sinnvoll zu agieren und das Beste aus der Situation zu machen. Fremdbestimmt selbstbestimmtes Handeln gelingt mir immer dann, wenn ich es geschafft habe, mich durch Akzeptanz der Limitationen nicht mehr nur auf diese zu konzentrieren, sondern die mir innerhalb dieser Limitationen verbleibenden Möglichkeiten zu erkennen und mich darauf einzulassen. Mit einer von allgemeinen Sachzwängen oder unvorhergesehenen Ereignissen ausgehenden Fremdbestimmung, die nicht nur mich allein betrifft, kann ich am besten umgehen. Am schlechtesten gelingt mir das, wenn die Fremdbestimmung (oder der Versuch dazu) von anderen Menschen ausgeht. Vor allem dann, wenn das nicht mit offenem Visier, sondern hinterrücks geschieht. Dann kann es geschehen, dass ich mich gedanklich daran abarbeite.

Zur Wirkung der Reaktion auf Fremdbestimmung: Meine Reaktion auf Fremdbestimmung schafft oder vermindert den Raum zur Selbstbestimmung. Konsensbereitschaft eröffnet mir Chancen. Nur Offenheit und Gelassenheit lassen mich Möglichkeiten wahrnehmen. Verbissener Kampf raubt mir Energie, trübt den Blick und verhindert dadurch selbstbestimmtes Handeln. Die Reaktion auf Fremdbestimmung durch andere Menschen gelingt besser, wenn ich Zeit zur Reflexion habe. Unter Zeitdruck in der direkten Auseinandersetzung begehre ich oft spontan auf gegen jeden Versuch, Druck auf mich auszuüben. In wirklich kritischen Situationen, in denen jemand die Macht über mein Handeln ergreifen und mich zwingen will, in seinem Sinne zu reagieren, bewährt sich das sehr. Kontraproduktiv ist diese Reaktion, wenn es der Anlass nicht wert ist, und ich merke, dass ich mich ohne Not von der Situation hinreißen und dadurch fremdbestimmen lasse.

Improvisationstheater: Eine Bühne voller Möglichkeiten

Rein selbstbestimmtes Handeln ist eine Illusion und Fremdbestimmung ist allgegenwärtig. Ich muss eine andere Einstellung ihr gegenüber entwickeln, wenn ich fremdbestimmt selbstbestimmt leben will. Dazu wechsle ich meine Perspektive und versuche mich darauf zu konzentrieren, die Möglichkeiten zu sehen. Dabei hilft mir die Idee eines abstrakten Möglichkeitsraumes, der durch von mir wahrgenommene Handlungsoptionen und Entscheidungsalternativen entsteht. Der Möglichkeitsraum ist individuell und dynamisch. Er kann sich sowohl durch meine eigene Kreativität, meine Entscheidungen und Handlungen verändern, als auch durch Einflüsse von außen. Welchen konkreten Raum ich erkenne, liegt an meiner Einstellung, und wie ich ihn letztendlich nutze, in meiner eigenen Hand. Ich reflektiere gerne Situationen, indem ich versuche, einen Schritt zurückzugehen und durch den damit erreichten Abstand meinen Blickwinkel zu verändern. So gelingt es mir, Geschehnisse gleichsam von außen zu betrachten, mein eigenes Agieren und das Agieren der anderen zu beobachten und aus dieser Beobachtung zu lernen. Deshalb stelle ich mir meinen Möglichkeitsraum als Bühne vor, auf der ich gemeinsam mit anderen Menschen ein Improvisationstheater veranstalte. Das Thema wird uns durch das Publikum vorgegeben, woraus sich für uns unterschiedliche Rollen ergeben. Für die Gestaltung unserer Aufführung stehen uns eine Auswahl an Kostümen, Requisiten und Kulissen zur Verfügung. Unser Handlungsspielraum ist dadurch festgelegt und begrenzt. Dennoch verfügen wir über ein großes Ausmaß an gestalterischer Selbstbestimmung, auf das wir uns ganz selbstverständlich konzentrieren, damit unsere Aufführung gelingt. Alle sind darauf eingestellt und trainiert, Möglichkeiten zu erkennen, Chancen zu ergreifen, sich ergebende Freiräume zu finden und kreativ zu nutzen. Jeder Raum für selbstbestimmtes Handeln wird ausgeschöpft.

So wird selbst das vom Publikum vorgegebene Thema von uns beeinflusst. Es entsteht das, was wir daraus machen. Eine Aktion kann das Stück in neue Bahnen lenken, sein Verlauf durch das Agieren Einzelner verändert werden. Niemand kann die Antwort eines anderen voraussehen. Aber alle wissen, dass sie frei in ihrer Reaktion darauf sind und dadurch unerwartete Wendungen provozieren können. Deshalb wird auch gerne experimentiert. Ein Bonmot auf Kosten anderer kann sich schnell ins Gegenteil verkehren, der siegessichere Held als Verlierer dastehen. Das ist das Wesen des Improvisationstheaters. Kreatives, spontanes Agieren wird vorausgesetzt, die Interaktion aller und auch die Intervention durch das Publikum sind vorgesehen. Kurzum: Die Einstellung ist, Handlungsspielräume konsequent zu nutzen. Und das geht nicht, ohne sich etwas zu trauen. Auch auf die Gefahr hin, dass die Erwartungen des Publikums nicht erfüllt werden. Wenn es mir nicht gelingen will, meinen Möglichkeitsraum zu erkennen und zu nutzen, denke ich an das Improvisationstheater und versuche, mich an seinen Prinzipien zu orientieren. Dies ist für mich ein guter Weg, dem Ziel näher zu kommen, fremdbestimmt selbstbestimmt zu leben.

Prof. Dr. Jérôme Endrass ist anerkannter Psychotherapeut und als Gutachter der Schweizerischen Gesellschaft für forensische Psychiatrie in Straf- und Zivilrecht tätig. Er hat Psychologie studiert mit anschließender Promotion und Habilitation an der Universität Zürich. Jérôme Endrass leitet heute den Bereich Forschung & Entwicklung Justizvollzug und Wiedereingliederung des Kantons Zürich. Zudem ist er Leiter der Arbeitsgruppe Forensische Psychologie an der Universität Konstanz und Co-Forschungsleiter Lehrstuhl für Forensische Psychiatrie an der Universität Basel. Meine Frage an Jérôme Endrass lautete: **Auf welcher Bühne führst du Regie?**

Unverhoffte Libellensicht
Jérôme Endrass

Rückblickend ist es unter anderem eine richtungsweisende Entscheidung, bei der ich als Regisseur, allerdings unbewusst, selbstbestimmt gehandelt habe. Vor dreißig Jahren erschütterte ein Werk eines Berner Psychologieprofessors die Psychotherapiewelt. Klaus Grawe legte eine Metaanalyse vor, die eine Reihe von psychotherapeutischen Methoden miteinander verglich. Dabei wurde deutlich, dass die kognitiv-verhaltenstherapeutische Methode dem tiefenpsychologischen Ansatz überlegen war. Unter Ersterem versteht man eine Intervention, die über Lernerfahrungen und die Modifikation dysfunktionaler kognitiver Prozesse eine Verbesserung der Symptombelastung zu erzielen versucht, und Letzteres bezeichnet eine Therapiemethode, bei der die Analyse unbewusster Prozesse und ihrer Auswirkungen auf zwischenmenschliche Beziehungen im Vordergrund steht. Für mich, ich war 24 Jahre alt und befand mich mitten im Psychologiestudium, war das Buch eine Offenbarung.

Biografischer Wendepunkt
Nach Beendigung des Studiums musste ich mich als junger Psychologe und «Popperianer» mit der Frage auseinandersetzen, welche Therapieausbildung ich wählen sollte. Die von meinen intellektuellen Vorbildern vielgescholtene Psychoanalyse oder die vom Zeitgeist und der wissenschaftlichen Community geförderte Kognitive Verhaltenstherapie? Ich entschied mich für Ersteres. Und damit gegen den wissenschaftlichen Mainstream. Der Entscheid für die psychoanalytische Methode erfolgte wenig rational. Beruflich war es zum damaligen Zeitpunkt klar, dass ich mit der Wahl für die kognitive Verhaltenstherapie eine bessere Grundlage für eine klinische Karriere gelegt hätte.

Anspruchsvolle intellektuelle Kost und ihre Auswirkungen
Die Seminare, die ich im Rahmen meiner Psychotherapieausbildung absolvieren musste, waren für mich harte Kost und die Auseinandersetzung mit psychoanalytischen Texten war für mich immer ein Ringen, das sich im Spannungsfeld von Unverständnis, Kopfschütteln und Faszination bewegte. Die

Faszination war es dann auch, die mich immer wieder zur erneuten Konfrontation mit dem Unvertrauten motivierte. Neben den theoretischen Ausbildungsinhalten nehmen die Selbsterfahrung und die supervidierte Tätigkeit zentrale Rollen im Ausbildungscurriculum zum psychoanalytischen Psychotherapeuten ein. Selbsterfahrung bedeutete, dass ich mich über dreieinhalb Jahre auf die Couch meiner Analytikerin legte, und zwar für vier Stunden pro Woche. Höchststrafe für einen 27-jährigen Hyperaktiven. Ähnlich herausfordernd gestaltete sich der Kontakt zu meinem Supervisor, der mir erklärte, dass man nach der Supervisionsstunde am besten alles wieder vergessen solle, was man soeben gehört hat. Für einen angehenden Psychotherapeuten das letzte, das zu hören man sich wünscht.

Intellektuelle Bescheidenheit

Heute bin ich mir ziemlich sicher: Die psychoanalytische Ausbildung lehrte mich eine intellektuelle Bescheidenheit, die Lust am Hinterfragen und das beruhigende Wissen meines Nichtwissens. Es ist eine Erkenntnis, die sich über die jahrelange Erfahrung entwickelt hat. Dieser intellektuelle Zustand ist weder das Ergebnis eines Kurses noch Ausdruck des Befolgens von Ratschlägen. Er ist das Resultat einer mehrjährigen persönlichen Erfahrung. Vieles von dem, was ich nicht «in», sondern «aufgrund» des Formats der psychoanalytischen Ausbildung gelernt habe, hat sich in empirischen Untersuchungen als sehr hilfreich für die klinische Urteilsbildung erwiesen. Meine intensive Auseinandersetzung mit einer Theorie, die vor dreißig Jahren als wissenschaftlich wenig gut fundiert galt, hat dazu beigetragen, dass ich zu einem besseren Prognostiker geworden bin. Eine Fertigkeit, die in der Forensischen Psychologie, dem Fachgebiet, in welchem ich seit 20 Jahren tätig bin, von besonderer Relevanz ist. Für verschiedene Bereiche meines Berufes ist dieses Ringen bis heute von zentraler Bedeutung. Wenn ich mit «etwas ringe», heißt dies, dass ich etwas noch nicht verstanden, noch nicht genügend durchdrungen habe. Ich erarbeite mir die Lösung, indem ich mich mit verschiedenen Standpunkten auseinandersetze und vermeide die reflexartige – scheinbar auf der Hand liegende – einfache Lösung. Ringen suggeriert weiter, dass der Prozess der Auseinandersetzung anstrengend ist.

Die Libellensicht

Der regelmäßige Umgang mit dem Unvertrauten hat weitere Konsequenzen. Er zwingt zu einem Innehalten und erfordert eine Erweiterung der Perspektive. Die beiden Kognitionspsychologen Philipp Tetlock und Dan Gardner sprachen in dem Kontext von einer Libellensicht. Damit sich mehrere Facetten zu einer Gesamtsicht verdichten lassen, muss ich verstehen, was bei jemandem vor sich geht, muss ich zunächst den Standpunkt des Gegenübers begreifen. Die Perspektivenübernahme ist kein Selbstläufer. Die differenzierte Perspektivenübernahme gelingt leichter, wenn das Interesse am Standpunkt des anderen Ausdruck einer genuinen Neugierde ist, und noch besser, wenn diese Neugierde mit einer Faszination am Widerlegen des eigenen Standpunktes einhergeht. Wenig überraschend und schon fast selbsterklärend ist, dass die Libellensicht, in Kombination mit den Faktoren, die uns zu besseren Prognostikern machen, auch eine hervorragende Grundlage für eine Persönlichkeit ist, die in einem Team Verantwortung, sprich Führungsaufgaben, übernimmt.

Intellektuelle Abenteuerlust

Als ich mich für eine Ausbildung entschied, die konträr zu meinen üblichen Überzeugungen und wissenschaftlichen Ansichten stand, tat ich dies nicht im Wissen um all die Vorteile, die daraus resultieren könnten. Ich gehe davon aus, dass ich auch Spaß an der Provokation hatte und in einer Zeit, in welcher die psychoanalytische Therapie in der Kritik stand, wollte ich nicht das tun, was alle taten. Rückblickend hat es sich für mich gelohnt, mich mit einer Theorie auseinanderzusetzen, die weit außerhalb von meiner Wohlfühlzone lag. Und es drängt sich die Frage auf, ob ich diese Erfahrung zu einem «Selbstregie-Prinzip» erheben kann, so nach dem Motto: Tue das Gegenteil von dem, mit dem du dich intellektuell wohlfühlst. Vielleicht. Möglicherweise ist es aber auch ein großer Rückschaufehler, möglicherweise hätte ich noch viel mehr gelernt, wenn ich im Gewohnten geblieben wäre. Mir fehlt wissenschaftlich gesehen die Kontrollbedingung, um eine Regel aus der Erfahrung ableiten zu können.

Meine Bühne der Selbstregie

Unbestritten ist aber, dass wir die Grenzen unseres Wissens nur über das Scheitern erkennen können. Karl Popper nannte dies die Falsifikation, deren Methode für ihn das Abgrenzungskriterium zwischen der Wissenschaft und allem Übrigen war. Und vermutlich kann ich leichter in einem Bereich scheitern, der mir noch unvertraut ist. Vor allem merke ich es schneller und lerne rascher die Grenzen meines Wissens kennen. In der Zwischenzeit wurden auch mehrere Hundert randomisierte Kontrollgruppenstudien zu psychoanalytischen Behandlungen publiziert. Es wurde mittlerweile deutlich aufgezeigt, dass es nicht «die eine» Therapiemethode gibt, die allen anderen überlegen ist. Nach dreißig weiteren Jahren Psychotherapieforschung wissen wir inzwischen viel besser, dass wir sehr wenig wißen, außer eben, dass Psychotherapie wirkt – nur leider nicht, wie.

Ich bezeichne mich als rationalen Menschen, wissend, dass diese Einschätzung unsinnig ist. Natürlich führe ich kaum Regie; das allermeiste läuft unbewusst ab, sei es im psychoanalytischen Sinne oder in der Systematik von Daniel Kahnemann. Ich weiß also, dass ich genauso wenig rational wie andere bin, auch wenn ich mich anders wahrnehme. Ich mag es nicht, wenn ich den Eindruck erhalte, emotional (fremd-)gesteuert zu handeln – wissend, dass ich das permanent tue. Damit ich den Eindruck habe, Kontrolle zu bewahren, und so nicht zum Ergebnis meiner unbewussten Bedürfnisse werde, handle ich kontraintuitiv, wobei die Kontraintuition nie eine vollständige ist. So eben, wie wenn es darum geht, eine Psychotherapieausbildung auszusuchen. Ich führe dabei Regie bei der Wahl meiner Methode, indem ich auf meiner Bühne Fremdes zulasse. Wie zum Beispiel für mich fremde Theorien oder unvertraute Vorgehensweisen.

Vom Denken zum Handeln

Im Bewusstsein, dass bei genauer Betrachtung vieles fremdbestimmt ist, postuliere ich eine produktive, optimistische Resignation. Diese beinhaltet die Souveränität, das Unveränderbare zu akzeptieren und den Fokus konsequent und mit viel persönlicher Energie auf die oft unterschätzten Gestaltungsspielräume auf der Hinterbühne zu richten. Auf diese Weise verlieren wir niemals unsere Freiheit – nämlich die Freiheit, Fremdbestimmung als Teil der Selbstbestimmung zu sehen und das für uns Richtige zu tun. Eine empfohlene **paradoxe Intervention** lautet daher:

Trotz Fremdbestimmtheit die lähmende Opferrolle ablegen, die Gestaltungsspielräume auf der Hinterbühne nutzen und eigene Lebensenergie (zurück-) gewinnen.

Dies ist eine befreiende Perspektive, die die resignative und lähmende Passivität überwindet und viel Potenzial zur Gestaltung und Erfüllung sowohl für mich selbst als auch für mein Umfeld bietet.

Für eine vertiefte Auseinandersetzung mit der Frage, wie ich trotz Fremdbestimmung selbstbestimmt handeln kann, empfehle ich die nachfolgenden Aktionen durchzuführen, die angebotenen Reflexionsfragen zu beantworten und Experimente zu wagen:

To-dos

- Analysieren Sie die Geschichten, die Sie sich selbst erzählen. Behindern meine Selbsterzählungen meine Fähigkeit, Gestaltungsspielräume zu erkennen und Eigenmacht zu entwickeln? Was sagt meine innere Stimme, und stimmt diese mit meinen Geschichten überein?
- Visualisieren Sie auf einem großen Blatt Papier die Vorder- und Hinterbühne für Ihr aktuelles berufliches Umfeld. Halten Sie die Aufgaben fest, die für Ihre relevanten Anspruchsgruppen auf der Vorderbühne zwingend zu erfüllen sind. Überlegen Sie sich die Gestaltungsspielräume auf der Hinterbühne und notieren Sie alles, was prinzipiell durch Sie veränderbar ist. Diskutieren Sie anschließend das Bild mit Ihrem Arbeitsteam und ergänzen Sie es. Definieren Sie gemeinsam mit dem Team, welche Spielräume Sie in welcher Form nutzen wollen. Verfolgen und interpretieren Sie prozessbegleitend die auf der Hinterbühne laufenden Initiativen und die daraus resultierenden energiestiftenden Effekte.

Reflexionsfragen

- Wie stark ist Ihr Wunsch nach Selbstbestimmung und wie beeinflusst dieser Ihre Lebenszufriedenheit?
- Wo erleben Sie Fremdbestimmung, und wie fühlt sich das konkret an?
- In welchem Ausmaß beeinflussen externe Autoritäten wie Vorgesetzte oder andere Bezugsgruppen Ihre individuelle Autonomie?
- Welche drei Faktoren schränken Ihre Selbstregie am stärksten ein?
- Wie reagieren Sie typischerweise auf Situationen, in denen Sie sich fremdbestimmt fühlen?
- Wie häufig ertappen Sie sich, dass Sie mit dem Finger auf andere, das Umfeld oder die Rahmenbedingungen zeigen und externe Einflüsse für ihre Situation verantwortlich machen?
- Welche Aspekte der Fremdbestimmtheit sind objektive Sachzwänge und welche entstehen aus persönlichen Denkzwängen?
- Wie viel Energie investieren Sie in die Vorderbühne und den Kampf gegen Windmühlen?
- Sind Ihnen die Gestaltungsspielräume auf den Hinterbühnen, auf denen Sie tätig sind, bekannt?
- Auf welcher Hinterbühne führen Sie Regie?
- Wo und auf welche Weise gelingt es Ihnen, fremdbestimmt selbstbestimmt zu handeln?

Experimente

Kreative Regelauslegung

Unterschätzen Sie den eigenen Einfluss nicht, übernehmen Sie die Regie und nutzen Sie die Hinterbühne als Labor. Definieren Sie gemeinsam mit Ihren Kolleginnen und Kollegen, welche der aktuell auf der gestaltbaren Hinterbühne geltenden Regeln dysfunktional sind und die aktuelle Arbeit erschweren. Überlegen Sie sich, wie Sie diese verändern oder auf welche dieser Vorgaben Sie mit vertretbarem Risiko verzichten können. Definieren Sie diese Regeln neu oder setzen Sie sie punktuell, zum Beispiel für drei Monate, außer Kraft. Beobachten Sie die Reaktionen und Effekte des Systems. Welche (Lebens-)Energien werden freigesetzt?

Sprechverbot

Die Art und Weise, wie wir unsere Sprache verwenden, hat Auswirkungen auf unsere sozialen Interaktionen und unser Denken. Der Gebrauch der Konjunktion «aber» kann dazu führen, die Opfer- und Exkulpationshaltung zu verstärken: Wir verweisen auf Sachzwänge und betonen die Alternativlosigkeit. «Aber» hebt die Hindernisse oder Unzulänglichkeiten im Umfeld hervor und kann das Selbstmitleid erhöhen. Mit dem Gebrauch der Konjunktion relativieren wir auch die eigene Verantwortung und den Eigenbeitrag. Pointiert könnte man sagen: Alles, was ich vor dem Wort «aber» gesagt habe, gilt nicht. Das empfohlene Experiment lautet: Verbannen Sie das Wort «aber» konsequent aus Ihrem persönlichen Wortschatz und ermutigen Sie Ihr Umfeld, dasselbe zu tun.

3

Thinkout «Normalität»

Was ist normal?

oder

Wie ich in der Flüchtigkeit des Normalen eine momentane Normalität finden kann.

Dem **«Normalen»** misstrauen – **einziger Standard:** Es gibt **keinen Standard.**

Normalität – die Debatte

Was ich für selbstverständlich halte, ist für mich normal. Es wird zu einem persönlichen Standard, zur Eigennorm. Dieses für mich «Normale» konturiert maßgeblich die eigene Weltsicht. Es bildet die Referenz, an der sich mein Denken und Handeln im Alltag orientieren. Es prägt meine Ansichten, meine Beurteilungen und beeinflusst meine Überzeugungen. Das Normale stellt eine unverzichtbare Navigationshilfe dar und erweist sich als Ordnungshelfer. Es kann jedoch auch zur intellektuellen Trägheit führen. Weil es eben «normal» ist, fällt es schwer, das Normale überhaupt zu erkennen. Die Auseinandersetzung mit den Fragen Was ist für mich «normal»? und Wie sinnvoll sind normierende Regeln? ist deshalb essenziell.

Das Wort normal geht auf den lateinischen Begriff «normalis», nach dem Winkelmaß, nach der Regel gemacht, zurück. Im alltäglichen Sprachgebrauch bezieht sich «normal», abhängig vom jeweiligen Kontext, auf das Durchschnittliche, das Erwartete, das Konforme oder das der Kultur entsprechende. Alles unscharfe Begriffe, und es stellt sich zwangsläufig die Frage nach verlässlichen Kriterien und Maßstäben zu deren Abgrenzung. Anhand der Debatte in der Medizin lässt sich sehr gut nachvollziehen, wie anspruchsvoll es ist, das «Normale» und als gesund zu Betrachtende zu definieren. Nicht überraschend ist deshalb, dass die Unterscheidung zwischen Krankheit und Gesundheit breit und kontrovers diskutiert wird. Zwei unterschiedliche Sichtweisen lassen sich erkennen: Krankheit als eine biologische Abweichung von der Norm und Krankheit als ein subjektives Empfinden und Erleben. Bei beiden Zugängen stellt sich die Frage nach der Bestimmung und Relevanz verlässlicher Normen. Sind es objektive biologische Parameter, wie messbare Laborwerte und oder subjektive Empfindungen von Patienten und Patientinnen, die als Maßstab gelten können? Im Rahmen meines jährlichen Gesundheits-Checks erlebe ich, wie mein Hausarzt die Unschärfe und Problematik der Laborwerte als eindeutige Indikatoren für das Normale betont. Normwerte sind kontextabhängig, sie basieren auf Durchschnittswerten und verändern sich im Zeitablauf.

Das von der Weltgesundheitsorganisation (WHO) seit 1983 publizierte Standardwerk «International Classification of Diseases» (ICD) enthält eine umfassende Liste von Krankheiten und Gesundheitszuständen. In der medizinischen Praxis, Forschung und Gesundheitsstatistik dient ICD weltweit als Grundlage für die Diagnose und Codierung von Krankheiten. Das Werk umfasst aktuell über 14 000 Codes für Anzeichen und Symptome, auffällige Befunde, Beschwerden, soziale Umstände und äußere Ursachen von Verletzungen oder Krankheiten. Um den neuesten Erkenntnissen der Medizin gerecht zu werden, wird es regelmäßig aktualisiert. Kritisiert am anerkannten Referenzwerk wird unter anderem, dass die vorgenommene Klassifizierung von psychischen Gesundheitsstörungen zu einer Stigmatisierung führen kann. Am gravierendsten jedoch ist der Vorwurf, dass die ICD dazu neige, eine (zu) breite Palette von Zuständen als Krankheiten zu bezeichnen und somit einer «Überpathologisierung» Vorschub leiste. Heute wird in der Schweiz jedem dritten Kind im Laufe seiner Entwicklung eine Fördermaßnahme verschrieben und das vermeintlich «normale» Kind wird mehr und mehr zu einem «normierten» Kind.[23]

Durch die Einflussnahme von Interessensgruppen wird diese Tendenz noch verstärkt. Um den Markt für Medikamente und Behandlungen auszuweiten, nimmt zum Beispiel die Pharmaindustrie auf die Definition von Krankheiten gezielt Einfluss. Spontan kommt mir in diesem Zusammenhang das Bonmot in den Sinn: **Gesund ist man nur so lange, bis man genügend gut abgeklärt ist.** Das Beispiel der Medizin zeigt augenfällig, wie schwierig es ist, Normalität zu definieren. Das «Normale», im Sinne von gesund, ist eben weit mehr als die Abwesenheit von Krankheit und Gesundheitsstörungen. Medizinsoziologen werten Gesundheit als ein Kontinuum, das auch maßgeblich von Aspekten beeinflusst wird, die außerhalb des Körpers liegen. Es umfasst auch die Dimensionen des geistigen und sozialen Wohlbefindens.

Die Frage, was als **«normal»** gelten kann und soll und welches die dazu geeigneten Beurteilungskriterien sind, beschäftigt nicht nur die Medizin, sondern auch viele andere wissenschaftlichen Disziplinen. Ausgehend von der Gauß-Verteilung, verwendet die *Psychologie* statistische Maßstäbe, um Normalität zu definieren. Verhaltensweisen und Merkmale, die in einer Grundgesamtheit durchschnittlich sind, werden als normal eingestuft. Abweichungen von der statistischen Norm dienen als Indikatoren für mögliche psychische Störungen oder Entwicklungsprobleme. Dies unterstreicht, dass Normalität dynamisch ist und sich in den verschiedenen Entwicklungsstadien unseres Lebens verändern kann.

Die Debatte über Normalität in der *Soziologie* betont den sozialen und kulturellen Konstrukt-Charakter von Normalität. Es wird untersucht, wie

Gesellschaften gemeinsam akzeptierte Verhaltensweisen und Normen ausbilden und wie diese Identitäten und die Zugehörigkeit zu einer Kohorte beeinflussen, was als normal angesehen wird. Die *Philosophie* beschäftigt sich mit der ontologischen Frage: der Frage, ob es überhaupt eine objektive Realität von Normalität gibt oder ob es sich lediglich um eine soziale Konstruktion handelt. Sie weist darauf hin, dass die Vorstellung von Normalität relativ ist und stark von kulturellen, historischen und sozialen Kontexten abhängt. Sie argumentiert, dass die Definition von Normalität oft mit normativen Werturteilen verknüpft ist und die Festlegung von Normen und Standards von gesellschaftlichen Vorlieben, Moralvorstellungen und Machtdynamiken beeinflusst wird. Dabei wird zum Beispiel auch Normalität im Kontext von Inklusion thematisiert und die Bedeutung der Anerkennung und Akzeptanz von Vielfalt und Unterschieden betont. Während einige Menschen Beeinträchtigungen als Abweichungen von der als normal betrachteten physischen oder mentalen Verfassung sehen, argumentieren andere vehement dafür, Behinderungen als eine Form der Besonderheit anzuerkennen, die einen integralen Teil der menschlichen Vielfalt ausmacht. Diejenigen, die Behinderungen als Abweichungen betrachten, neigen dazu, sich auf statistische Normen und medizinische Definitionen zu stützen und betrachten Beeinträchtigungen oft im Kontext von Einschränkungen und Defiziten im Vergleich zur durchschnittlichen körperlichen oder geistigen Verfassung. Diese Sichtweise kann dazu führen, dass Menschen mit Beeinträchtigung stigmatisiert werden und Schwierigkeiten beim Zugang zu Bildung, Beschäftigung und anderen gesellschaftlichen Ressourcen haben.

Die Pädagogikprofessorin Sabine Seichter konnte in Ihrem Buch «*Der lange Schatten Maria Montessoris*» aufzeigen, dass das Denken der als Ikone verehrten Gründerin der Montessori-Schulen eugenisch und rassenideologisch diskriminierend ausgerichtet war und nicht Inklusion, sondern Exklusion ihre pädagogische Leitlinie bildete. Sie war überzeugt, dass es die «Schwachen» von den «Normalen» zu trennen gilt, um die Perfektionierung der normalen Kinder nicht durch die «Anomalen» zu gefährden.[24] Auf der anderen Seite argumentieren Befürworter der Perspektive, die Beeinträchtigung als Besonderheit betrachten, dass Vielfalt ein grundlegendes Merkmal der menschlichen Gesellschaft ist. Sie betonen die Einzigartigkeit und die verschiedenen Fähigkeiten, die neurodivergente Menschen in die Welt einbringen. Diese Sichtweise fördert die Idee einer inklusiven Gesellschaft, in der Barrieren abgebaut werden und alle Menschen die Möglichkeit haben, ihr Potenzial zu entfalten und ein möglichst selbstbestimmtes Leben zu führen. Leider sind wir davon noch weit entfernt. So ist beispielsweise die Arbeitslosigkeit unter Menschen mit einer Autismus-Spektrum-Störung (ASS) alarmierend hoch.

Die Ausführungen zeigen, dass jede Disziplin ihren eigenen Zugang zur Definition von Normalität hat und dabei **unterschiedliche Maßstäbe und Bezugsgrößen** zur Anwendung kommen.

Normalität – das subjektive Eigenkonstrukt

Ebenso wie einzelne wissenschaftliche Disziplinen Normalität spezifisch verstehen, hat auch jeder Mensch, abhängig von seiner Sozialisation und Entwicklung, sein individuelles Verständnis davon entwickelt, was für ihn normal ist. Im Rahmen von Gesprächen und Sitzungen wird mir immer wieder bewusst, wie stark meine eigene Vorstellung von Normalität subjektiv geprägt ist und wie sie meine (Be-)Wertungen, mein Denken und Handeln beeinflusst. Erkennen kann ich dies an einem stets beobachtbaren Reflex. Wird eine Meinung geäußert oder ein Appell an mich gerichtet, greife ich automatisch auf meine Erfahrungswelt zurück. Stimmen die Botschaften mit meinen Erfahrungen überein, erachte ich sie als «normal» und ich habe keine Schwierigkeiten, sie zu akzeptieren. Stehen sie im Widerspruch, entsteht ein innerer Widerstand. Im allgemeinen Sprachgebrauch bezeichnen wir das auf Erlebnissen basierende Wissen als Erfahrung. Das Erlebte, egal, ob positiv oder negativ, verdichtet sich im Laufe der Jahre zu starken inneren Überzeugungen. Aus diesen vermeintlichen Gewissheiten formen sich implizite Regeln, die, in Kombination mit den gesellschaftlichen Standards, unsere eigene **individuelle Normalität** konturieren. Diese wiederum ist umfassender als wir erwarten und stärker handlungsleitend als wir vermuten. Nicht nur die Bewertung von Drittanliegen, sondern auch die eigene Meinungsbildung zu Fachfragen oder allgemeinen Inhalten basiert entscheidend auf den für mich als normal geltenden Selbstreferenzen und Eigennormen. Das im ersten Kapitel thematisierte Menschenbild stellt exemplarisch einen dieser Normkomplexe dar. Für mich ist es beispielsweise normal und selbstverständlich, Mitmenschen Urteilskraft zuzubilligen, jegliche Formen der Bevormundung zu vermeiden und ihnen vertrauensvoll zu begegnen.

Auch im beruflichen Kontext konnte ich erkennen, wie sich bei mir im Laufe der Jahre verfestigte und als normal empfundene Ansichten entwickelt haben. Reflektiere ich einige der aufgrund meiner betriebswirtschaftlichen Ausbildung entstandenen Selbstverständlichkeiten, so erkenne ich, dass sich ihre Gültigkeit im Zeitablauf teilweise radikal verändert hat. Offensichtlich ist dies im Bereich der Organisations- und Führungslehre. Das Ziel der Strukturbildung hat sich vom arbeitsteiligen Ordnungsprinzip – mit der Absicht, Prozesssicherheit und Stabilität zu gewähren – hin zu einem Mittel der Potenzialentfaltung und Kulturentwicklung verschoben. Strukturen sind nicht mehr statisch, sondern verstehen sich vermehrt als flexible, projekt- und aufgabenspezifische Festlegungen. Die instrumentelle Art einer Führung weicht einer authentischen, auf Selbstorganisation, intrinsischer Motivation und Vertrauen basierenden Lenkung. Führung wird heute immer mehr als eine verteilte und kollektiv wahrzunehmende Aufgabe verstanden. Vieles, was für mich lange Zeit als normal und selbstverständlich galt, hat sich also in kurzer Zeit gewandelt.

Neben den sich an Fachthemen orientierenden Normen gibt es auch Werte, die das eigene Normgerüst bilden. Diese sind stark kultur- und kontextabhängig. Was ich für richtig oder falsch, ethisch-moralisch korrekt und legitim erachte, verdanke ich dem Kulturraum und dem familiären Kontext, in dem ich aufgewachsen bin und der mich geprägt hat. Selbst diese Art von Normen unterliegen jedoch Veränderungen.

Wir alle sind also gut beraten, die Neigung zur Gewohnheit und zum Selbstverständlichen zu zügeln und unsere eigenen Normen weder als absolut noch als universell anzusehen. Oder wie es die Philosophie von René Descartes auf den Punkt bringt: «Der Zweifel ist der Weisheit Anfang.» Die kritische Reflexion zeigt, dass nur ein kleiner Teil der im Laufe der Zeit als normal empfundenen Normen wirklich Bestand hat. Viele dieser Referenzen basieren auf erworbenem, erlerntem und vergänglichem Wissen. Daher erweist sich die Plausibilität unserer Normen oft als fragwürdig. Es erscheint als vernünftig, **dem «Normalen» mit Skepsis zu begegnen,** oder anders ausgedrückt: Wir sollten unsere eigene Blindheit gegenüber der Blindheit des Normalen ernst nehmen. Dies gilt insbesondere für Persönlichkeiten, die an der Spitze einer Hierarchie stehen und aufgrund ihrer Position nur selten ehrliches und zeitgerechtes Feedback erhalten. Für sie ist es von großer Bedeutung, ihre eigenen Maßstäbe ständig kritisch zu hinterfragen. Denn wer sich als normal ausgibt und versteht, unterliegt der Versuchung, anderen seine Normen aufzudrängen.

Normalität – Gefahr der intellektuellen Trägheit

Die von Organisationen wie der UNESCO, der World Intellectual Property Organization (WIPO) und dem Web of Science gesammelten Informationen zeigen, dass jedes Jahr mehrere Millionen wissenschaftliche Veröffentlichungen publiziert werden. Allein in der Medizin erscheinen jährlich ca. 1,2 Millionen wissenschaftliche Artikel und etwa 25 000 randomisiert kontrollierte Studien.[25] Es ist daher leicht nachvollziehbar, dass Wissensfortschritte die Regel und nicht die Ausnahme sind. In den wissenschaftlichen Disziplinen und der Gesellschaft lassen sich immer wieder deutliche Wendepunkte erkennen, die augenfällig das Selbstverständliche in Frage stellen und das als normal Geltende grundlegend herausfordern. Berühmte Paradigmenwechsel in der Wissenschaft sind beispielsweise die Ablösung des geozentrischen durch das heliozentrische Weltbild im 16. Jahrhundert oder die Entdeckung von Mikroorganismen als Ursache von Infektionskrankheiten durch Louis Pasteur und Robert Koch im 19. Jahrhundert. Auch in der Gesellschaft gab es Paradigmenwechsel, wie etwa die Einführung der Menschenrechte im 18. Jahrhundert oder die feministische Bewegung des 20. Jahrhunderts. Solche Veränderungen stellen nicht nur Meilensteine im Erkenntnisfortschritt dar, sondern führen auch zu neuen Technologien und Methoden, hinterfragen bestehende Machtstrukturen und verändern das Weltbild der Menschen grundlegend. Sie schaffen buchstäblich eine neue Normalität. So ist es schwer vorstellbar, dass bis Ende des 19. Jahrhunderts Radfahren für Frauen als unmoralisch und unweiblich galt. Die gespreizten Beine, der Sattel und die Bewegung riefen Entsetzen hervor.[26] Heute ebenfalls kaum denkbar, dass die WHO bis 1993 Homosexualität als pathologisch eingestuft hat. Mit dem rasanten Fortschritt steigt die Wahrscheinlichkeit, dass wir in immer kürzeren Zeitabständen solche Wendepunkte erleben, die das Normale und Selbstverständliche radikal in Frage stellen.

Auch technologischer Fortschritt lässt Normen erodieren. Wenn Algorithmen und Digital Health bessere Leistungen erbringen als Menschen, resultiert daraus eine neue Normalität. Bei Hautkrebs diagnostiziert künstliche Intelligenz in 95 Prozent der Fälle korrekt, medizinisches Fachpersonal dagegen erreicht eine Quote von 87 Prozent. Allein für den Fachbereich Radiologie wurden bis 2023 fast 400 KI-Algorithmen von der Food and Drug Administration (FDA) zugelassen.[27]

Warum fällt es uns so schwer, das, was für uns normal ist und unsere eigene Normalität bildet, als etwas Vergängliches zu betrachten? Aus stabilen, für uns «normalen» Normen ergeben sich Referenzen, die uns Orientierung bieten. Wie ausgeführt, unterstützen uns diese bei der Bewertung, der Meinungsbildung und der persönlichen Navigation. Neurologisch gesehen helfen Normen und Gewohnheiten unserem Gehirn, Energie zu sparen. Die Suche nach diesen Orientierungshilfen ist deshalb eine menschliche Tugend, die jedoch auch zu einer allzu simplen und problematischen **«Vereindeutigung» der Welt** führen kann. Nicht alle Herausforderungen lassen sich unter Bezug auf klar definierte Normen bewältigen. Wer auf eindeutigen Referenzen beharrt, nimmt eine Verengung der Perspektive in Kauf. Wenn man an das Normale glaubt, fällt es schwer zu akzeptieren, dass es für jedes Problem mehr Lösungen gibt, als man sich vorstellen kann. In vielen Bereichen unseres modernen Lebens fehlen uns jedoch klare Normen im Sinne eindeutiger Orientierungspunkte. Die Denkweise, die uns vertraut ist und als normal empfunden wird, ist oft nur begrenzt hilfreich. Das liegt auch daran, dass immer mehr von dem, was auf uns zukommt, immer weniger mit dem zu tun hat, was wir aus eigenen Erfahrungen kennen. Wir suchen vergebens nach Durchschnittswerten oder allgemein akzeptierten Maßstäben für das Normale. Bei neuartigen Herausforderungen existiert oft keine Norm. Wir müssen uns von der Vorstellung verabschieden, dass es ideale Standards gibt, und stattdessen kontextgerechte Lösungen explorativ suchen. Experimente, also ergebnisoffene Ansätze, bei denen wir uns trauen, Kontraintuitives auszuprobieren, das dem antrainierten Menschenverstand widerspricht, sind geeignet, neue Einsichten zu erlangen. Experimente stellen intelligente System-Interventionen dar, um evidentes Wissen zu gewinnen. Ein Beispiel hierfür findet sich in der Corona-Krise. Über Nacht wurde der Ausnahmezustand zur Normalität und viele Unternehmen verwandelten sich in Versuchslabore. Die alte Normalität der Industriegesellschaft war in Frage gestellt. Firmen mussten experimentieren, und das scheinbar Unmögliche wurde zur Realität: Arbeiten im Homeoffice, das blinde Vertrauen in die Improvisationsfähigkeit von virtuell und autonom arbeitenden Teams oder pragmatisches Ausprobieren. Vieles, was vor der Krise als normal galt, wurde obsolet und neue Formen der Normalität haben sich ausgebildet. Dazu gehören unter anderem: Homeoffice auf breiter Basis, die Ermächtigung von Teams zur Selbstführung und -organisation oder die Suchstrategie der experimentellen Annäherung als Ersatz für die gewohnte Planung. Nebst der herkömmlichen Arbeitspraxis verblassten auch die traditionellen Vorstellungen bezüglich des Mehrwerts repräsentativer Büroumgebungen und einer unverzichtbaren Mobilitätsinfrastruktur.

Das für mich und die Gesellschaft Normale ist also nichts Statisches und es lässt sich immer wieder beobachten, wie das Normale durch die eigene **Normativität des Faktischen** überholt wird. Was gestern noch als undenkbar schien, wird heute als ganz alltäglich akzeptiert. Es gehört zum Wesen einer Norm, dass sie in sich widersprüchlich ist und dieser Widerspruch nicht aufgelöst werden kann. Dies erst macht es möglich, dass die Norm in unterschiedlichen Kontexten Anwendung finden kann. Eine intelligente Herangehensweise an diese Dynamik und Widersprüchlichkeit besteht meiner Meinung nach darin, skeptisch gegenüber dem Selbstverständlichen zu sein und den folgenden Grundsatz konsequent zu verinnerlichen. **Einziger Standard: Es gibt keinen Standard!** Wir müssen den Mut aufbringen, Normalität als eine Abfolge von Versuch und Irrtum und als Ergebnis eines nie endenden experimentellen Lern- und Suchprozesses zu sehen. Im Folgenden werden einige Schritte aufgezeigt, die dabei helfen können:

- Durch eine aufrichtige Reflexion über das Gewohnte können wir die «Normalitätsblindheit» durchbrechen und uns der Normalität bewusstwerden, selbst wenn sie uns als selbstverständlich erscheint.
- Wir sollten eine Sensibilität für Unterschiede und Abweichungen entwickeln und dem, was für uns selbstverständlich und normal ist, mit einer gesunden Portion Misstrauen begegnen. Intelligente Skepsis bedeutet, unsere eigenen Vorstellungen von Normalität kritisch auf ihre Evidenz hin zu hinterfragen, ohne dabei einem beliebigen Normativitätsrelativismus zu verfallen. Es geht nicht um ein reaktionäres vollständiges Ab-

lehnen von Normen. Eine hilfreiche und immer wieder zu stellende Schlüsselfrage lautet: *Muss das so sein?*
- Es ist wichtig, unsere eigenen Referenzen und Sichtweisen auf den Prüfstand zu stellen und die Plausibilität des Normalen zu hinterfragen und zu überprüfen. Dabei kann es lohnend sein, sich mit anderen Kulturen oder sozialen Kontexten zu beschäftigen, in den Dialog mit Andersdenkenden zu treten oder sich auf ungewohnte Ideen einzulassen. Die deutsche Psychologin Vera F. Birkenbihl, eine Verfechterin des gehirngerechten Lernens, empfiehlt sogar, in regelmäßigen Abständen Artikel aus fernen und zunächst nicht interessierenden Fachgebieten zu lesen, um neue neuronale Verbindungen herzustellen und den individuellen **«Normalitätsraum»** bewusst zu erweitern. Das Ausweiten des Horizonts, ein regelmäßiger Perspektivenwechsel und lebenslanges Lernen sind Garanten dafür, dass die eigene Vorstellung von Normalität nicht zu intellektueller Trägheit führt.
- So wie wir heute leben, tun wir das erst seit etwa hundertfünfzig Jahren. Mit diesem Bewusstsein sollten wir kritisch zweifeln, uns von festgefahrenen Glaubenssätzen, Dogmen und persönlichen Paradigmen befreien und diese überwinden. Eine ausgeprägte Toleranz gegenüber Ambiguität kann dabei helfen, unser eigenes «Normalitätskonstrukt» zu dekonstruieren. Indem wir die Uneindeutigkeit und Mehrdeutigkeit akzeptieren, fällt es uns leichter, verschiedene Sichtweisen und Interpretationen anzunehmen und das scheinbar Unabänderliche in unserem Denken zu überwinden.
- Leben wir dem Grundsatz – *Einziger Standard: Es gibt keinen Standard* – entsprechend und arbeiten wir gezielt an einer Erweiterung des Möglichkeitssinns. Bewahren wir die konstruktive Unruhe im Sinne eines Niesicher-Seins und Immer-weiter-Denkens. Konkret bedeutet das, stets Kontraintuitives zu wagen, Experimente durchzuführen und handelnd ins Verstehen zu kommen. Experimente verändern den Kontext und zwingen Systeme zur Herausgabe ihrer Geheimnisse. Sie provozieren den Bruch mit der erstarrten Normalität, lassen Neues entstehen und setzen Energien frei. **Nur Narren verzichten auf Experimente!**

Persönlich habe ich erkannt, dass das implizite und unreflektierte Konzept von «Normalität» einen (zu) großen Einfluss auf mein Denken, Handeln und mein ganzes Leben hatte und immer noch hat. Ich musste feststellen, dass sich intellektuelle Trägheit und eine erhebliche Beschränkung meiner Sichtweise und Perspektiven einstellen, wenn ich ahnungslos dem vermeintlich Normalen folge und mich auf bestehende und nicht reflektierte Referenzen verlasse.

Meine gegenwärtige Überzeugung:
Dem Normalen misstrauen – einziger Standard:
Es gibt keinen Standard.

Mein heutiges Fazit
- Normen formen das eigene Sehen: Das, was als normal empfunden wird, hat einen erheblichen Einfluss auf unsere Weltsicht, beeinflusst unser Denken, Handeln, unsere Urteile und Überzeugungen, und fungiert als Orientierung im Alltag.
- Vielfältige Facetten der Normalität: Verschiedene wissenschaftliche Disziplinen definieren Normalität durch eine Vielzahl von Maßstäben. Das scheinbar Normale ist somit alles andere als einheitlich und die Relativität der Normalität ist eine unbestreitbare Realität.
- Individuelles Verständnis von Normalität: Jeder Mensch entwickelt seine individuelle Vorstellung von Normalität, basierend auf persönlichen Erfahrungen, Prägungen und der erlebten Sozialisation. Das für mich Normale beeinflusst meine Bewertungen, die eigene Meinungsbildung und die persönlichen Handlungen.
- Gefahr der geistigen Trägheit: Das Festhalten am vermeintlich Normalen kann zur intellektuellen Trägheit führen. Angesichts der wissenschaftlichen Fortschritte und Veränderungen erscheint es daher ratsam, Normalität mit einer gesunden Portion Skepsis zu begegnen und als etwas Dynamisches zu verstehen.

Außensichten zur Denkstimulation

Nachfolgend die Denkanstöße der Gymnasiastinnen und Gymnasiasten der Klasse 2LaSa der Kantonsschule Heerbrugg, meiner drei Söhne Nicolas, Jonas und Simon als Vertreter der Generation Y, sowie der am Schweizerischen Bundesgericht in Lausanne tätigen Bundesrichterin Marianne Ryter.

Kim Badertscher, Manon Barbey, Lorena Baumgartner, Riana Bichler, Una Bulic, Linn Halter, Leandra Häusler, Lena Höfel, Chiara Jeremias Vieira, Emilia Köppel, Olivia Kugler, Lenia Kunz, Elin Loher, Otis Möller, Lorena Raunjak, Chantal Schegg, Naemi Spitz, Elias Walker, Ladina Wohlgensinger, Theresa Wolfers sind Schüler und Schülerinnen der Gymnasialklasse 2LaSa der Kantonsschule Heerbrugg. Unter Anleitung ihrer Deutschlehrerin, Andrea Zinndorf, haben sie die Frage beantwortet: **Was ist für uns normal und wie normal ist dieses Normale?**

Tanz dein Lied!
Gymnasialklasse 2LaSa, Kantonsschule Heerbrugg

Was ist normal?
An dieser Frage scheitre ich jedes Mal.
Was ist meine Sicht?
Davon handelt dieses Gedicht.

Zu erklären, was «normal» ist, scheint anfangs sehr einfach zu sein. Schließlich sind wir alle täglich in Kontakt mit dem, was wir «normal» nennen. Morgens aufstehen, in der Schule das Tablet aufklappen, mittags etwas Warmes essen, soziale Medien verwenden, einem Hobby nachgehen, all das bezeichnen wir als «normal». Der Normalbegriff beinhaltet einen großen Teil an Selbstverständlichkeit.

Es ist nicht die Norm, die uns wirklich lenkt,
Es ist die Individualität, die in uns brennt.
Wir sind nicht dazu bestimmt, uns anzupassen,
Unsere Einzigartigkeit sollten wir fassen.

So fängt es bereits in jungen Jahren an, dass wir durch Klischees in den Sog der Norm geraten. Als Mädchen gilt es als normal, mit Puppen zu spielen, bei den Jungs sind es die Autos. Sobald du aber als Mädchen Interesse an Autos findest, bist du bereits anders. Meistens fällt es dir selbst nicht auf, denn für dich ist es ganz normal. Später entdeckst du deine Leidenschaft für Fußball, aber du bekommst Stimmen zu hören, die dich verunsichern: Du willst als Mädchen in einem Team mittrainieren, das nur aus Jungs besteht? Willst du nicht lieber reiten gehen? Du beginnst dich zu fragen, ob es vielleicht ein blöder Gedanke war, als Mädchen Fußball spielen zu wollen. Irgendwann bemerkst du, dass du dich über deine Interessen viel besser mit Jungs als mit deinen Freundinnen austauschen kannst. In deinem Kopf herrscht nur noch Chaos. Aber über Mode kannst du doch großartige Gespräche mit den anderen Mädchen führen. Also bist du doch normal? Wenn du älter wirst, wird dir bewusst, dass die Gesellschaft einen enormen Einfluss auf dich hat – Einfluss auf dein Normal.

Eigentlich dürfte es nicht so leicht sein, andere Menschen auf verschiedenste Weisen zu gruppieren und abzustempeln, ihre Individualität dabei keines Blickes zu würdigen. Und doch tun wir es. Müssen wir es tun, um die Diversität unserer Welt irgendwie fassen zu können. Viele Menschen streben danach, der Norm zu entsprechen, nicht aufzufallen, andere hingegen wehren sich aktiv dagegen, indem sie sich zum Beispiel auffällig kleiden. Warum ist es denn nicht normal, auf der Straße zu seinem Lieblingslied zu tanzen? Oder sich die Haare einfach mal bunt zu färben?

In der Selbstfindungsphase kann uns Jugendlichen dieser Begriff ordentlich in die Quere kommen. Wir probieren vieles aus und merken, was nicht zu uns passt oder worin wir unser Selbst finden. Dann zu hören, «Das ist doch nicht normal» oder «Du bist nicht normal», tut weh, verunsichert und führt im schlimmsten Fall dazu, dass wir den Drang verspüren, uns anpassen zu müssen.

> *Wir dürfen uns nicht verlieren im Lärm der Welt,*
> *Denn dort wird die Wahrheit wohl falsch erzählt.*
> *Was gestern noch galt, ist heute schon alt.*
> *Im Wandel der Zeit – fehlt uns der Halt.*

Tablets im Unterricht? Soziale Medien? Unvorstellbar für unsere Großeltern! Wir müssen uns deshalb bewusst sein, dass der Normalbegriff ein flüchtiger Begriff ist und dass dieser sich sehr schnell ändern kann. Ein großer Aspekt dieser Flüchtigkeit ist ihre temporale Komponente. Das Internet, ein für viele von uns selbstverständlicher Teil der Welt, in der wir leben, gab es vor knapp 40 Jahren noch nicht. Die Smartphones, die wir benutzen, um TikToks zu schauen oder Musik zu hören, und das mag absurd klingen, sind 200 Millionen Mal rechnungsstärker als der Computer, der 1969 den ersten Mann auf den Mond gebracht hat. Autos, fast unvermeidlich zu sehen, wenn wir einen Schritt nach draußen machen, gab es vor nur 140 Jahren noch nicht. Aber auch dunkle Perioden in der Menschheitsgeschichte gehören in diese Kategorie. Sklaverei, heute bei uns zurecht als etwas Unvorstellbares, Menschenverachtendes und Grauenhaftes angesehen, war vielerorts gängige Praxis. Grauenhaft und menschenverachtend fanden das nicht wenige aber schon vor 200 Jahren. Auch gibt es eine kulturelle Komponente im Normalbegriff. Die geschlechterunabhängige Rollenverteilung ist bei uns eine relativ junge, aber zum Beispiel bei den Aka keine neue Entwicklung. Die Aka sind eine indigene Gemeinschaft aus dem Kongo, in der die Rollen nach Fähigkeiten und nicht nach Geschlechtern verteilt werden. Die geschlechterunabhängige Rollenverteilung ist aber bei weitem nicht überall normal, in vielen theokratisch regierten Ländern herrscht immer noch starke Unterdrückung von Frauenrechten. Dies spricht auch einen weiteren Faktor des Normalbegriffs an, die geografische Komponente. Was für uns normal scheint, wie fließendes Wasser oder drei Mahlzeiten am Tag, die Möglichkeit zur Selbstverwirklichung oder die ganz banale Möglichkeit, zu arbeiten und Geld zu verdienen, ist für einen erheblichen Teil der Weltbevölkerung nicht zugänglich, weswegen wir uns sehr glücklich schätzen sollten.

> *Normalität, die gibt es nicht.*
> *Wir sollten scheinen in unserem eigenen Licht.*
> *Ohne Einfluss unser Leben leben*
> *Und so nach unseren Träumen streben.*

Diese Veränderlichkeit des Normalen kann uns eine wichtige Lektion erteilen, eine Lektion der Toleranz. Um ein aktuelles Beispiel zu verwenden, LGBTQIA+-Personen werden heute noch in vielen Teilen der Welt verachtet, beschimpft oder sogar körperlich angegriffen. Dies wird in unserer Gesellschaft nicht geduldet und ist auch nicht weit verbreitet. Diesbezüglich sind Hass und Intoleranz in unserer Gesellschaft auf dem Abstieg, was Hoffnung schafft, dass die Flüchtigkeit der Normalität Gutes mit sich bringen kann; jedoch muss gesagt werden, dass es heute auch hier beobachtbare Ausnahmen gibt, wie die Radikalisierung von Jugendlichen oder das Aufflammen antisemitisch motivierter Übergriffe.

Norm ist also flüchtig, wird von uns gemacht und jeder hat sein eigenes Bild von Normalität. Manchmal überschneiden sich Meinungen. Dann denkt eine Gruppe von Menschen dasselbe und spätestens jetzt kann es gefährlich werden. Man fängt an, eine Person, sei es bewusst oder unbewusst, auszuschließen, nur weil diese Person anders ist und etwas hat, was die Gesellschaft nicht als normal einordnen kann oder sie herausfordert. Sie können eine andere Hautfarbe haben oder sich als das andere Geschlecht identifizieren. Und auch das ist leider normal, denn fast jede(r) von uns ist der Normalität schon einmal zum Opfer gefallen. Heute wird dies durch die sozialen Medien nur noch verstärkt. Viele junge Menschen messen sich mit den Personen oder Bildern im Internet. Doch dass diese nicht die Wirklichkeit abbilden, wird oft vergessen. Wir passen uns Filtern und Künstlicher Intelligenz an und glauben, einem Trugbild entsprechen zu müssen, weil wir denken, dies sei normal.

Die ganze Social-Media-Welt.
Und das Einzige, was uns auffällt,
Sind all diese makellosen Gesichter.
Sind wir denn nicht unsere eigenen Richter?

Während wir uns vor dem Urteil anderer fürchten, sind wir mit eigenen Urteilen allerdings auch schnell zur Stelle. Wenn eine Person zum Beispiel ein verbranntes Gesicht, eine besserwisserische Charaktereigenschaft oder eine Freizeitbeschäftigung hat wie Hobby Horsing, was nicht unseren Erwartungen entspricht, bilden wir uns schon eine Meinung von dieser Person. Wir alle haben diese Vorurteile, was irgendwo auch menschlich ist.

Das Anpassen an «normal», an ein «normales Leben» kann sogar so weit gehen, dass wir die größten Chancen in unserem Leben verpassen, weil wir uns nicht trauen, aus der Reihe zu tanzen. Stattdessen klammern wir uns an Gewohnheiten fest und wagen uns nicht an etwas Neues, um nicht zu scheitern oder verurteilt zu werden. Wir denken uns lieber: Nächstes Mal traue ich mich auch einmal, breche zu einer Weltreise auf, schwimme mit Haien, springe von einer Klippe. Wir vertagen die ungewöhnlichen Ideen und Wünsche oder tun sie als Spinnereien ab. Dann bleiben sie Träume und am Ende unseres Lebens blicken wir voller Reue und Wehmut zurück, die Grenzen des Normalen nicht öfter überschritten zu haben.

Normalität wird von uns gemacht.
So stürzen wir uns in unsere eigene Schlacht.
Also doch: Normalität existiert.
Wird jedoch von uns selbst definiert.

Es gibt ihn nicht, diesen einen, historisch konstanten, allgemeingültigen, «normalen» Normalbegriff. Wie so vieles ist er von der Perspektive der wertenden Person abhängig und ob es uns passt oder nicht: Der Normalbegriff ändert sich ständig. Die einzige Beständigkeit findet sich in seiner Flüchtigkeit.

Dr. Nicolas Wüthrich hat an der Universität Zürich Philosophie und Wirtschaft studiert und an der London School of Economics and Political Sciences (LSE) in Philosophie doktoriert. Heute ist er Principal der Consumer &

Health Plattform bei Roland Berger in Zürich und Research Associate an der LSE. **Dr. Jonas Wüthrich** ist Geschäftsführer bei der SwissFactory Management AG. Er hat Recht und Philosophie an der Universität Fribourg studiert und an der Universität St. Gallen promoviert. Zudem ist er als Stiftungsrat tätig. **Dr. Simon Wüthrich** ist Senior Officer in der Handelsabteilung der Europäischen Freihandelsassoziation (EFTA) in Genf. Zuvor war er stellvertretender Leiter der Abteilung Americas im Schweizer Staatssekretariat für Wirtschaft. Er studierte internationale Beziehungen in Genf, politische Ökonomie an der LSE und promovierte an der Universität Bern. Meine drei Söhne habe ich um ihre Antwort auf die Frage gebeten: **Wo und auf welche Weise habt ihr erlebt, dass Normativität zu einer Verengung der Perspektive oder zur intellektuellen Trägheit führen kann?**

Zweiklang der Normalität
Nicolas, Jonas und Simon Wüthrich

Wir durften in einem wohlbehüteten Zuhause aufwachsen, in dem die offene und öfters auch kontroverse Diskussion am Familientisch für viele Jahre ein wichtiger Bestandteil unseres Alltags war. Noch heute denken wir gerne an diese Debatten zurück. Nach dem Flug aus dem Nest haben wir verschiedene Wege eingeschlagen und sind beruflich wie privat an ganz unterschiedlichen Orten gelandet. Was uns jedoch weiterhin verbindet, sind ein gemeinsames Wertefundament, der Seiltanz zwischen Norm, Normalität und bewussten beziehungsweise unbewussten Abweichungen davon sowie die Tatsache, dass wir alle drei Väter sein dürfen.

Der Zweiklang der Normalität im beruflichen Alltag

Im Kontext der Handelsbeziehungen der EFTA ist Normalität wie folgt erlebbar: Internationale Verhandlungen sind stark normierte Prozesse – von den fortgesetzten Verhandlungsrunden über die formellen Positionsbekundungen bis hin zum innerstaatlichen Genehmigungsprozedere für erzielte Abkommen. Das Normierte bzw. Normale kann hier von großem Nutzen sein. Beispielsweise werfen Teams zu Verhandlungsbeginn bewusst einen Anker, indem sie dem Gegenüber Modellbestimmungen zum zukünftigen Vertrag übermitteln und auf eigene Referenzabkommen abstellen. Diese Anker können Verhandlungsprozessen zum eigenen Vorteil einen Rahmen und Referenzpunkt geben, ein «Priming» auf Neuenglisch. Nicht umsonst wurde uns in universitären und beruflichen Verhandlungstrainings gepredigt, am Marktstand oder beim Autokauf als erster mit einer Offerte einzusteigen. Gleichzeitig sind Verhandlungen in der Essenz zwischenmenschliche Prozesse. Sie starten und werden genau da interessant, wo man auf das Gegenüber eingehen, für die eigenen Vorschläge eintreten und kreative Lösungen suchen muss. Normalität kann hier eingrenzend wirken, wenn man argumentativ in einer Präzedenzlogik gefangen bleibt und die Aufforderung zum Verhandlungstango nicht annimmt. Zu diesem gehört nicht nur das Geben und Nehmen, sondern auch die Auseinandersetzung mit neuen, zukunftsgerichteten Themen mit weniger Referenzpunkten oder Normen, zum Beispiel im Bereich der digitalen Wirtschaft. Auch wenn diese Themen in völkerrechtlich verbindlichen Verträgen Neuland sind, bieten letztere auch Raum für das Experimentieren, Kooperieren und Pilotieren auf Staatenebene.

In der SwissFactory Group, einem Zusammenschluss produzierender Schweizer KMUs, ist bei Vertragsverhandlungen mit anspruchsvollen Geschäftspartnern Ähnliches erlebbar. Ein selbstbewusster Kunde bringt und pocht auf bewährte Standardformulierungen, welche verhandlungs- und gerichtssicher beziehungsweise justiziabel sind. Vertragsrechtliche Standards fungieren hier als Norm, die direkt genutzt werden können. Als weniger starkes Gegenüber – zum Beispiel als Gruppe von KMUs mit komplementären Technologien in der metallverarbeitenden Industrie – will man sich, wann immer möglich, vom starren Vertragstext lösen und den Vertrag zügig operationalisieren können. Denn uns geht es nicht um das letzte Komma, sondern darum, möglichst schnell eine partnerschaftliche Beziehung mit dem Kunden aufbauen zu können. Der Umstand, dass sich ein Jurist nicht um alle Vertragsthematiken der vorgenannten Unternehmensgruppe mit rund 400 Mitarbeitenden kümmern kann, bedingt, dass auch Kolleginnen und Kollegen mit nicht juristischem Hintergrund und alternativen Lebensläufen Vertragsverhandlungen führen. Dabei orientieren wir uns an der folgenden Regel: Die Verträge sorgfältig lesen und verstehen, die wichtigsten zwei bis drei No-Goes definieren und vermeiden. Und schließlich die Verträge auf eine langfristige gruppenweite Kundenbeziehung ausrichten. Folgt man dieser «Norm», die klar von den Standardformulierungen und juristischen Eingangsnomen abweicht, resultiert ein paradoxes Resultat: Einfacher verständliche und wirklich gelebte Vertragswerke.

Auch bei Roland Berger, der internationalen Beratungsfirma, sind im Rahmen von Veränderungsprojekten vergleichbare Beobachtungen zu machen. Man sieht sehr schnell, wie stark die unternehmerische Normalität das Handeln und Denken der Mitarbeitenden – gerade auch der Führungsebene – prägen. Dazu ein paar Beispiele: Prozesse, die schon immer so abliefen; Produkt- oder Dienstleistungserbringung, die eingeübt ist; Unternehmensvision und -mission, die stark an den vermeintlich verstandenen Markt- und Wettbewerbsdynamiken orientiert sind; eingespielte Arten der Konfliktvermeidung oder Konfliktlösung. Diese unternehmerische Normalität wird durch markt- und wettbewerbsseitige Disruptionen gestört. Es eröffnet sich ein Möglichkeitsfeld, die Positionierung sowie die Kernaktivitäten des Unternehmens neu zu denken. Ganz bewusst müssen auf neue Fragen neue Antworten gesucht werden. Schon hier zeigt sich, dass das Abweichen von einer Normalität und Erwartung essenziell sein kann, gar überlebenswichtig für eine Organisation. Das Spannende ist aber vielmehr, dass dieses Möglichkeitsfeld der Veränderung meistens ganz kurz ist. Sehr schnell tritt das Phänomen ein, dass die neu definierte Strategie durch die tief eingespielten Elemente der Unternehmenskultur zerrieben wird. Oder wie Peter Drucker, der Pionier der modernen Managementlehre sagte: «*Culture eats strategy for breakfast.*» Ein eindringlicher Appell, das Normale, Eingeübte, Tradierte teilweise bewusst zu verlassen.

Die kurzen Episoden aus unseren unterschiedlichen Berufsalltagen zeigen, wie sehr Normalität bereits im rational geprägten Umfeld als Zweiklang, funktional und dysfunktional, wirksam wird. Genauso spannend ist aus unserer Sicht die Beobachtung dieses Zweiklangs im privaten Umfeld, konkret in unseren Familienbeziehungen.

Der Zweiklang der Normalität im familiären Umfeld

Niemand rüttelt für uns stärker an der Normalität als unsere Kinder, und dies gleich mehrfach. Kinder benötigen sich wiederholende Abläufe und stabile Bezugspersonen, um sich geborgen zu fühlen. Gleichzeitig geben sie sich kaum mit einem abweisenden «Nein» zufrieden, sondern hinterfragen stets keck das für uns so Normale. Dieses dauernde Herausfordern bringt uns Väter dazu, eigene Verhaltensweisen zu hinterfragen. Wieso sollte man zum Beispiel nicht einmal eine verrückte Kleiderkombination wählen, offen auf die scheuen Nachbarn zugehen oder bei voll aufgedrehter Musik im Garten tanzen? Kinder sind deshalb für uns auch Mutmacher, mit dem Normenbruch zu experimentieren und das zu tun, worauf man Lust hat.

Für uns Väter sind Arztkontrollen, Hebammenbesuche, Kita-Berichte und Elternbriefe wichtige Referenzpunkte, Meilensteine in der Entwicklung, um das eigene Kind einordnen zu können. Auch hier merken wir immer wieder, welche enorme Varianz zwischen Kindern besteht, die jede Normenschablone sprengt. Ist es beispielsweise nicht unglaublich, dass Kinder in der breiten Altersspanne zwischen 12 und 18 Monaten laufen lernen oder im exakt gleichen Elternhaus entweder lieber munter draufloskrabbeln oder -plappern? Diese normensprengende Varianz hat für uns Väter immer wieder etwas Beruhigendes, erinnern unsere krabbelnden und plappernden Kinder doch stets daran, dass sie in ihrer Individualität eigene Maßstäbe setzen und in der Gegenwart volle Aufmerksamkeit fordern.

«Das tut man nicht!», ein Satz, den wir uns als Väter leider immer noch viel zu häufig sagen hören. Dabei haben wir auf die Rückfrage, wer denn dieser/diese/

dieses «man» ist, die so sicher wie das Amen in der Kirche kommen wird, keine schlüssige Antwort. Umso mehr, da wir uns als Eltern eigentlich nicht normierte oder «normale» Kinder wünschen, sondern unsere Lieben zum Normbruch, sofern dies möglich ist, erziehen oder zumindest ermutigen möchten. Denn solche Momente sind von Eigenständigkeit getrieben und setzen im Idealfall Kreativität frei. Der Aussage «Das tut man nicht» liegt vielfach der Stress von uns Vätern zugrunde, den wir nicht anders kanalisieren können. Hinzu kommt der selbstauferlegte Zwang, unsere Arbeit und unsere Privatleben möglichst in Balance zu halten. Dabei setzen wir uns selbst unter Druck und die Grenzen, die wir unseren Kindern geben wollen und auch müssen, werden enger. Ohne Grenzen geht es selbstverständlich nicht. Ein ständiger Kraftakt, dem wir uns stellen müssen.

Der Zweiklang der Normalität – eine dialektische Spannung
Wir erleben die Normalität somit dialektisch. Auf der einen Seite wirkt sie als Referenzpunkt und Richtschnur, sei es am Verhandlungstisch, im Sitzungszimmer, oder beim Kinderarzttermin. Gleichzeitig wird uns der Wert des Normensprengenden wiederholt vor Augen geführt, in Verhandlungen wie auch auf dem Spielplatz. Fazit dieser Dialektik ist für uns, stets das Gewohnte, dieses «man tut es nicht», zu hinterfragen. Dass dies nicht immer möglich und opportun ist, ist für uns verständlich und menschlich. Wir brauchten beziehungsweise brauchen Referenzpunkte und Normen als aufwachsende Geschwister, Studenten, Berufstätige und Väter noch immer. Dennoch haben wir nicht nur mit unseren Kindern anschauliche Beispiele, wie die Normalität überwunden und hinterfragt werden kann. Unsere geliebte Großmutter, die im hohen Alter noch Informatikkurse belegte, in der Covid-Zeit mit uns geskyped und sich wöchentlich ihren Friseur-Termin gegönnt hatte, war durch und durch eine «Normbrecherin». Lasst uns alle häufiger wie kecke Kinder und junggebliebene Großmütter sein!

Dr. Marianne Ryter studierte Rechtswissenschaften an der Universität Bern, legte das Staatsexamen ab und wurde Fürsprecherin des Kantons Bern. Nach einem Master of Laws (LL.M) in internationalem und europäischem Wirtschafts- und Handelsrecht doktorierte sie an der Universität Bern. Sie war als Richterin am Bundesverwaltungsgericht tätig und präsidierte dieses in den Jahren 2019 bis Ende 2021. Am 16. Juni 2021 wählte die Vereinigte Bundesversammlung Marianne Ryter zur Richterin des Schweizer Bundesgerichts und sie trat das Amt als Bundesrichterin am 1. Januar 2022 an. Meine Frage an Marianne Ryter lautete: **Was ist für Sie das Normative und wie beeinflusst es Ihre persönlichen Entscheidungen und Handlungen?**

Bewusstsein für Vielfalt – eine richterliche Pflicht

Marianne Ryter

Fragen einer befreundeten Journalistin an die Bundesrichterin:

Was bedeutet Normalität für Sie?

Abgesehen davon, dass ich persönlich eher Mühe mit dem Begriff der Normalität habe, ist diese Frage nicht allgemein und einfach zu beantworten. Versucht man, das für einen Normale zu fassen, droht einem das Verständnis dafür zu entgleiten. Vielleicht ist für uns einfach das normal, was wir gewohnt sind oder was viele andere so sehen. Die Schwierigkeit, das Wesen der Normalität zu erfassen, hängt wohl auch mit dem Erleben einer inneren und äußeren Normalität zusammen. Damit meine ich, dass wir aus dem eigenen Erleben und Erfahren eine subjektive Normalität entwickeln, also ein Gefühl dafür, was wir als normal betrachten oder uns als normal wünschen. Diese subjektive Normalität ist jedoch damit konfrontiert, was die Außenwelt als normal betrachtet, und steht so in einem fortwährenden, manchmal konfrontativen Dialog mit der Normalität der andern.

Gibt es eine objektive Normalität, kann Normalität definiert werden?

Exakt bestimmt werden kann Normalität nicht; der Begriff weist immer Unschärfen auf und ist Veränderungen unterworfen. Normalität ist auch Ansichtssache. Nicht nur eigene, sondern auch gesamtgesellschaftliche, indem verschiedene individuelle Ansichten zu einem gemeinsamen Verständnis zusammenfließen. Meines Erachtens gibt es zwei Aspekte der Normalität: Zum einen ist sie das, was wir sehen und erfahren, zum andern das, was wir uns wünschen oder was wir (im Recht) vorschreiben. Und hier kommt wieder das Gewohnte ins Spiel: Oft schließen wir vom Gewohnten auf das Gewünschte. Da Normalität zeit- und erfahrungsgebunden ist, gibt es aber keine fixe, gleichbleibende Normalität. Dennoch muss es meines Erachtens immer auch eine zumindest momentane Normalität geben. Eine momentane Normalität in dem Sinne gemeint, dass wir in unseren Beziehungen, in der Familie, als Gesellschaft ein gemeinsames Verständnis davon, was normal ist, benötigen und deshalb anstreben. Mit der gemeinsamen Definition dessen, was wir als normal erachten oder als normal wünschen, geben wir unserem Handeln und Verhalten einen Rahmen.

Wo spielt dieser Rahmen in der Gesellschaft und in Ihrem persönlichen Leben eine Rolle?

Ich glaube, dass wir diesen normierenden und normativen Rahmen als Menschen für unser Zusammenleben brauchen. Insofern spielt die Normalität für mich als Individuum, als Partnerin, als Mutter, als Freundin und Kollegin sowie in meiner Funktion als Richterin eine Rolle.

Als Richterin beurteilen Sie jeden Fall individuell, steht das nicht im Widerspruch zu einem solchen Rahmen?
Ja, jeder Fall ist individuell zu beurteilen – aber er beurteilt sich eben in einem Normgefüge. Damit sind als Erstes die rechtlichen Normen gemeint. Sie bilden den Rahmen, innerhalb dessen sich die Individualität richterlich beurteilt. Oder man könnte auch sagen, dass die Normen einen Boden bilden, aufgrund dessen das individuelle Verhalten und Handeln beurteilt wird. Normen gelten, weil sie in einem bestimmten Verfahren erlassen werden. Das ist die rechtliche Geltung der Normen. Aber sie gelten auch – und werden deshalb befolgt – weil sie ebenso einen ethischen und sozialen Geltungsgrund haben.

Inwiefern sind Sie als Privatperson und als Richterin von sozialen Normen geprägt?
Wie jeder Mensch bin ich erzogen, gebildet und sozialisiert worden. Insofern bin ich durch soziale Normalität geprägt – und habe als Individuum meinen Weg in dieser sozialen Normalität, verstanden als Normalität der Gemeinschaft, finden und definieren müssen. Meine richterliche Tätigkeit bringt es jedoch mit sich, dass diese meine eigene soziale Normalität zwar Eingang in die Entscheidfindung erhält, sie aber nicht als ausschließliche und alleinige Position vertreten wird. Vielmehr ist sie ein Standpunkt, der zur Disposition des richterlichen Entscheidfindungsprozesses steht. Die sozialen Normen haben mich nicht nur persönlich geprägt, sie prägen mich auch als Richterin. Juristerei ist keine exakte Wissenschaft. Insofern fließt in jeden Richterspruch unweigerlich auch der Mensch hinein. Wie ich einen Sachverhalt wahrnehme, wie ich eine Norm verstehe, hat auch damit zu tun, was ich sozial für ein Mensch bin, welche sozialen Normen ich verinnerlicht habe. Sich dessen bewusst zu sein, gehört zum Handwerk einer guten Richterin. Denn Richterinnen sind nicht Subsumtionsautomaten, aber eben auch nicht Richterköniginnen – das heißt, es ist auch nicht einfach ihr Empfinden und ihre Vorstellung, die zum Richterspruch werden dürfen.

Gibt es in der richterlichen Arbeit so etwas wie Normalität?
Die Normanwendung in der Form der Rechtsprechung ist konkretisierende Normalität. Die Normen, die wir uns als Gesellschaft gegeben haben, geben in den Grundzügen das vor, was wir als Gesellschaft als normal betrachten und was wir als Handeln und Verhalten als normal erwarten sollen und dürfen. Als Jusstudentin lernte ich die Normen, das Normengefüge, das Normative kennen; lernte, was gelten soll, was in diesem Sinne als normal erachtet und erwartet wird. Heute, als Richterin, wende ich das erlernte und erworbene «Normwissen» an, entscheide aus dem Normgefüge heraus, mithin auf der

Grundlage der verschiedenen Normen im richterlichen diskursiven Entscheidfindungsprozess, was als normal zu gelten hat.

Welche Normen sind für Ihre richterliche Arbeit besonders bedeutsam?
Letztlich alle Normen. Zum Zusammenspiel von juristischer, ethischer und sozialer Geltung der Normen gibt es einen langjährigen und umfassenden wissenschaftlichen Diskurs; einen Diskurs, um den ich als Richterin wissen muss. Ich muss mir bewusst sein, dass es diese verschiedenen Geltungsgrundlagen der Normen gibt. Dies deshalb, weil ich als Richterin gefordert bin, mich für die Entscheidfindung in einem weiteren Normalitätsgefüge zu verankern. In der richterlichen Tätigkeit ist es wichtig, dass ich mir der Vielfalt der Menschen, der Charaktere, der Einstellungen und der Vorstellungen bewusst bin. Das Bewusstsein um diese Vielfalt, um das Unterschiedliche, um das zum Eigenen Konträre erweitert die Vorstellung und Erwartung vom Normalen. Und das ist meines Erachtens richterliche Pflicht und Verantwortung. Gerade in meinem Wirkungsbereich, dem öffentlichen Recht, geht es meiner Meinung nach oft darum, dem jeweils Individuellen im Gesamtgefüge einen Platz zu geben und Gehör zu verschaffen. Dies zeigt sich besonders dann, wenn wir Grundrechts- oder Gleichheitsansprüche zu beurteilen haben, aber auch, wenn wir zu entscheiden haben, was in der Abwägung von öffentlichen und privaten Interessen als verhältnismäßig zu gelten hat.

So wie sich die gesellschaftliche Vorstellung von Normalität im Lauf der Zeit wandelt, wandeln sich auch die Gesetzesnormen. Kann das Konzept Normalität letztlich als kleinster gemeinsamer Nenner einer Gesellschaft bezeichnet werden?
Kleinster gemeinsamer Nenner klingt mir zu «klein». Es mag dem so sein, aber dennoch: Meine Hoffnung, aber auch mein Erleben ist so, dass es nicht nur um den kleinsten gemeinsamen Nenner geht, sondern um das gewichtige gemeinsame, geteilte Fundament unserer Gesellschaftsordnung, mithin um unseren Gesellschaftsvertrag. Sind Normen nicht (mehr) mehrheitlich getragen, verlieren sie an normativer Kraft. Deshalb ist es auch wichtig, dass Normen mit den gesellschaftlichen Entwicklungen Schritt halten und dass die Justiz gewandeltem Normverständnis Rechnung trägt.

Gibt es Faktoren und Schlüsselerlebnisse, die Sie und Ihren Blick auf Normen geprägt haben?
Spontan kommt mir ein Schlüsselerlebnis in den Sinn: Dieses betrifft die Gleichstellung der Frauen. Dass ich zu einer Zeit geboren wurde, in der meine Mutter noch nicht stimm- oder wahlberechtigt war, ist für mich unfassbar. Ebenso, dass Frauen lange Zeit mit Blick auf das Ehe- und Familienrecht untergeordnet waren. Diese gesetzliche und damit gesellschaftlich lange Zeit akzeptierte Ungleichbehandlung hat mich geprägt, und ich habe mich denn

auch schon früh für die Gleichstellung der Frauen eingesetzt. Und ich war sehr froh um die diesbezüglichen richterlichen Entscheide, die eine andere, eine gleichberechtigte Normalität mitgeprägt haben. Gleichstellung ist für mich etwas enorm Grundsätzliches, Selbstverständliches, Wichtiges. Nicht zuletzt auch deshalb, weil Gleichstellung einer falsch verstandenen oder überschießenden Normalität Einhalt gebieten kann. Ein gemeinsames Verständnis von Normalität ist für uns als Individuen und als Gesellschaft wichtig. Dieses Verständnis muss aber auch zwingend das Bewusstsein beinhalten, dass das, was normal und damit «gleich» ist, manchmal verschieden verstanden werden kann – und auch verschieden verstanden werden muss. Das ist die Essenz des Gleichheitssatzes, wonach Gleiches nach Maßgabe seiner Gleichheit und Ungleiches nach Maßgabe seiner Ungleichheit zu erfassen ist.

Als Richterin am höchsten Schweizer Gericht haben Sie sozusagen das letzte Wort. Wie gehen Sie mit dieser besonderen Verantwortung um?
Ich glaube, dass es wichtig ist, seine eigene Person nicht zu sehr ins Zentrum zu stellen, sich stets als Teil eines größeren Ganzen zu begreifen. Als Richterin entscheide ich nicht im Vakuum. Gerade als Bundesrichterin muss ich mir stets des Prinzipiellen bewusst sein, das im konkreten Einzelfall entschieden wird. Und es gilt das richterliche Handwerkszeug zu gebrauchen. Dazu gehört die Methodensicherheit, aber ebenso das kritische Reflektieren des eigenen Werteverständnisses und der richterliche kollegiale Diskurs. Ein höchstrichterlicher Entscheid sollte damit immer methodengeleitet, reflektiert und diskursiv gefällt werden.

Gibt es aus Ihrer Sicht gesellschaftlichen Handlungsbedarf in Bezug auf das Normative? Haben Sie diesbezüglich einen Wunsch?
Es ist nicht unbedingt ein Wunsch, vielmehr eine Wahrnehmung: Ich erlebe, dass immer mehr individualisiert, differenziert und zusätzlich normiert wird und werden soll. Auch wenn ich dieses Streben, diesen Wunsch verstehen kann, scheint mir die Gefahr doch groß, dass damit nicht selten das eigentliche Ziel verloren geht. Das Recht bzw. unsere Gesellschaft wird damit nicht unbedingt gerechter. Eine neue Differenzierung mag wohl einen neuen, unbestritten wichtigen Aspekt in Bezug auf die Normalität ins Bewusstsein bringen, aber sie droht auch neue Differenzen hervorzubringen. Es ist immer eine gesellschaftliche und damit auch rechtliche Herausforderung, ein gemeinsames Verständnis von Norm und Normalität zu definieren. Und dieses gemeinsame Verständnis soll auch immer dem Individuellen, dem Unterschiedlichen Rechnung tragen. Das Gemeinsame lässt sich aber oft einfacher und letztlich auch effektiver im Grundsätzlichen finden.

Vom Denken zum Handeln

In dem Bewusstsein, dass es die «norma normans», den Maßstab aller Maßstäbe, nicht gibt und die Vorstellung von «Normalität» ein oft missverstandenes, vergängliches und selten erhärtetes Referenzkonstrukt darstellt, plädiere ich dafür, skeptisch gegenüber dem vermeintlichen Normalen zu sein. Wir sollten seine Plausibilität mutig hinterfragen und uns bemühen, ideologische Dogmen in unserem Denken zu entlarven. Eine empfohlene **paradoxe Intervention** lautet daher:

Im Wissen, dass das Normale eine Illusion ist, in einem fortlaufenden experimentellen Suchprozess verlässliche persönliche Referenzen auf Zeit ausbilden.

Diese Haltung, die die naive Vorstellung einer objektiven Normalität durchbricht, birgt ein erstaunliches Potenzial zur Erweiterung unseres begrenzten Vorstellungssinns und unseres individuellen Gestaltungsspielraums. Zur persönlichen Vertiefung der Thematik «Normalität» empfehle ich, an der eigenen Normalität zu arbeiten. Die folgenden Aktionen, angebotenen Reflexionsfragen und Experimente können als Anregung dienen:

To-dos
- Verfeinern Sie Ihr philosophisches Denken, indem Sie Ihre grundlegenden Annahmen und Selbstverständlichkeiten in Frage stellen. Werden Sie zum Erforscher der eigenen Normen und erweitern Sie Ihr Verständnis durch kritische Reflexion. Nehmen Sie sich ein paar Minuten Zeit und widmen Sie sich den für Sie zur Norm gewordenen Normalitäten. Visualisieren Sie Ihre unumstößliche Referenzwelt, die sich aus handlungsleitenden Regeln, Prinzipien, Standards und Überzeugungen in den Bereichen Privatleben, berufliches Umfeld und Alltag konturiert. Ergründen Sie, welche der erkannten Normen und Referenzen auf Fakten beruhen, welche auf emotionalen oder persönlichen Erfahrungen basieren und welche möglicherweise lediglich übernommen oder angelesen wurden.
- Wählen Sie eine politische oder gesellschaftliche Fragestellung aus, zu der Sie eine feste Meinung haben, und versuchen Sie bewusst, die gegnerische Position einzunehmen. Argumentieren Sie möglichst fundiert und nachvollziehbar für die andere Seite. Anschließend hinterfragen Sie Ihre eigenen Überzeugungen und Ihr eigenes Konstrukt der Normalität.

Reflexionsfragen

- Was ist Ihr Verständnis von «Normalität»? Ist es für Sie ein objektives Ideal, eine soziale Konstruktion, eine dynamische Referenz oder etwas anderes?
- Wie ausgeprägt ist Ihr Verlangen nach Normalität, was sind Ihre möglichen Erklärungen dafür?
- Welche impliziten Regeln, Normen und Prinzipien konturieren Ihre Normalität, welche davon sind für Sie stark handlungsleitend?
- Wo und wie erkennen Sie, dass Ihre Vorstellung von Normalität Ihre Gedanken und Handlungen beeinflusst?
- Unter welchen Rahmenbedingungen empfinden Sie die Abweichung von der eigenen Norm, dem «Normalen», als bedrohlich?
- Welches sind Ihre Überzeugungen im Berufsalltag, die Sie als selbstverständlich und normal ansehen – und welche davon lohnt es zu überdenken?
- Wo empfinden Sie die Fixierung auf das Normale als wertvoll und bereichernd und wo wirkt sie eher hemmend oder lähmend?
- Welche Beispiele kennen Sie dafür, dass die Betonung von Normalität zu einer Verengung der Perspektive oder zur intellektuellen Trägheit geführt hat?
- Gab es Situationen, in denen für Sie völlig Undenkbares zur Normalität wurde und wie war Ihre Reaktion darauf?
- Was ist Ihre Haltung zur These: «Normalität ist eine Fiktion. Einziger Standard: Es gibt keinen Standard.»?
- Wo und wie gelingt es Ihnen, eigene Referenzen auszubilden und zu testen?
- Wie ausgeprägt stufen Sie Ihre persönliche Ambiguitätskompetenz im Kontext der Normalität ein?

Experimente

Differenz erkunden

Um die eigene Normalität besser zu erkennen, empfehle ich, während längerer Zeiträume – sei es in Sitzungen, Begegnungen oder Gesprächen – die Aufmerksamkeit konsequent auf das von den eigenen Überzeugungen Abweichende zu richten. Es ist hilfreich, das Differierende nicht als Bedrohung, sondern als Bereicherung zu betrachten, es zu schätzen und als gleichwertig anzuerkennen. Gezieltes Nachfragen kann helfen, das, was mit unserer eigenen Weltsicht kollidiert, besser zu verstehen. Dabei ist eine ausgeprägte Sorgfalt im Umgang mit kleinen Unterschieden geboten. In diesen erlebbaren Differenzen wird unsere eigene Normalität deutlich sichtbar und begreifbar. Dieses Experiment ermöglicht es uns, das Normale und Selbstverständliche zu reflektieren und immer wieder die Frage nach der Passgenauigkeit eigener Referenzen zu stellen.

Atypische «Tauchgänge»

Folgen Sie der Empfehlung von Vera F. Birkenbihl, schauen Sie über den Tellerrand und entwickeln Sie eine Neugier für Dinge, die Sie nicht interessieren. Lesen Sie einmal pro Woche in Ihrer bevorzugten Zeitung einen Artikel zu einem Ihnen völlig unbekannten Thema, von dem Sie sich spontan nicht angesprochen fühlen. Wählen Sie bewusst Texte aus allen Rubriken Ihrer Zeitung aus. Tauchen Sie in die fremde Materie ein, bemühen Sie sich den Inhalt zu verstehen und setzen Sie diesen in Beziehung zu Ihrer vertrauten Denkwelt. Beobachten Sie, wie sich Ihre Wahrnehmung und Ihr Verständnis von Normalität im Laufe der Zeit entwickeln. Nach einer gewissen Zeit können Sie darüber reflektieren, ob neue Denkvernetzungen entstanden sind und sich Ihr «Normalitätsraum» erweitert hat. Das Experiment hilft Ihnen dabei, Ihre Perspektive zu erweitern und die drohende intellektuelle Trägheit zu überwinden.

4

Thinkout «Transformation»

Wie gelingt Veränderung?

oder

Weshalb Wandel eigene emotionale Erfahrungen bedingt.

Strukturen verändern, neue **Erfahrungswelten** kreieren und auf Appelle verzichten.

Transformation – es bewegt sich viel, aber es ändert sich wenig

Appelle und Forderungen sind unüberhörbar: *«Gesellschaft und Organisationen müssen innovativer, agiler und wandlungsfähiger werden.»* Auch in den Reden von Politikern, Managern, Wissenschaftlern oder Umweltaktivisten wird das Buzzword «Transformation» inflationär verwendet. Es ist die Rede von der technologischen oder sozialen, der Bildungs- oder Klimatransformation, um nur einige Beispiele zu nennen. Der Begriff bezieht sich auf grundlegende und umfassende Veränderungen in den verschiedensten Bereichen der Gesellschaft. Die Notwendigkeit zur Transformation ergibt sich einerseits aus der Tatsache, dass unsere Umwelt zunehmend dynamischer und unsicherer wird. Andererseits resultiert sie auch aus der Beobachtung, dass die scheinbar professionellen Change-Programme und Change-Initiativen nur begrenzt in der Lage sind, echten Wandel herbeizuführen. Untersuchungen zeigen, dass im organisationalen Kontext viele der initiierten Veränderungsprojekte scheitern. Wie lässt sich die begrenzte Tauglichkeit der vielfältigen Change-Vorhaben erklären, weshalb beobachten wir, was wir beobachten? Neben der grundsätzlichen Frage, ob Veränderungen im Alltag tatsächlich immer zu Verbesserungen führen, beschäftigt mich seit Langem der Aspekt, wie Wandel erfolgreich konzipiert werden kann.

Persönlich hatte und habe ich vielfältige Berührungspunkte zu dieser Thematik. So im Rahmen meiner Lehr- und Forschungsaufgaben an der Universität oder anlässlich meiner Gremien- und Coachingtätigkeit. Gemeinsam mit meinen Forscherkollegen Dirk Osmetz und Stephan Kaduk initiierte ich an der UniBw München im Jahre 2000 das praxisnahe universitäre **Forschungsprojekt «Musterbrecher®».**[28] In diesem Projekt konnten wir eine Vielzahl inspirierender Persönlichkeiten kennenlernen, die mutig Veränderungen gewagt und erfolgreich umgesetzt haben. Das besondere Interesse galt der Frage, wie diese Transformationen konkret realisiert wurden und welche Schlüsselfaktoren zum Erfolg beigetragen haben. Wir erkannten, dass die Verantwortlichen vertrauten Mustern misstrauten, barrierefrei dachten, Atypisches wagten und ergebnisoffen experimentierten.

Auch in meiner langjährigen Tätigkeit in verschiedenen Führungsgremien konnte ich Erfolge und Misserfolge bei eingeleiteten Transformationsprozessen und Change-Programmen hautnah miterleben und reflektieren. Als mögliche Ursachen für das Scheitern wurden immer wieder genannt: Mangelnde Führung und Unterstützung des Prozesses durch Schlüsselpersonen, Widerstand der Betroffenen gegen Veränderungen, fehlende zeitgerechte, transparente und ehrliche Kommunikation, unrealistische Ziele und Erwartungen, unzureichende Ressourcen, mangelnde Einbeziehung der Mitarbeitenden sowie fehlende Kontinuität und Nachhaltigkeit der Veränderungsinitiativen. Als Coach für Führungskräfte erlebe ich augenfällig die Vielfalt der Auswirkungen von Wandel- und Veränderungsprozessen auf die Verantwortlichen, sei es auf individueller Ebene, im Umgang mit anderen Personen oder innerhalb des anspruchsvollen Gestaltungsrahmens der Führung. Persönliche Veränderungswünsche können beispielsweise das Bedürfnis nach einem verbesserten Zeitmanagement oder mehr individueller Denkzeit sein, oder das Anliegen, eine Kultur der Eigeninitiative und (Mit-)Verantwortung im eigenen Führungsbereich zu entwickeln. Alle diese Erfahrungen sind für mich Grund genug, mit etwas Abstand und einem erweiterten Blick über die Frage nachzudenken, wie Veränderung gelingen kann.

Transformation – die leitenden Prämissen hinterfragen

Die Auswahl wissenschaftlicher und praxisnaher Fachbücher zum Thema Transformation und Change ist mittlerweile unüberblickbar. Trotz der Vielzahl an Modellen und Ratschlägen kann ich vier verbindende Grundannahmen erkennen, die es aus meiner Sicht kritisch zu bewerten gilt:
- Transformationen werden meist *top-down und reaktiv initiiert.* Diejenigen, die Verantwortung für eine Institution, Organisation oder ein Team tragen, gelten als die Gestalter und Treiber des Wandels. Es wird davon ausgegangen, dass an der Spitze einer Institution die größte Intelligenz und die notwendige Machtfülle vorhanden sind, um den Bedarf für Veränderungen rechtzeitig zu erkennen, den Wandel intelligent zu konzipieren und erfolgreich um- und durchzusetzen.

- *Ohne Krise und Leidensdruck* gibt es keine Veränderungen. Krisen sind Sehhilfen, um die Realität besser erkennen zu können. Die Prämisse lautet: Selbstinitiiertes Anpassungs- und Veränderungslernen findet nur selten statt. Das bedeutet, Krisen fungieren als Lehrmeister des Wandels. Nur sie führen dazu, dass bei den Betroffenen die für den Wandel erforderliche Einsicht entsteht.
- *Change als Episode,* als ein vorübergehendes Ereignis. Wandel wird als eine befristete Phase der Unsicherheit wahrgenommen. Nach erfolgter Veränderung stabilisiert sich das System auf einem neuen Niveau. Entsprechend dem bereits 1941 von Kurt Lewin formulierten Modell[29] werden Transformationsprozesse als eine Episode verstanden, in der aufgetaut, verändert und wieder eingefroren wird. Wandel wird als ein zeitlich begrenzter Ausnahmezustand empfunden, den es schnell zu überwinden gilt.
- Menschen lassen sich durch Dritte *von außen verändern*. Durch effektive Kommunikation, klare Vorgaben und Appelle kann der Sinn für den anstehenden Wandel vermittelt, Einsicht geschaffen und menschliches Verhalten zielgerichtet verändert werden.

Die Effekte und Nebenwirkungen dieser Logik sind gravierend. Veränderungen, die in zeitlich immer kürzeren Abständen auftreten, führen häufig und verständlicherweise zu einer kollektiven Erschöpfung und einem erhöhten Stressniveau bei den Betroffenen. Neue Veränderungsvorhaben werden nicht mehr ernst genommen und stattdessen mit Zynismus quittiert, was eine fatalistische Grundhaltung fördert. Leidenschaft und Vertrauen gehen verloren, während Widerstand, Verschleiß, Demotivation und Unsicherheit die Folge sind. Die naheliegende Reaktion auf diese dysfunktionalen Effekte mündet oft in der Forderung, dass Transformationen als Prozess statt Episode zu verstehen sind und proaktiv und nicht reaktiv erfolgen, getragen statt verordnet und durch Lernen statt Leidensdruck initiiert werden sollten. Meine Erfahrungen zeigen, dass dies zwar notwendige, nicht aber hinreichende Bedingungen für das Gelingen von Veränderungen sind.

Persönliche Aha-Erlebnisse

Rückblickend haben mir zwei entscheidende Vorkommnisse die Augen geöffnet, wie Veränderung erfolgreich gelingt. Zum einen musste ich erkennen, dass sich Menschen von außen nicht zielgerichtet verändern lassen. Zum anderen habe ich verstanden, dass Appelle hirntechnisch lediglich als Rauschen wahrgenommen werden und dass primär emotional erlebbare neue Erfahrungen die unabdingbare Voraussetzung für Verhaltensänderungen bilden. Gemäß dem Philosophen, Biologen und Hirnforscher Gerhard Roth gibt es drei Gebiete der Veränderbarkeit des Menschen. Erstens sind dies die motorischen Fähigkeiten. Bis ins hohe Alter können wir neue Handgriffe und Verhaltensweisen erlernen. Zweitens die kognitive Transformationsfähigkeit, das bedeutet die Akzeptanz und das Lernen neuer Theorien sowie das daraus resultierende Wissen. Das Schwierigste jedoch ist die emotionale Veränderung, also die Modifikation unserer persönlichen Lebensführung. Hier gilt der Satz, dass Menschen, wenn sie erwachsen sind, normalerweise von außen nicht mehr in ihrer Persönlichkeit verändert werden können. Sie verfügen über ein Spektrum möglicher Verhaltensweisen und innerhalb dieser Bandbreiten bewegen sie sich. Diese emotional geprägten Korridore lassen sich durch Dritte nicht zielgerichtet verändern. Das Einzige, was wir tun können, ist, Mitmenschen zu einem intrinsisch motivierten **«Spurwechsel»** einzuladen.

Ich erinnere mich noch gut an einen Dialog mit dem Neurobiologen Gerald Hüther. In einer alten Gaststätte in Würzburg haben wir uns im Februar 2010 über die Themen Muster, Musterbrüche und Transformation ausgetauscht. Während dieses Gesprächs formulierte Gerald Hüther einen Satz, der für mich prägend ist: «Erfahrung formt Haltung und Haltung bestimmt das Handeln.» Unser Handeln ist die Konsequenz einer ausgebildeten Haltung, die wiederum aus der Summe unserer gesammelten Erfahrungen resultiert. Erfahrungen und die daraus erfolgenden Überzeugungen bilden das Rückgrat unseres psychischen Immunsystems. Sie setzen die Grenze für das, was möglich ist. Oder anders formuliert: Fehlende Erfahrung limitiert den visionären Reichtum. Eine appellhafte Aufforderung zur Veränderung löst den Rückgriff auf die individuelle Erfahrungswelt aus. Wenn die beabsichtigte Veränderung nicht mit unseren eigenen Erfahrungen im Einklang steht, werden wir uns nicht ändern. Eine gelingende Transformation konzentriert sich deshalb nicht auf die Handlungsebene, sondern auf die Ebene der Erfahrungen. Nur wenn es gelingt, die Vorteile einer angestrebten Veränderung emotional erlebbar zu machen, sind wir bereit, unsere Haltung zu ändern und unser Handeln anzupassen. Die Herausforderung bei Transformationen besteht daher darin, neue Erfahrungswelten zu schaffen, die den Mehrwert der beabsichtigten Veränderung, idealerweise auf eine emotionale Weise, spür- und erfahrbar vermitteln. Um neue Erfahrungswelten zu kreieren, haben sich Experimente als äußerst wirksames Mittel erwiesen. Fehlen diese emotionalen Erlebnisse, werden selbst eine klare Vision, die Einbeziehung und Schulung der Betroffenen sowie eine transparente Kommunikation nur begrenzte Wirkung zeigen.

Change the Change – die «andere» Logik

Soll Transformation gelingen, so gilt es meiner persönlichen Einsicht nach, den Wandel radikal neu zu denken und methodisch atypisch anzugehen. Dabei haben sich die folgenden Zugänge als besonders zielführend erwiesen:

Auf eine Reise gehen und Transformation als Prozess verstehen
Unser Körper kennt keine Pause in seiner ständigen Veränderung; Transformation ist ein endloses Phänomen. Ein bemerkenswertes Beispiel ist die Regeneration unserer Magenschleimhaut, die sich in einem Zeitraum von rund fünf Tagen vollständig erneuert. Ebenso ist unser Skelett lebenslang eine ständige Baustelle. Die Knochen sind lebendig, was bedeutet, dass das Knochengewebe kontinuierlich aktiv ist. An etwa zwei Millionen mikroskopisch kleinen Stellen im Knochengewebe sorgen spezialisierte Zellen für den fortwährenden Umbau, das sogenannte Remodeling des Knochens.[30] Die Knochenremodellierung erfolgt in zwei Phasen: In der Resorptionsphase wird altes Knochengewebe abgebaut und durch frisches ersetzt. In der Formationsphase produzieren spezialisierte Zellen neues Knochengewebe. Durchschnittlich erneuert sich das Knochengewebe im menschlichen Körper alle sieben bis zehn Jahre. Dies bedeutet, dass unser gesamtes Skelett im Laufe des Lebens mehrfach umgebaut wird. Wie unser Körper sollten auch

wir Transformation als einen fortwährenden Prozess begreifen. Bildlich ausgedrückt, begeben wir uns auf eine Reise. Wir avisieren ein Ziel, lernen im Gehen in die Zukunft und passen gegebenenfalls die Ziele an. Mit diesem Verständnis verlieren Transformationsvorhaben auch ihre Bedrohlichkeit für die Beteiligten. Wenn wir bereit sind, im Kleinen anzufangen, im Prozess zu lernen, und wir gewillt sind, die Zielrichtung immer wieder anzupassen, sind die Betroffenen auch eher bereit, sich einzubringen und an der Reise teilzunehmen. Darüber hinaus entlastet diese Herangehensweise die Verantwortlichen von der nicht erfüllbaren Aufgabe, bereits zu Beginn einer Transformation alle relevanten Implikationen vorhersehen zu müssen. Die Metapher der Reise betont die Akzeptanz von Unsicherheit, Unplanbarkeit, und sie zeigt, dass Korrekturen und Anpassungen nicht als Versagen, sondern als etwas Natürliches zu betrachten sind.

Konsequent bei den Strukturen und nicht den Menschen beginnen
Wenn sich Menschen von außen in ihrer Persönlichkeit nicht zielgerichtet verändern lassen, ist es naheliegend, bei Transformationen beim institutionellen Rahmen anzusetzen, anstatt die Pauschalaufforderung auszusprechen, dass Menschen sich (ver-)ändern sollen. **Verhältnisse bestimmen das Verhalten,** das heißt, das menschliche Verhalten folgt den institutionellen Rahmenbedingungen. Menschen verhalten sich in der Regel systemintelligent, sie passen sich dem Kontext und den dort geltenden (Spiel-)Regeln, Entscheidungsprämissen und Anreizmechanismen an. Bei Transformationen bleibt die appellhafte Botschaft an Betroffene, ihr Verhalten anzupassen, wirkungslos. Keine Entscheidungsinstanz hat den Auftrag und die Legitimation, Menschen zu «therapieren». Der erste Schritt besteht daher nicht darin, mit dem ausgestreckten Zeigefinger an die Betroffenen zu appellieren, sich zu ändern. Stattdessen gilt es zu fragen: Welche strukturellen Bedingungen begünstigen den mit der Veränderung angestrebten Zustand? Im organisationalen Kontext habe ich oft erlebt, dass die Strukturen und Anreize im krassen Widerspruch zur intendierten Veränderung stehen. So verhindert das individuell ausgelegte Entlohnungssystem die beabsichtigte ressortübergreifende Zusammenarbeit und die gewollte Ausbildung eines Teamspirits. Oder starre Funktionsbeschreibungen und hierarchisch ausgelegte Kompetenzrichtlinien verunmöglichen die Einführung selbstorganisierter Teams. Mit anderen Worten, Verhalten ändern bedeutet Spielregeln anpassen. Die Arbeit am System und die Veränderung der Rahmenbedin-

gungen stellen deshalb den ersten und entscheidenden Schritt bei Transformationen dar. Im Zentrum steht die Frage: Welche strukturellen Rahmenbedingungen müssen gegeben sein, damit die intendierten Veränderungen überhaupt erst möglich werden, und welche Anreize gilt es zu schaffen, um diese zu unterstützten? Strukturen können die Ausbildung kultureller Eigenschaften wahrscheinlicher machen. Die zielführende Logik lautet: **Transformation ist ein dynamisches Wechselspiel zwischen Strukturen, Anreizen und Handlungen.**

Mittels intelligenter Experimente neue Erfahrungswelten kreieren
Das wirkmächtigste Mittel zur Schaffung neuartiger Erfahrungswelten sind gezielte Experimente. Der französische Nobelpreisträger Francois Jacob beschrieb das Experiment als Maschinerie zur Herstellung von Zukunft. Hierbei handelt es sich um ergebnisoffene Vorhaben, die die Fähigkeit besitzen, Systeme zu irritieren. Experimentieren ist eine faszinierende Verschmelzung von Handeln und kontinuierlichem Erproben, ein Prozess, der nie abgeschlossen ist, der nie Sicherheit bietet und der stets dazu anregt, weiterzudenken. Experimente beginnen mit der Skepsis gegenüber dem Bekannten und sie helfen dabei, das Dogmatische zurückzudrängen. Sie entlarven limitierende Denkmuster und Vorurteile, sie widerlegen Theoriestandards und geben neue Antworten. In unserer Gesellschaft genießt das Experiment oft einen zweifelhaften Ruf, und die Regel lautet: Bevor wir das Ende nicht kennen, darf nichts angefangen werden. Wir empfinden das Experimentieren als unprofessionell und risikobehaftet. Mit dem Begriff werden Nichtwissen und Risiken assoziiert. Dabei erweisen sich Experimente als wichtigstes Prinzip für den Fortschritt, das uns bekannt ist. Sie ermöglichen es, neue Realitäten auf Probe zu schaffen und besitzen eine hohe Überzeugungskraft.

Insbesondere bei der Schaffung neuer Erfahrungswelten und somit für eine erfolgreiche Transformation sind Experimente unverzichtbar und alternativlos. Wenn wir beispielsweise das Grundeinkommen als sozialpolitische Neuerung einführen möchten, wie es bereits 2016 in der Schweiz getestet wurde, scheitert dieses Vorhaben, wenn Befürworter versuchen, die Stimmberechtigten mit Appellen von den Vorteilen der Idee zu überzeugen. Solche Appelle führen dazu, dass die Menschen auf ihre eigenen Erfahrungen zurückgreifen, die ihre Antworten auf die anstehenden Fragen beeinflussen: Ist der neue Ansatz gerecht und ökonomisch tragbar? Führt das Grundeinkommen zu einem Missbrauch von Sozialleistungen oder zu mehr Sozialschmarotzern und wird es von Sozialkassenplünderern ausgenutzt? Fördert es hauptsächlich Faulheit oder setzt es Energien frei? Wenn durch konkrete Experimente valide Antworten auf diese Fragen gefunden werden und die potenzielle Wirksamkeit des neuen Ansatzes erlebbar wird, steigt die Wahrscheinlichkeit, dass sich die Einstellung und Haltung und damit auch das Handeln der Entscheidungsträgerinnen und Entscheidungsträger ändern und Wandel gelingen kann. Durch die konkret erfahrbaren Effekte des Experiments, im Sinne eines Faktenchecks, wird auch das Vertrauen in das Unvertraute gestärkt und Angst, als Fehlen von Vertrauen, abgebaut. Die Fähigkeit, passende experimentelle Settings zu designen, die den Mehrwert und die Mächtigkeit geplanter Neuerungen als konkrete Erfahrung erlebbar machen, wird zu einer Schlüsselkompetenz. **Gelingensvoraussetzungen für das Experimentieren** sind: die Akzeptanz des Nichtwissens, die Abkehr vom Streben nach Perfektion, die Wiedereinführung des Zufalls und die Bereitschaft, Dinge zu finden, nach denen man nicht aktiv gesucht hat.

Mit den Überzeugten vorangehen und nicht alle mitnehmen wollen
Im Rahmen von Transformationsvorhaben besteht oft der hehre Anspruch, möglichst alle, die von einer Veränderung betroffen sind, mitnehmen zu wollen. Meine Erfahrung zeigt, dass diese Haltung und Fixierung auf Akzeptanz mehrfach problematisch ist. Sie führt dazu, dass sehr viel Energie für die Überzeugung der Nichtüberzeugten eingesetzt wird oder dass Kompromisse resultieren, die das Ziel der Transformation verwässern oder gar gefährden. Persönlich bin ich überzeugt, dass niemand einen «Therapieauftrag» hat und wir daher mit der Gruppe der Überzeugten, das heißt der aktiven Trägerschaft einer Idee, vorangehen sollten. Der amerikanische Soziologe Everett Rogers hat mit seiner Diffusionstheorie die Verbreitung von Innovationen in einer Gesellschaft erklärt. Die Theorie basiert auf der Annahme, dass Neuerungen nicht sofort von allen Mitgliedern eines Kollektivs in gleicher Weise angenommen werden, sondern sich über einen bestimmten Zeitraum hinweg verbreiten. In Bezug auf die Akzeptanz und Adoption von Innovationen unterscheidet er vier Gruppen von Personen:
- Frühanwender (Early Adopters) sind Personen, die eine Innovation zuerst annehmen. Sie haben in der Regel einen hohen sozialen Status und gelten als Meinungsführer.
- Die Frühe Mehrheit (Early Majority) akzeptiert Innovationen, bevor dies die durchschnittliche Mehrheit tut. Sie überdenkt ihre Entscheidungen

sorgfältig, bevor sie sich entscheidet. Diese Gruppe bildet oft das Rückgrat der Gesellschaft und sorgt für eine breitere Akzeptanz der Idee.
- Die Späte Mehrheit (Late Majority) sind Personen, die Innovationen erst bejahen, nachdem die meisten anderen es bereits getan haben. Sie sind oft skeptisch gegenüber Veränderungen und benötigen überzeugende Beweise.
- Die Nachzügler (Laggards) sind die letzten, die eine Innovation annehmen. Sie sind traditionell orientiert und halten an alten Praktiken und Technologien fest. Sie akzeptieren Innovationen nur, wenn sie keine andere Wahl haben.[31]

Entsprechend der Diffusionstheorie kann es Sinn machen, mit den Early Adopters voranzugehen und zeitnah mit der Transformation neue Fakten zu schaffen und erlebbare Erfahrungswelten zu kreieren, die das Potenzial haben, eine Eigendynamik auszulösen und einen Sog für andere zu erzeugen. Durch das Erlebbare werden die Übrigen subtil eingeladen und es wird ihnen leicht gemacht, Ängste und Vorbehalte abzubauen und sich auf die Veränderung einzulassen.

Retrospektiv kommunizieren und mit dem Erreichten ein Momentum erzeugen
In der Unternehmenspraxis habe ich viele hochprofessionell orchestrierte Informationsveranstaltungen erlebt, bei denen Mitarbeitende auf anstehende Transformationsprozesse eingeschworen wurden. Die zugrundeliegende Annahme lautete: Veränderungen gelingen nur, wenn die Betroffenen ein Gefühl der Dringlichkeit verspüren und wenn es eine umfassende Kommunikation gibt, die Transparenz über die Absichten und Ziele, die konkreten Schritte und Meilensteine des Change-Projektes schafft. Durch diese proaktive Art der Kommunikation setzen sich die Verantwortlichen unter einen enormen Erfolgsruck. Sie vermitteln indirekt, dass sie bereits alles durchdrungen haben, die Projektplanung ausgereift ist und die Ziele mit den angedachten Maßnahmen erreichbar sind. Die Gefahr besteht darin, überhöhte Erwartungen zu schüren und unrealistische Ambitionen anzukündigen. In diesem Szenario kann das Management eigentlich nur verlieren. Die von der Veränderung Betroffenen sind berechtigterweise zunächst in einer bequem passiven und abwartenden Haltung, nach dem Motto: «*Mal sehen, was sich die da oben wieder ausgedacht haben*».

Damit einher geht die Gefahr, dass das Neue idealisiert und das bisher Erreichte und Praktizierte abgewertet wird. Dieses subjektiv empfundene Gefühl der Entwertung der eigenen Vergangenheit ist psychologisch heikel und kann zusätzliche Widerstände provozieren. Die Alternative besteht darin, mit Fingerspitzengefühl an Mustern festzuhalten und sie gleichzeitig zu brechen sowie retrospektiv zu informieren. Das heißt, zu Beginn bewusst auf Kommunikation zu verzichten und stattdessen mit den Frühanwendern in geheimer Mission voranzugehen und Fakten zu schaffen. Erst nach dem Vorliegen konkreter Ergebnisse erfolgt die Kommunikation. Dieses Vorgehen hat den Vorteil, dass das Erwartungsmanagement beherrschbar bleibt, Irrtümer möglich sind und zum Lernen beitragen, sowie die erhofften Effekte der Veränderung experimentell überprüft werden können. Mit dem konkret Erreichten und den neuen Erfahrungen lassen sich die Absicht und der erzielbare Mehrwert der Transformation auch emotional vermitteln. Dadurch steigt das **Vertrauen in das Unvertraute** und die Wahrscheinlichkeit ist hoch, dass sich mehr Betroffene beteiligen. Auf jeden Fall bleibt die Glaubwürdigkeit des Managements erhalten.

Retrospektiv muss ich erkennen, dass ich den postulierten Ansätzen des Change-Managements lange vertraut habe, ohne deren Prämissen kritisch genug hinterfragt zu haben. Heute bin ich davon überzeugt, dass gelingende Veränderungen auf individueller und institutioneller Ebene einer vollkommen «anderen Logik» folgen. Wer Transformation als eine planbare, begrenzte Episode betrachtet, verschenkt einen Großteil der Potenziale, die in jeder Veränderung stecken.

Meine gegenwärtige Überzeugung:
Strukturen verändern, neue Erfahrungswelten
kreieren und auf Appelle verzichten.

Mein heutiges Fazit
- Toxische Annahmen revidieren: Häufig scheitern Transformationsvorhaben an der reaktiven Top-down-Initiierung, am Glauben, Leidensdruck sei alleiniger Antrieb für Veränderungen, an einem episodenhaften Verständnis von Wandel und am Versuch, Menschen von außen zielgerichtet verändern zu wollen.
- Transformation als Reise begreifen: Anstatt Veränderung als eine begrenzte Episode zu betrachten, sollte der Wandel als ein kontinuierlicher und nie endender (Lern-)Prozess verstanden werden.
- Erfahrungen als Transformationskatalysator nutzen: Durch intelligente Experimente lassen sich emotional erlebbare neue Erfahrungswelten kreieren, die die Mächtigkeit intendierter Veränderungen sichtbar machen und Vertrauen in das Unvertraute aufbauen.
- Freiwilligkeit als Prinzip ernst nehmen: Wandel kann nur intrinsisch motiviert gelingen. Anstatt alle zu bekehren, sollten wir konsequent mit den Überzeugten vorangehen. Um überhöhte Erwartungen zu vermeiden und die Glaubwürdigkeit der Verantwortlichen zu wahren, sollte erst nach dem Erreichen konkreter Ergebnisse retrospektiv kommuniziert werden.

Außensichten zur Denkstimulation

Nachfolgend die Denkangebote von Ursula Nold, der Präsidentin der Verwaltung des Migros-Genossenschafts-Bundes, Daniel Frutig, einem erfahrenen CEO und Schweizer Unternehmer und Cornelia Lüthy, der Beauftragten der Staatssekretärin für EU-Angelegenheiten im Staatssekretariat für Migration (SEM).

Ursula Nold war als Lehrerin und Schulleiterin an der Volksschule und als Dozentin an der Pädagogischen Hochschule Bern mit einem Lehrauftrag in Berlin tätig. Sie verfügt über einen Executive Master of Business Administration der Universität St. Gallen und absolvierte das International Directors Programme an der INSEAD Graduate Business School in Fontainebleau. Als erste Frau wurde Ursula Nold Präsidentin der Verwaltung des Migros-Genossenschafts-Bundes (MGB). Sie nimmt diverse Verwaltungs- und Stiftungsratsmandate wahr. Ursula Nold habe ich um eine Antwort auf die Frage gebeten: **Warum erachtest du das Unkonventionelle für bereichernd und wie gelingt es dir, Vertrauen in das Unvertraute aufzubauen?**

Mutige Demut – die wahre Stärke
Ursula Nold

Im beruflichen und privaten Kontext erkenne ich immer wieder, wie wichtig es ist, das Unvertraute bewusst wahrzunehmen und zuzulassen. Auffällig ist, dass gerade in der Unternehmensführung das Unvertraute oft abgelehnt wird. Führungskräfte neigen dazu, ungewöhnliche Probleme als Variation bereits gelöster Herausforderungen zu sehen und sie unter Rückgriff auf die eigene Erfahrungswelt zu lösen. Persönlich habe ich erlebt, dass die Akzeptanz des Unvertrauten und ein demütiges Nicht-Wissen den Nährboden für unkonventionelle und innovative Lösungen bilden. Die Pandemie hat uns dies eindrücklich vor Augen geführt.

In meinem früheren beruflichen Leben hat mir der Umgang mit jungen Menschen und Führungspersönlichkeiten im Bildungsbereich gezeigt, dass intellektuelles Wissen und rationales Vorgehen allein in unverhofften oder unerwarteten Situationen nicht ausreichen. Auch Demut und die Fähigkeit zur Selbstreflexion sind notwendig. Sich einzugestehen, dass man nicht in allen Themen über Wissen verfügt und man nicht perfekt ist, bedingt ein hohes Maß an persönlicher Souveränität. Schwächen zuzugeben und sich verletzlich zu zeigen, erfordert ein ausgeprägtes Selbstvertrauen. Dieses Eingeständnis ist für mich befreiend und nimmt auch Druck weg. Wenn in Organisationen eine **Kultur der (Selbst-)Ehrlichkeit** gepflegt wird und Schwächen zugelassen werden, während man bereit ist, voneinander und miteinander zu lernen, werden Rollenspiele obsolet. Auch diverse Teams mit unterschiedlichen Perspektiven, Kompetenzen und Erfahrungen helfen, mit dem Unvertrauten intelligent umzugehen. Daher suche ich bewusst die Zusammenarbeit mit Menschen, die in bestimmten Themenbereichen einiges besser wissen als ich und mich dadurch weiterbringen. Ich versuche eine Haltung zu bewahren, die offen für unkonventionelle Zugänge ist, wie ich sie beispielsweise bei Spezialisten in der IT- und KI-Branche oder auch in der pharmazeutischen und medizinischen Forschung erlebe. Dadurch baue ich Vertrauen in unkonventionelle Herangehensweisen und in das Unvertraute auf.

Transformationen bedingen ein Vertrauen in das Unvertraute
Innovationen, sei es im Management, in der Forschung und Entwicklung oder bei Prozessen, erfordern Mut zum Unvertrauten. Das gleiche gilt für Transfor-

mationen. Immer wenn es um Neues geht, um das Verlassen bewährter Pfade oder Gewohnheiten, kann das Unvertraute auch zu unkonventionellen Lösungen führen und Innovationen fördern. Das Zulassen des Unvertrauten geschieht durch Vertrauen. Unvertrautheit ist der Ausgangspunkt, an dem jede Führungskraft beginnt, wenn sie ein neues Team übernimmt oder eine Transformationsaufgabe zu erfüllen hat. Gerade diese Unsicherheit, das Nichtwissen darüber, was als Nächstes auf uns zukommt, ruft nach Vertrauen. Vertrauen inkludiert deshalb immer auch Elemente der Hoffnung und des Mutes. Wir alle hoffen, dass unser Vertrauen nicht erschüttert, enttäuscht, verletzt, gebrochen, zerstört oder gar missbraucht wird. Vertrauen ist jedoch nicht einfach da, sondern es resultiert aus einem als integer wahrgenommenen Verhalten. Es wird erarbeitet und entwickelt. Ich investiere deshalb viel Zeit in den Dialog mit Menschen und den Zusammenhalt in Teams. *Welche Regeln haben wir in der Zusammenarbeit? Was erwarten wir voneinander? Wie schaffen wir Verbindlichkeiten? Wie geben wir einander Feedback?* All diese Fragen können in einer Zusammenarbeits-Charta verbindlich geklärt werden, was meiner Erfahrung nach Vertrauen aufbaut. Vertrauen muss aber auch immer wieder neu gegeben und erworben werden. Es ist nicht einfach vorhanden. In unvertrauten Situationen ist es auch hilfreich zu wissen, dass man sich auf die eigene Resilienz verlassen, dass man auch bei neuen Herausforderungen Kraft gewinnen und daran wachsen kann. Meine Resilienz hole ich mir durch körperliche und mentale Gesundheit, regelmäßige Weiterbildungen, ein effektives Zeitmanagement und Entspannungsphasen mit meiner Familie und Freunden. Zudem nehme ich mir Zeit, um über meine Erfahrungen und Herausforderungen nachzudenken und daraus zu lernen. Diese Art der Selbstreflexion hilft mir auch, meine Stärken und Schwächen zu erkennen.

Unvertrautes als Basis für Entwicklung
Innovation ist Grundlage des Fortschritts in jedem Unternehmen und in der Gesellschaft. Innovation treibt Veränderungen voran und fordert uns heraus, über den Tellerrand hinauszuschauen. Aber Innovation birgt eben auch das Unvertraute in sich, zum Beispiel neue Ideen, Technologien und Prozesse, die unsere gewohnten Abläufe stören und Unsicherheit auslösen. Ein weiterer Schlüssel zum erfolgreichen Umgang mit dem Unvertrauten liegt in der Bereitschaft, Neues auszuprobieren. Dies erfordert einen kulturellen Wandel innerhalb von Organisationen. So gilt es, ein Umfeld zu schaffen, in dem das Experimentieren und Lernen aus Fehlern möglich ist. Dazu müssen Führungskräfte Vorbilder für Neugier und lebenslanges Lernen sein. Mitarbeitende müssen ermutigt werden, Fragen zu stellen, Situationen zu hinterfragen und über Grenzen hinauszugehen. Innovation gedeiht in einer Umgebung, die Zusammenarbeit und Diversität fördert. Unterschiedliche Perspektiven und Erfahrungen führen zu einem reicheren Ideenpool. Der Umgang mit dem Unvertrauten ist nicht einfach, aber er ist notwendig für das Wachstum und die Entwicklung in und von Unternehmen.

Vertrauen kann man nur erwerben und nicht bewerben
Als Präsidentin einer genossenschaftlich organisierten Unternehmung ist Vertrauen kein leeres Wort. Bereits bei meiner Wahl durch die Delegiertenversammlung mussten die Delegierten einer Person, die sie nicht persönlich gut kannten, das Vertrauen schenken. Wie erhält man ein solches Vertrauen? Wenn man in einer Organisation bei Mitarbeitenden um Vertrauen wirbt, bewirkt das oft das Gegenteil. Vertrauen kann nur erworben werden. Und dies geschieht mit Taten und durch Vorleben. Beispielhaft bedeutet dies, dass ich als Präsidentin der Verwaltung des MGB den Delegierten unsere Gruppenstrategie erläutere, die strategischen Ziele aufzeige, mit ihnen den Dialog suche, ihnen aufmerksam zuhöre und auf ihre Anliegen und Fragen eingehe. Durch die Involvierung in den Entwicklungsprozess ermögliche ich ihnen nicht nur, ihre Perspektiven und Bedenken zu äußern, sondern auch aktiv an den Veränderungen teilzuhaben und diese zu unterstützen. Dies fördert nicht nur ein Gefühl der Eigenverantwortung, sondern trägt auch zur Schaffung einer Kultur der Verbindlichkeit bei, die für den Erfolg von Veränderungsinitiativen entscheidend ist. Meine Erfahrungen in Veränderungsprozessen haben mich gelehrt, die Werte des Unternehmens vor Transformationsprozessen und währenddessen aktiv vorzuleben und eine Atmosphäre zu schaffen, in der sich Mitarbeitende und Entscheidungstragende wohl fühlen, ihre Ideen einbringen und innovativ sein können. Es ist wichtig, nicht wegzuschauen und Probleme nicht auszusitzen. Transformationen erfordern ein hohes Maß an Sensibilität für Menschen und Situationen. Wer Wandel gestalten will, muss verstehen, warum Skepsis gegenüber dem Unvertrauten entsteht und wie diese durch Vertrauen reduziert werden kann. Dialog und inspirierendes Leadership bilden die Grundlage für den Aufbau dieses Vertrauens in das Unvertraute.

Daniel Frutig ist ein Schweizer Unternehmer und Chairman der von ihm gegründeten EvolutionF AG. Darüber hinaus ist er als unabhängiger Verwaltungsrat und Beirat in internationalen Industrie- und Technologieunternehmen tätig, wie Cicor Technologies Ltd., Kaiser Group und Eugster/Frismag. Zuvor war er unter anderem CEO der Medela AG und der Arbonia AG und hatte bei der englischen Compass Group das weltweite Servicegeschäft aufgebaut. Er hat an der Hochschule Luzern studiert und einen Executive MBA an der Universität St. Gallen abgeschlossen. Ich habe Daniel Frutig die Frage gestellt: **Wo und wie ist es dir gelungen, Veränderungen zu bewirken?**

Erprobtes (wert-)schätzen
Daniel Frutig

Als junger Ingenieur verbrachte ich die ersten zehn Jahre meines beruflichen Wirkens in der Schweiz, wo ich in einem spezialisierten Ingenieur- und Beratungsumfeld mit einem überschaubaren Team arbeitete. Als mir die Möglichkeit geboten wurde, bei einem global tätigen Unternehmen eine Managementposition für ein großes europäisches Team zu übernehmen, nahm ich diese Herausforderung mit Freude und wohl auch etwas Naivität an. Ich war überzeugt davon, dass ich über ausreichende fachliche Kompetenz verfügte und mich zu einer operativen Führungspersönlichkeit entwickeln würde. Entgegen meinen Erwartungen erlebte ich jedoch keine einfache Transition von einem gegebenen Zustand A in einen neuen Zustand B, sondern eine umfassende Transformation, die alle Aspekte meiner bisherigen Erfahrungswelt berührte. Der strategische Auftrag bestand darin, aus einer Vielzahl dezentral geführter, autonomer Landesgesellschaften eine global agierende Organisation zu formen. Diese Aufgabe hatte alle Elemente einer komplexen Unternehmensumstrukturierung und führte mich auch persönlich zu einem neuen Bewusstseinsstand.

Meine Jahre in diesem amerikanischen Unternehmen empfand ich als äußerst lehrreich und inspirierend, auch wenn ich viele persönliche Grenzen erfahren musste. Besonders prägend war die hohe Geschwindigkeit der aufeinanderfolgenden Erneuerungen. Dabei stellte ich fest, dass die einzelnen Schritte der Veränderungen am besten gelangen, wenn:
- ein einheitliches Verständnis über den angestrebten Zielzustand vorhanden war
- die Beweggründe für die Veränderung verständlich kommuniziert werden konnten
- die Reise und die Schritte klar dargelegt wurden
- alle betroffenen Menschen und Interessengruppen umfassend eingebunden wurden
- das «WIIFM» (What's in it for me?) für jede betroffene Person deutlich war
- eine kontinuierliche Kommunikation stattfand
- ein Team entstand, das sich in einem gemeinsamen Ziel vereint fühlte

Hier ein weiteres Beispiel aus meiner biografischen Erfahrungswelt: In einem führenden globalen Unternehmen für Catering mit Sitz in England konnte ich über mehrere Jahre hinweg ein zweites Standbein für Facility-Management-Services aufbauen. Die erlebten Veränderungen waren vielschichtig und einschneidend. Die bestehenden Landesgesellschaften wurden in das neue Geschäftsmodell integriert und eine kulturelle Angleichung war notwendig.

Die Reflexion der erfolgreichen Transformation des Catering- hin zu einem Multi-Services-Unternehmen zeigt, dass folgende **Gelingensvoraussetzungen** entscheidend waren: Klares Bekenntnis im Führungsteam (Executive und Verwaltungsrat) über Ziele und erwarteten Nutzen, regelmäßige Berichterstattung, Kreierung eines «Movements», einer Bewegung mit begeisterten Anhängern, das Berichten über kleine Erfolge («success breeds success»), Reflexion des eigenen Führungsstils: Pull versus Push, Loslassen. Suchen nach dem Momentum, wo die lokalen Führungsverantwortlichen den Ball aufnehmen, das Gemeinsame und Verbindende akzentuieren und nicht das Trennende betonen. Einfache und verständliche Sprache, Erfolge zelebrieren und symbolhafte Geschenke einsetzen, sowie Geduld und Nachsicht.

Nach über einem Jahrzehnt im internationalen Führungsumfeld erhielt ich das Angebot, die Verantwortung als CEO für einen Schweizer Industriekonzern zu übernehmen und einen charismatischen Mehrheitsaktionär in der operativen Führung abzulösen. Begeistert von der Möglichkeit, neue Erfahrungen zu sammeln und privat wieder vermehrt in der Schweiz bei meiner Familie zu sein, habe ich diese Herausforderung angenommen. Auch dieses Mal mit unbekümmerter Neugier, Zuversicht und vermutlich auch wiederum mit etwas Naivität. Die strategischen Analysen ergaben, dass die nachhaltig beste Option für das Unternehmen mit seinen 8500 Mitarbeitenden darin bestand, das Konglomerat in einen strategisch fokussierten Bauausrüster zu entwickeln. Diese Transformation unterschied sich von den bisher reflektierten Beispielen, da hier zusätzlich ein radikales Restrukturierungsprogramm notwendig war, um den Turnaround rasch zu erreichen und die Mittel für die Transformation bereitzustellen. Die Anspruchsgruppen waren erheblich vielfältiger und schlossen vor allem auch Aktionäre, Lieferantinnen, Banken, Behörden und die Gesellschaft mit ein.

Ich habe mich nie als allwissend betrachtet oder mich kompetent für die Lösung all dieser verschiedenen Probleme gefühlt. Mein Ansatz war stets, mich mit den qualifiziertesten und erfahrensten Menschen zu umgeben, auf deren Rat zu hören und die Intelligenz im Kollektiv zu nutzen. Auch habe ich gelernt, **auf die Menschen zu hören,** die über Jahre hinweg ihre Arbeit gewissenhaft erfüllen. Sehr oft weisen deren Wahrnehmungen und Empfehlungen direkt auf den Handlungsbedarf und auch die Lösungen hin. Gute Lösungen sind einfach, verständlich und klar nachvollziehbar. Ich habe auch nie das Bedürfnis gehabt, wirtschaftliche Einheiten zu verändern, die erfolgreich im Markt agieren. Im Gegenteil, was im unternehmerischen Kontext funktioniert und die Mitarbeitenden erfolgreich und gerne tun, muss gehegt und gepflegt werden. Erfolg ist nie garantiert, und wenn er vorhanden ist und als gegeben betrachtet wird, werden die enormen Leistungen, die dahinterstecken, nicht selten erheblich unterschätzt. Jeder Eingriff in ein wirtschaftliches System mit Menschen, aber auch Produktionsmitteln, Technologien, Infrastrukturen usw., muss wie ein Eingriff in einen lebendigen Körper betrachtet werden. Derartige Einschnitte sind für alle Beteiligten anspruchsvoll. Niemand weiß, ob sie gelingen werden, weil sich gleichzeitig auch immer das Umfeld verändert. Eloquent dargelegte Visionen und brillante technische Begründungen, Projektpläne und Managementpräsentationen können den Wert echter Begegnungen mit den betroffenen Menschen nie kompensieren. Ich habe erfahren, dass es erforderlich ist, sich den angestrebten Zielzustand möglichst real vorzustellen, sich in diesen hineinzuversetzen und wie ein **«Fisch in diesem neuen Wasser zu schwimmen».** Dies ermöglicht es, zu erspüren, ob es nachher besser sein wird, aber auch Risiken zu erkennen und Sicherheit zu erlangen, dass uns diese Reise gelingen kann. Auf dieser Basis kann auch eine echte Vision und die Sinnhaftigkeit des angestrebten Wandels authentischer dargelegt werden.

Die Transformation des Industriekonzerns zu einem spezialisierten Bauzulieferer war strategisch und aus Aktionärssicht erfolgreich. Leider führten erhebliche Spannungen und Interessenskonflikte im Verwaltungsrat zu einem Zerwürfnis. Machtkämpfe, Intrigen und Partikularinteressen dominierten, und ich erlebte, wie sich im tobenden Umfeld die gemeinsame Verständnisbasis auflöste, wie meine Werte nichts mehr galten und mir der Boden unter meinen Füßen weggezogen wurde. Um das oben beschriebene Bild aufzunehmen: Der Fisch kämpfte im Haifischbecken. Es bestanden keine Handlungsoptionen mehr, außer die ultimativen Konsequenzen zu ziehen. Diese erlebte, sehr persönliche Erfahrung hat mich zum Kern meiner Werte geführt und in mir das Bewusstsein dafür gestärkt, was mir wirklich wichtig ist, was wirklich im Leben zählt. Dazu gehört auch die Souveränität, Interessen zum Wohle der Unternehmung oder eines größeren Ganzen stärker zu gewichten als die Eigeninteressen. Bei dieser Transformationserfahrung war ich nicht mehr «Autor meiner selbst», und sie hat mich persönlich an meine Grenzen geführt.

In den drei genannten lebensbiografischen Beispielen sind die Wirkungen der erlebten Transformationen nicht nur auf die beruflichen Aufgabenfelder beschränkt; sie haben mich gleichermaßen als Mensch geformt und vereinnahmt. In der Analyse, Lösungsfindung und Umsetzung habe ich stets versucht, alle meine Talente einzubeziehen: Sprache, Bilder, Zeichnungen, Musik, Rhythmus, Bewegungen, Kunst bis hin zu spirituellen Erkenntnissen und der bewussten Nutzung meines Bauchgefühls. Bei der Zielfindung haben mir auch «Denkhürden» geholfen. Damit lassen sich angenommene Rahmenbedingungen und Möglichkeiten sprengen und eine neue Form der Realität erahnen. Die ersten Schritte in der Umsetzung können auch mittels kontrollierter Experimente erfolgen. So wird eine Haltung geschaffen, in der man erfahren kann, ob die Veränderung gelingt und die Vision Realität werden kann. Visionäre Veränderungen sind dann gelungen, wenn ich diese klar erkannt und geradezu verinnerlicht habe, Gefolgschaft und Sponsorship mobilisieren konnte und nicht zuletzt die Maßnahmen in überschaubare Etappen – wie bei einer Bergwanderung – unterteilen konnte. **Transformationen sind wie eine Reise:** Wir machen uns auf den Weg, lassen uns auf Begegnungen und Erlebnisse ein und erleben Widrigkeiten ebenso wie Sonnenschein.

Die Transformationsherausforderungen, die mich persönlich und beruflich heute beschäftigen, und ich hoffe, dass sie mir gelingen werden, sind: Meiner Familie, meinen Töchtern und Enkeln, ein wohlwollender Inspirator und Förderer zu sein; Menschen und deren Organisationen in Veränderungen zur Seite stehen sowie Führungskräfte beim Loslassen und beim Generationenwechsel begleiten; Potentialentfaltung von jungen Talenten ermöglichen sowie Gesundheit und Wohlbefinden als Voraussetzung für unternehmerische Handlungsfähigkeit fördern.

Dr. Cornelia Lüthy ist Rechtsanwältin, hat an der Universität Zürich promoviert und einen Executive Master in Public Administration an der London School of Economics and Political Sciences (LSE) abgeschlossen. Sie arbeitete unter anderem als stellvertretende Generalsekretärin in der Bildungsdirektion des Kantons Zürichs und leitete als Vizedirektorin den Direktionsbereich Zuwanderung und Integration im Staatssekretariat für Migration (SEM). Heute ist sie Beauftragte der Staatssekretärin für EU-Angelegenheiten im SEM. Cornelia Lüthy habe ich gebeten, ihre lebensbiografischen Erfahrungen zur Frage zu schildern: **Welchen Mehrwert sehen Sie im Zufälligen und wo und wie sind Sie bereit, dem Zufall eine Chance zu geben?**

Zauber des Zufalls
Cornelia Lüthy

Meine Kindheit war teilweise etwas chaotisch. Manche sagen, dass ich deshalb als Ausgleich Jurisprudenz studiert und Führungsrollen angestrebt hätte. Analyse, Ordnung und Selbstkontrolle als Remedur gegen emotionale Diskussionen am Familientisch, gegen Abwesenheit von handlungsfähigen Bezugspersonen. Sie prägen bis heute meinen Führungsstil. Man sagt mir Sachlichkeit, Verlässlichkeit und Transparenz nach. Meine Kindheit hatte aber auch ihre poetischen Seiten. Meine Mutter war eine so begnadete Künstlerin und Märchenerzählerin, dass meine Freunde mich fragten, ob sie vielleicht nicht doch eine echte Hexe sei. Meinen imaginären Beschützer, den Wolf, der unter meinem Kinderbett schlief, akzeptierte sie als Familienmitglied, fragte nach ihm und zeichnete ihn für mich. Auch das Spielerische, Surreale schien mich zu begleiten und, je älter ich wurde, umso weniger zu beunruhigen.

Zufällen gemeinsam trotzen

Als Mitglied des obersten Führungskaders einer nationalen Zuwanderungsbehörde hatte ich immer wieder überraschende, unübersichtliche und sich konstant verändernde Verhältnisse zu bewältigen. Die hierarchischen Führungsinstrumente gerieten dabei oft an ihre Grenzen. Bestehende Abläufe erwiesen sich als zu schwerfällig und die Kader im Nadelöhr der Allverantwortlichkeit waren überlastet. Die erste Welle der Covid-Pandemie katapultierte mich als Führungsperson von einem Tag auf den anderen in eine neue Rolle. Dabei wurde mir bewusst, dass unsere herkömmlichen Strukturen nicht genügten. Die Krisenstäbe, mit denen wir zwar Grenzschließungen geübt hatten, nicht aber die ungeahnten Folgen von getrennten Familien, Haustieren, Schrebergärten und Liebespaaren, erwiesen sich als untauglich.

Nach einigen atemlosen Wochen, in denen sich ein kleiner Kreis von Führungspersonen bis zur Erschöpfung um alle Einzelheiten kümmerte, musste sich etwas ändern. Anstelle der hierarchischen Zusammenarbeitsformen entschieden wir uns für die Selbstorganisation, die wir in kleinen Experimenten bereits erprobt hatten. Zwei junge Mitarbeiterinnen und später ein Mitarbeiter ohne formelle Führungs- oder Krisenmanagementausbildung bauten eine zeitweilig über 60 Personen umfassende Taskforce mit Helpline für Bürgeranfragen auf und führten diese. Sie überzeugten mich von einer dezentralen, voll digitalisierten Struktur, die aus dem Homeoffice bewältigt werden konnte, inklusive Einsatz- und Ressourcenplanung, Textbausteinen mit Sprachregelungen, Telefon- und Emaildienst. Die Linie konnte sich auf die Anpassung von Verordnungen und Weisungen konzentrieren, die Taskforce ließ die Erfahrungen aus der Helpline einfließen und initiierte für neu auftauchende Problemstellungen notwendige Überarbeitungen. Die konstante Weisungsüberarbeitung wurde damit zur Regel, wöchentliche Einigungskonferenzen ermöglichten das Management des gegenwärtigen Stands des Irrtums. Rückblickend bot uns diese Verkettung von externen Faktoren während der Pandemie die Chance, Selbstorganisationsformen einzuüben und einzusetzen. Für mich als Vorgesetzte war es selbstverständlich, mich schützend vor die Mitarbeitenden zu stellen, ihre Entscheidungen nach Außen zu vertreten und sie zu ermutigen und stärken. Spielerisches half dabei. Nicknames aus Agentenfilmen machten die Runde, unser Gruppenbild im Chat war zeitweise Blofelds weiße Katze. Ein treffendes Bild für die still lauernde Gefahr der Pandemie und unsere Ansage, ihr gemeinsam zu trotzen.

Führungsstark loslassen

Trotz unseres erfolgreichen Selbstorganisationsexperiments verstärkte die Krise aber insgesamt den Ruf nach starker Engführung, nach hierarchischen Entscheiden. Die Partizipation drohte zum reinen Ritual zu werden, wobei die Entscheide anderswo bereits getroffen waren. Ich entschied mich deshalb für ein zweites Experiment. Was wäre, wenn ich als Vizedirektorin einen Monat abwesend und meine Stellvertretung nicht geregelt wäre? Wenn ich offenließe, wer meine Aufgaben übernimmt und wie die Zusammenarbeit organisiert wird? Bald kristalisierte sich heraus, dass sich meine direkt unterstellten Kader die Stellvertretung teilen wollten und sich die enge Zusammenarbeit zutrauten. Meine Stabschefin übernahm es, die Aufgaben in Pakete zu bündeln, die Kader verteilten sie unter sich und entlasteten sich, indem sie einzelne ihrer Aufgaben intern zur Disposition stellten. Das Ziel, für einen kurzen Zeitraum eine neue Aufgabenteilung zu testen und die Zusammenarbeit zu fördern, wurde erreicht. Die Beteiligten erlebten den Monat als Bereicherung, die Kader lernten überraschende Seiten voneinander kennen und fanden Befriedigung in den neuen Aufgaben. Ich hatte geübt loszulassen, Carte blanche zu geben und damit das Vertrauen in die Intelligenz im Kollektiv zu stärken. Aus dem Experiment entwickelten wir einige Monate später meine dauerhafte Stellvertretung. Drei Abteilungsleiter, die während meiner Abwesenheit das Potential ihrer Zusammenarbeit, ihrer komplementären Ressourcen und Handlungsweisen erkannt hatten, teilten sich fortan die Vertretung. Sie organisierten sich zusammen mit der Stabschefin selbst. Manchmal regierte dabei der Zufall. Wer Zeit hatte, übernahm eine Aufgabe, auf einen Ausgleich über die Zeit vertrauend. Dass die drei Co-Stellvertreter auf formelle Titel und Beförderungen verzichteten, um das Modell administrativ zu ermöglichen, war ein mutiges und starkes Signal in die Organisation.

Sich dem Zufall aussetzen

Aus dem Monat Auszeit wurde ein Jahr. Nach sieben Jahren in der Geschäftsleitung hatte sich bei mir das Gefühl verstärkt, die meisten meiner Antworten bereits im Voraus zu kennen. Mein Partner und ich beschlossen deshalb, ein Jahr lang gemeinsam zu reisen. Wir suchten Zeit und Raum für die Gestaltung einer nächsten Lebensphase. Für mich hieß das unbezahlter Urlaub und meine Funktion weitergeben. Für ihn, Projektleitungen und Kundenbeziehungen an jüngere Kolleginnen abgeben. Wir ließen bewusst offen, wie es weitergeht und wann wir zurückkommen. Einerseits kostete mich dies Überwindung. Der Abschied von liebgewonnenen Kolleginnen, vom Sicherheitsnetz der Bundesverwaltung, fiel mir nicht leicht. Mehr als einmal ertappte ich mich beim Nachzählen des Ersparten. Ein Zeichen dafür, dass ich mich in etwas Existentiellem übte: mich dem Zufall auszusetzen. Die heitere Gelassenheit meines Partners half. Und die Vorfreude auf die Lerngelegenheiten, die unsere Reiseziele in Afrika, Australien und Südostasien versprachen, überwog.

Wenn es eine Konstante gab in diesem Reisejahr, so war es der **Zauber des Zufalls.** Wie oft begegneten wir zufällig den richtigen Menschen, die uns weiterhalfen, die uns mit ihren Cousins in abgelegenen Gegenden vernetzten, die unseren Viermalvier aus dem Sand ausgruben, die uns die unübersichtlichen Verhältnisse in ihrem Heimatland erklärten, die sich als Flüchtlinge und Kriegsversehrte selbst retteten, die uns beschämen mit ihren Kenntnissen über und ihrer Loyalität zum alten Europa. Unvergesslich bleibt die Begegnung mit einer Londoner Literaturagentenfamilie, mit der wir zufällig den Weihnachtsabend am Ufer des Tatai-Flusses in Kambodscha verbrachten. Sie empfahlen uns die zwei besten Bücher, um die schmerzhafte und ambivalente Geschichte Kambodschas und Vietnams besser zu verstehen. Drei Wochen später sprach uns in einem Pop-up-Café in Vietnam ein Paar an, das diesen Büchern entsprungen zu sein schien. Die als sogenannte «Boatpeople» in den 1980er Jahren über die Philippinen nach Australien flüchteten und nun als Reisende zurückkehrten. Wir staunten über den Zufall, der uns zusammenführte und ließen Stunden miteinander verstreichen. Nicht immer waren die Zufälle angenehm, bei Grenzübertritten auf dem Landweg, in Gesellschaft von Tarnanzügen und Macheten, mussten wir manchmal leer schlucken, auf das Bauchgefühl hören und improvisieren. Ich habe auf diesen Reisen mehr gelernt als in manchem Managementseminar: Im Ungewissen navigieren, offen sein für Unvorbereitetes, auf Bauchentscheide vertrauen und dabei eine kritische Selbstbeobachtung wahren, bringt es wohl einigermaßen auf den Nenner.

Das Analytische mit dem Spielerischen verbinden

Nach dem Sabbatical kehre ich für eine Kaderstelle ins Amt zurück, in einer Sonderfunktion ohne Linienverantwortung. Das Verhandeln mit Stakeholdern im In- und Ausland stehen im Zentrum, das Team ist ein Projektteam, vereint um ein gemeinsames Ziel, nicht um eine Person. Zufälle wird es auch hier wieder zu meistern geben, glückliche und weniger glückliche. Was ich mitnehme, ist, dass sie uns immer etwas schenken, im besten Fall eine Lösung, im schlechteren Fall eine Lerngelegenheit. Für die Auszeit und das Reiseabenteuer bin ich dankbar. Sie haben meinen Erfahrungshorizont und meine Toleranzschwelle für Unvorhergesehenes erweitert und sie haben meine Faszination für die Kunst bestärkt, Lebenssituationen in all ihrer Vielfalt und Unordnung zu verstehen. Dazu gehören das Analytische und das Spielerische. Das Spielerische, um den Zauber glücklicher Zufälle zu erkennen, das Analytische, um sie sorgfältig in den Alltag zu integrieren. Eine schöne Aufgabe für eine Juristin aus einem Künstlerhaushalt, denkt der imaginäre Wolf unter meinem Bett und stellt wachsam das linke Ohr. Der nächste Zufall kommt bestimmt.

Vom Denken zum Handeln

Im Bewusstsein, dass «Transformation» ein emotional sensitives, nur durch konkrete Erfahrungswelten initiierbares Konstrukt ist, schlage ich vor, Wandel neu zu denken und methodisch anders anzugehen. Das heißt, die Prämissen zu überdenken, nach denen Veränderung gelingen kann. Ich empfehle deshalb die **paradoxe Intervention:**

Trotz und gerade wegen dem antrainierten Reflex, Transformationen direktional und mit Kraft anzugehen, durch Experimente konkrete Erfahrungswelten ermöglichen und einen Sog erzeugen.

Eine Haltung, die die weitverbreitete Vorstellung einer direktionalen und zielgerichteten Veränderbarkeit von Menschen überwindet, scheint mächtig. Sie ermöglicht die Akzeptanz einer radikal anderen Change-Logik, die auf Sog statt Druck basiert und neue emotionale Erfahrungen konsequent als Transformationsbeschleuniger nutzt.

Zur persönlichen Vertiefung der Thematik «Transformation» empfehle ich, die eigenen Annahmen bezüglich des Wandels sorgfältig zu analysieren und zu überdenken. Die nachfolgend aufgeführten Aktionen, angebotenen Reflexionsfragen und Experimente können dazu anregen oder dabei helfen:

To-dos
- Dokumentieren Sie stichwortartig die «Logik», nach der eine kürzlich durchgeführte Veränderungsinitiative verlief, an der Sie beteiligt waren. Welche Schlussfolgerungen ziehen Sie aus dem Ihnen Widerfahrenen?
- Reflektieren Sie einen von Ihnen selbst erlebten und aus Ihrer Sicht erfolgreichen Transformationsprozess. Warum glauben Sie, war die Veränderung erfolgreich? Was war im Vergleich zu anderen Change-Vorhaben das Besondere an diesem Prozess?
- Begeben Sie sich auf eine persönliche Spurensuche und überlegen Sie sich die Ursprünge Ihres Verständnisses einer gelingenden Transformation. Welche Erfahrungen haben dabei Ihre Sichtweise maßgeblich beeinflusst?

Reflexionsfragen

- Wie oft versuchen Sie, Mitmenschen appellhaft in ihrer Persönlichkeit zu verändern und auf eine «therapeutische» Art Haltungsänderungen zu erzwingen?
- Was ist Ihr persönliches Verständnis von Transformation und wie gestalten Sie Veränderungsprozesse nach Ihrer eigenen Logik?
- Wie oft ertappen Sie sich, dass Ihr Sehen und Bewerten durch die eigene Erfahrungsbrille erfolgt?
- Was ist Ihre Einstellung zu den folgenden Annahmen? Erfolgreiche Transformationen müssen top-down initiiert werden, erfordern einen gewissen Leidensdruck und sollten zeitlich begrenzt sein.
- Wie reagiert Ihr Umfeld auf geplante Veränderungen? Gibt es Anzeichen einer gewissen Change-Müdigkeit oder von Zynismus? Und falls ja: Warum?
- Wie oft und auf welche Weise gelingt es Ihnen, andere zu einem intrinsisch motivierten mentalen «Spurwechsel» einzuladen?
- Was empfinden Sie bei Transformationsvorhaben als bedrohlich?
- Wo haben Sie erlebt, dass Mitmenschen aufgrund gezielt angepasster Strukturen und Anreizsysteme ihr Verhalten verändert haben?
- Vertrauen Sie bei Veränderungen eher auf Sog oder auf Druck?
- Was ist Ihre persönliche Einstellung zu Experimenten und wie experimentierfreudig sind Sie?
- Verfügen Sie über die entscheidende Transformationskompetenz, experimentelle Settings so zu gestalten, dass die Wirkung beabsichtigter Veränderungen emotional erlebbar wird?
- Welchen Mehrwert sehen Sie im Zufälligen, und wo sind Sie bereit, dem Zufall eine Chance zu geben und Dinge zu entdecken, nach denen Sie nicht gesucht haben?
- Wie gelingt es Ihnen, Vertrauen in das Unvertraute aufzubauen?

Experimente

«Andere Logik» wagen und Unerwartetes erleben

Entscheiden Sie sich bei der nächsten anstehenden Veränderung für ein abweichendes Vorgehen: Verzichten Sie auf eine proaktive Kommunikation und starten Sie einen geheimen Pilotversuch. Entwickeln Sie ein experimentelles Design, das in der Lage ist, den Mehrwert der geplanten Veränderung emotional erfahrbar zu machen, das heißt, investieren Sie in Erfahrungen und Erlebnisse. Laden Sie interessierte Personen zum Experiment ein und erproben Sie Neues mit Überzeugten auf einer freiwilligen Basis. Vertrauen Sie dem Unvertrauten, lassen Sie sich von den Ergebnissen überraschen und geben Sie dem Erlebten eine Bühne.

Routinen durchbrechen und klüger werden

Hinterfragen Sie die derzeit geltenden Standards und erweitern Sie Ihr Handlungsrepertoire. Verändern Sie mutig Strukturen, schaffen Sie neue Anreize und setzen Sie in einem definierten Bereich und für eine begrenzte Zeit geltende Regeln punktuell außer Kraft. Beobachten Sie die Auswirkungen, interpretieren Sie die Ergebnisse und ziehen Sie daraus gemeinsam mit Ihrem Team Ihre Schlüsse. Überlegen Sie sich, mit welchen strukturellen «Eingriffen» zukünftig anstehende Veränderungen bewirkt werden könnten.

5

Thinkout «Komplexität»

Wie trotz Ungewissheit handlungsfähig bleiben?

oder

Wie ich mit Vertrauen und Vielfalt der Komplexität begegnen und eine persönliche Resilienz aufbauen kann.

Vertrauen und **Vielfalt** – das ultimative Skript für die **Blackbox**-Gesellschaft.

Komplexität, die stete Begleiterin

Mir wird zunehmend bewusst, dass ich in einer Blackbox-Gesellschaft lebe. Ich kenne die Inputs und Outputs, weiß jedoch nicht mehr, wie das Eine zum Anderen führt. Anders ausgedrückt: überall Komplexität, soweit das Auge reicht. Diese Komplexität fordert und überfordert mich gleichermaßen und zwingt mich, dem Vertrauen zu vertrauen. Tagtäglich bin ich mit Herausforderungen und Entscheidungssituationen konfrontiert, denen ich kein verlässliches eigenes Handeln entgegenstellen kann. Es handelt sich um Phänomene, die mich überraschen, irritieren und nicht selten auch ratlos zurücklassen. Ein Statement in einer Sitzung oder eine Botschaft in einer schriftlichen Kommunikation lösen unvorhersehbare und unerwartbare Dynamiken aus. Trotz hoher Unsicherheit muss ich mit rudimentären Informationen Entscheidungen treffen, für die ich eigentlich die volle Verantwortung nicht übernehmen kann. Ich nutze soziale Netzwerke oder Chatbots, ohne auch nur annähernd das komplizierte Geflecht der zugrunde liegenden Algorithmen und die Zusammenhänge dieser Systeme zu verstehen. Oder wie es Bill Gates während des Weltwirtschaftsforums in Davos 2024 treffend formulierte: «Wir kennen den AI-Algorithmus, aber wir verstehen nicht genau, wie er arbeitet.»

Ich lebe in einer Weltwirtschaft, die äußerst komplex ist. Das Geflecht internationaler Handelsbeziehungen, die Funktionsweise der Finanzmärkte und die politischen Einflüsse bleiben für mich undurchsichtig. Auch beim Wetter, dem Klimawandel oder dem Verkehrsfluss in einer Großstadt habe ich keine Chance, alle relevanten Einflussgrößen und ihre Wechselwirkungen und allfälligen Kausalitäten zu erfassen, zu verstehen und angemessen zu berücksichtigen. Das Elternsein entpuppt sich ebenfalls als eine komplexe Herausforderung und das Leben mit Kindern als ein wahres Abenteuer. Viele Faktoren, die ein Kind in seiner Entwicklung prägen, sind kaum beeinflussbar. So lassen sich das Umfeld außerhalb der Familie, die individuellen Anlagen und die Geschwisterdynamik nicht steuern. Jemand, der heutzutage behauptet, nie überfordert zu sein und stets mit einem guten Gefühl Entscheidungen treffen zu können, wirkt auf mich verdächtig.

Eine oft gehörte Aussage in meinem beruflichen Umfeld lautet: «*Wir müssen Komplexität aus dem System nehmen.*» Diese auf den ersten Blick vernünftige Forderung zeigt ein gravierendes Missverständnis auf: Wir können die

Kompliziertheit reduzieren, aber die Komplexität unserer Lebenswelt nicht eliminieren. **Komplexität ist wie Wasser, sie lässt sich nicht komprimieren.** Rückblickend erkenne ich, dass mir der bedeutende Unterschied zwischen komplizierten und komplexen Systemen viel zu spät bewusst wurde. Ein System ist kompliziert, wenn es aus vielen Teilen oder Elementen besteht und uns die Fülle der Details Schwierigkeiten beim Verständnis bereitet. Kompliziert bedeutet jedoch nicht zwangsläufig, dass das Problem dynamisch oder unvorhersehbar ist. Es kann gelöst werden, wenn ausreichend Zeit und Ressourcen zur Verfügung stehen. Im Gegensatz dazu bestehen komplexe Systeme nicht nur aus vielen Teilen, die miteinander vernetzt sind und vielfältige Wechselwirkungen aufweisen, sondern ihr Verhalten ist nicht vorhersehbar. Ein Beispiel für ein hochkomplexes System ist unser Gehirn. Man geht davon aus, dass ein Säugling mit etwa 100 Milliarden Gehirnzellen ins Leben startet. Nach der Geburt beginnen sich die Zellen in einer unglaublichen Geschwindigkeit zu vernetzen. Während das Baby im Kinderwagen liegt, entstehen 700 neue Zellverbindungen pro Sekunde. Eine Vierjährige hat etwa 1000 Trillionen Synapsen, also Verbindungsstellen zwischen den Nervenzellen.[32] Diese ermöglichen vielschichtige, nicht deterministische Denkprozesse und Verhaltensweisen. Zu jedem Zeitpunkt sind Billiarden alternativer Aktivierungsmuster im Gehirn möglich.

Komplexe Systeme sind emergent; das bedeutet, dass man nicht einfach von den Eigenschaften ihrer Einzelteile auf das Gesamte schließen kann. Die Interaktionen in komplexen Systemen verlaufen nicht linear und sind empfindlich gegenüber Veränderungen. Selbst kleinste Variationen in den Ausgangsbedingungen, wie zum Beispiel beim Klima, können zu völlig überraschenden dynamischen Effekten führen. Um dieses Phänomen zu veranschaulichen, wird häufig auf den Begriff des «Schmetterlingseffekts» aus der Chaostheorie Bezug genommen. Metaphorisch gesprochen kann der Flügelschlag eines Schmetterlings in Brasilien durch eine komplexe Kette von Ereignissen dazu führen, dass auf der anderen Seite der Welt ein Tornado entsteht. Kürzlich hat ein Zoologenteam in der Fachzeitschrift «Science» ein interessantes kenianisches Dominospiel beschrieben: Heimische Ameisen erweisen sich als Akazienschützer. Wenn ein Elefant die Akazienblätter abreißt, entstehen Vibrationen, die sich über den Baum ausbreiten und von den Ameisen als Alarmsignal wahrgenommen werden. Die Krabbeltiere eilen unverzüglich an den Ort des Geschehens und wenn Tausende erboster Ameisen beißen, dann nimmt auch der größte Elefant Reißaus. Die einheimischen Ameisen erhalten somit die Akazien, von denen vor allem die Löwen bei ihrer Jagd auf Zebras profitieren. Durch die invasiven Dickkopfameisen, die die einheimischen Akazien-Ameisen dezimiert haben, gingen in den letzten Jahren viele Akazien zugrunde. Bereits drei Jahre später ist die Sichtweite in den betroffenen Gebieten um das Dreifache gestiegen und der Anteil der Zebras auf dem Menüplan der Löwen reduzierte sich um ein Drittel. Die Löwen haben ihr Jagdverhalten geändert und fressen nun viel mehr Büffel.[33] Eine Ameisenart zwingt also die Löwen, ihren Speiseplan zu ändern. **Kleine Ursache, große Wirkung!**

In der modernen Welt nimmt die Komplexität in vielen Bereichen zu, und als Ursachen werden häufig genannt: der rasante technologische Fortschritt, insbesondere im Bereich der Informationstechnologie und der künstlichen Intelligenz, sowie die Globalisierung der Wirtschaft und die damit verbundene steigende Vernetzung der Geschäftsprozesse. Gepaart mit diesen zunehmenden Verknüpfungen tritt auch das subjektive Empfinden einer persönlichen Überforderung auf. Gemäß einer Befragung von 500 Beschäftigten in Deutschland fühlen sich 85 Prozent der Befragten einem mittleren bis hohen Stresslevel ausgesetzt.[34] Der Psychiater und Philosoph Thomas Fuchs nennt als Hauptgrund für diese Überforderung das Auseinanderdriften der zwei unterschiedlichen Zeitordnungen: Die zyklische, einem natürlichen Rhythmus folgende, wie zum Beispiel die Atmung und der Herzschlag, und die lineare, den Arbeitsalltag bestimmende beschleunigte Ordnung.[35]

Welche Komplexität wir der Welt zuschreiben, wie wir diese konkret erleben und damit umgehen, ist weitgehend eine Frage der persönlichen Disposition. Ich habe erkannt, dass ich immer häufiger versuche, durch die Verwendung der Begriffe Unsicherheit, Unübersichtlichkeit, Unvorhersehbarkeit und Unplanbarkeit diese persönlich empfundene Komplexität auszudrücken. Die Vorsilbe «Un-» steht dabei für das rational Nicht-Durchdringbare, Nicht-Verstehbare und Nicht-Beherrschbare. Nach dem Psychologen Dieter Dörner sind es folgende Eigenschaften, die komplexe Systeme auszeichnen und es für uns so schwer machen, sie rational zu verstehen: nicht lineare Dynamiken, fehlende Kausalitäten, exponentielle Verläufe, hohe Vernetzungsdichte, zirkuläre Rückkoppelungen und chaotische Kippeffekte.[36] Durch meine Ausbildung, die mich sozialisiert und auf das Planbare «geeicht» hat, musste ich erkennen, dass mir im Umgang mit diesen Eigenschaften taugliche Orientierungs- und Handlungsmuster fehlen. Und die Frage, wie es gelingen kann, trotz dieser real existierenden Komplexität in der Blackbox-Gesellschaft handlungsfähig zu bleiben, begleitet mich schon sehr lange. Konkret geht es dabei um den Aspekt der individuellen und institutionellen **Komplexitäts-Resilienz**.

Resilienz in der Blackbox-Gesellschaft

Ein bedeutendes Element der Widerstandsfähigkeit in der Blackbox-Gesellschaft besteht darin, sowohl als Individuum wie auch als Institution trotz Ungewissheit, Unsicherheit und objektiver Überforderung handlungsfähig zu bleiben. Damit verbunden stellt sich die Frage nach einem klugen Umgang mit Komplexität und unterstützenden Navigationshilfen. Die oft gehörten Ratschläge auf der individuellen Ebene lauten:

- Ein Bewusstsein für die Komplexität entwickeln, systemisch denken, die Zusammenhänge und Vernetzungen aus verschiedenen Perspektiven verstehen und erkennen, dass viele Probleme nicht durch einfache Lösungen bewältigt werden können.
- Emotionale Kompetenzen aufbauen, um in der Lage zu sein, einfühlsame zwischenmenschliche Beziehungen aufzubauen.
- Die Pflege eines interdisziplinären Netzwerks und der Zugang zu breiten Erfahrungen und zum Wissen Dritter ermöglichen.
- Experimentieren und schnelles Testen, um verborgene Systemlogiken besser zu durchdringen.
- Kontemplative Techniken wie das Üben von Achtsamkeit, um die Selbstregulation zu verbessern.

Hilfreich auf institutioneller Ebene sind ebenfalls das systemische Denken und die interdisziplinäre Zusammenarbeit. Das Erstellen von Modellen und Simulationen können ferner dazu beitragen, Szenarien und deren Auswirkungen in der komplexen Welt zu testen und bessere Entscheidungen zu treffen. Eine flexible und anpassungsfähige Führung, die kontinuierliches Monitoring, schnelle Feedbackrhythmen und proaktive Anpassungen umfasst, ermöglicht es Institutionen, trotz zunehmender Ungewissheit handlungsfähig zu bleiben. Auch kontinuierliches Lernen, Partizipation und gezielte Involvierung helfen dabei, passende Lösungen zu finden.

Resilienz bedeutet nicht, unverwundbar oder resistent zu sein, sondern auch in Krisensituationen selbstwirksam zu bleiben. Nach Michèle Wessa, Professorin für klinische Psychologie und Neuropsychologie, ist Resilienz *«das Ergebnis von geglückter Adaption.»*[37] Besonders wichtig ist, nicht in eine Opferrolle zu verfallen und unnötigen Stress durch Schwarzmalerei aufzubauen. Damit kommt die Psychologie ins Spiel: Sie bezeichnet Resilienz als ein **«mentales Immunsystem».** Dabei handelt es sich um die Fähigkeit unserer Psyche, sich von Stress, Widrigkeiten und Herausforderungen zu erholen und sich anzupassen. Die Analogie zum Immunsystem verdeutlicht, dass Resilienz nicht nur eine passive Befähigung, sondern ein aktiver, dynamischer Prozess ist. Bewältigte Stresserfahrungen können zudem das Gefühl der Selbstwirksamkeit stärken.

Vertrauen, der einzig wirksame Komplexitäts-Filter

Die erwähnte Aussage *«Komplexität aus dem System nehmen»* deutet darauf hin, dass im Umgang mit Komplexität die Logik der Reduktion dominiert. Simplifizierung, Trivialisierung und Verdrängung sind die oft angewandten Strategien. Diese erweisen sich jedoch als untauglich. Sie entspringen einer «veralteten Denkwelt», sie sind laienhaft und verkörpern einen problematischen Dilettantismus. Es wird angenommen, dass mit einem Mehr an Systematik, Planung, Sorgfalt und Intelligenz der Ungewissheit und Komplexität effektiv begegnet werden kann. Allerdings wird es schwierig, auf unerwartete Ereignisse und das ständige «Überraschtwerden» mit Plänen zu reagieren. Doch was könnte eine zielführende alternative Herangehensweise sein, um in der komplexen Welt handlungsfähig zu bleiben?

Eine Aussage von Niklas Luhmann war für mich erhellend. Sie lautet: *«Vertrauen als einzige Möglichkeit im Umgang mit Komplexität.»*[38] Luhmann, der bedeutende Soziologe und Gesellschaftstheoretiker des 20. Jahrhunderts, betonte, dass es in komplexen sozialen Systemen unmöglich ist, alle Informationen zu überblicken oder alle Entscheidungen rational zu durchdenken. Hier kommt das Konzept des Vertrauens ins Spiel. Vertrauen ermöglicht es Menschen, in einer unsicheren und undurchsichtigen Welt zu handeln. Es entsteht, wenn Individuen oder Gruppen davon überzeugt sind, dass andere Personen, Organisationen oder Institutionen zuverlässig und kompetent handeln. Setzen wir uns in einen Zug oder ein Flugzeug, so müssen wir darauf vertrauen, dass der Lokomotivführer oder die Pilotin entsprechend ausgebildet sind und in bester Absicht handeln. Dieses Vertrauen erlaubt es uns, Risiken und kooperative Beziehungen einzugehen, ohne ständig die Handlungen und Absichten der anderen überprüfen zu müssen. Vertrauen ist das Schmiermittel des sozialen Miteinanders. Luhmann argumentiert, dass Vertrauen somit als eine Art Filter oder Reduktionsmechanismus funktioniert: Indem Menschen Vertrauen fassen und sich auf bestimmte Personen oder Institutionen verlassen und ihnen folgen, reduzieren sie die Komplexität ihrer sozialen Umwelt.

Dadurch wird es möglich, in einer unübersichtlichen Welt effizienter zu navigieren und zu handeln, ohne ständig alle verfügbaren Informationen verarbeiten zu müssen. Vertrauen stellt eine spezifische Form der Verminderung, nicht aber der Elimination von Komplexität dar. Aufgrund der abnehmenden Risikobereitschaft und dem höheren Sicherheitsstreben nehmen in vielen Bereichen unserer Gesellschaft die Regelungsdichte und Bürokratie stark zu. Solange wir unser Vertrauen immer weniger in Menschen und immer stärker in technische Systeme setzen, dürfen wir uns nicht wundern, dass die selbstgeschaffene Komplexität steigt.

Unabhängig von spirituellen Aspekten konnte ich persönlich **vier Dimensionen des Vertrauens** identifizieren, die dabei helfen können, intelligent mit Komplexität umzugehen:

- *Vertrauen in mich selbst* – individuelles Vertrauen: Dieses wird durch die persönliche Haltung gegenüber der Ungewissheit und Komplexität bestimmt. Wenn es mir gelingt, eine innere Souveränität im Umgang mit dem Undurchschaubaren zu entwickeln, bin ich in der Lage, die Tatsache des Nichtwissens und der Überforderung realistisch anzuerkennen.
- *Vertrauen in Dritte* – interpersonales Vertrauen: Die Forschung zeigt, dass wir Personen vertrauen, wenn sie kompetent, integer und wohlwollend sind.[39] Dritte gewinnen unser Vertrauen durch erlebbares Mitgefühl, ihre Ansprechbarkeit und ihre Fähigkeit, Beziehungen zu pflegen. Sie vermit-

teln uns nicht eine inhaltliche, sondern in erster Linie eine psychologische Sicherheit in der Unsicherheit.

- *Vertrauen in Organisationen* – institutionelles Vertrauen: Eine Institution erweist sich als vertrauenswürdig, wenn sie sich über einen längeren Zeitraum als verlässlich und orientierungsgebend erwiesen hat. Unser Vertrauen in sie basiert auf dem in der Vergangenheit erbrachten Leistungsnachweis und der erlebten Integrität ihrer Schlüsselpersonen.
- *Vertrauen in das Experiment* – exploratives Vertrauen: Durch Tests und Experimente können zufällige Entdeckungen provoziert, neues Wissen kreiert und vorübergehende Realitäten auf Probe geschaffen werden. In Zeiten der Ungewissheit tritt das Experiment an die Stelle der Planung. Dafür sind ein ergebnisoffenes Erkunden, adaptives Lernen, schrittweises Annähern und Emporirren erforderlich. Wenn wir die Komplexität als eine reale Lebenswirklichkeit anerkennen und ernstnehmen, können uns Experimente helfen, passende Lösungen zu finden und handlungsfähig zu bleiben.

Varietät, die wirkmächtige Antwort auf Komplexität

Vor Jahren stieß ich auf eine Erkenntnis des belgischen Finanzmarktexperten, Bernard Lietaer, die für mich augenöffnend war. Sie lautet: «Vitale natürliche Systeme sind doppelt so belastbar wie effizient.»[40] Effizienz als Fähigkeit, Ressourcen nicht zu verschwenden, scheint nicht auszureichend, um die Lebensfähigkeit eines natürlichen Systems zu gewährleisten. Eine zweites Qualitätsmerkmal ist offensichtlich vonnöten: Belastbarkeit. Dabei handelt es sich um die Fähigkeit eines Ökosystems, äußere Einflüsse und Störungen zu tolerieren und dabei seine grundlegenden Funktionen und Strukturen aufrechtzuerhalten. Schlüsselmerkmale der Belastbarkeit natürlicher Systeme sind: Robustheit, Breitbandigkeit und Vernetzung. Bereits im Jahre 1956 lieferte der britischen Kybernetiker W. Ross Ashby mit seinem Gesetz der notwendigen Varietät eine Erklärung dafür. Dieses besagt, dass Institutionen der zunehmenden Umfeld- und Außenkomplexität nur durch eine adäquate System- und Binnenkomplexität beggegnen können. Oder auf den Punkt gebracht: Nur Varietät kann Varietät absorbieren. Unter Varietät versteht man die verschiedenen Wirk-, Zustands- und Handlungsformen, über die ein System verfügt oder die es annehmen kann. Varietät bietet eine dienliche Antwort auf die wachsende Komplexität. Im organisatorischen Kontext gibt es verschiedene Möglichkeiten, diese zu steigern. Drei exemplarische Zugänge:

Biografische Vielfalt kultivieren
Je größer der Genpool, desto höher die Diversität. Dies ist ein Grundgesetz der Natur. In Organisationen wird das Maß an Varietät maßgeblich von den Profilen der Mitarbeitenden bestimmt. Je vielfältiger die vertretenen Disziplinen, lebensbiografischen Erfahrungen und kulturellen Prägungen sind, desto reichhaltiger wird das Verhaltensrepertoire der Organisation. Zudem provoziert Vielfalt Widersprüche, die wiederum die Grundlage für Innovationen und bessere Lösungen bilden. Führungskräfte sollten daher ihr «Haus» mit kantigen Steinen bauen, rundgeschliffene Kugeln rollen bekanntlich davon. Konkret bedeutet dies, intelligent störende Störer, unkonventionelle Denkerinnen, Provokateure und Unruhstiftende einstellen, die bezogen auf ihr Profil nicht zur Organisation passen und irritierende Ideen einbringen. Meine Erfahrung zeigt, dass wir oft einseitig auf Effizienz fokussiert sind und dabei das wertvoll Kantige, Atypische und Einzigartige in Organisationen unbeabsichtigt und fahrlässig eliminieren.

Selbstorganisation ermöglichen
Selbstorganisationsprozesse stellen ein mächtiges Mittel dar, um die Binnenvarietät zu erhöhen. Wenn Teams selbstorganisiert agieren, können sie die im Kollektiv vorhandene Intelligenz besser nutzen, was wiederum die Varietät erhöht und damit der Organisation einen klugen Umgang mit Komplexität ermöglicht. Zudem besteht ein klarer Zusammenhang zwischen der Qualität getroffener Entscheidungen und dem Realitätsbezug der Entscheidungstragenden. Je stärker die Entscheidungen in der Realität verankert sind, desto höher ist ihre Qualität. Selbstorganisation hat auch positive Auswirkungen auf die Motivation, da der intrinsische Antrieb höher ist, wenn Menschen sich einbringen, Selbstwirksamkeit erleben und mitentscheiden können. Dies führt zu mehr Beteiligung und einer stärkeren Identifikation der Mitarbeitenden mit dem eigenen Tun. Selbstorganisationsprozesse sind außerdem ergebnisoffen und fördern Vielfalt.

Übereffizienz reduzieren und Redundanzen zulassen
Der dominante Drang nach Effizienz führt in vielen Organisationen nicht nur zu Kostensenkungen, sondern schränkt auch das Verhaltensrepertoire ein und reduziert zwangsläufig die Vielfalt und Binnenvarietät der Institution. Die Erhöhung der Varietät erfordert die bewusste Inkaufnahme von Ineffizienzen und Redundanzen. Unter Redundanz verstehen wir das Überflüssige, Unnütze – das, was über den eigentlichen Bedarf hinausgeht und vordergründig nicht förderlich ist. Die denkbaren Formen produktiver Ineffizienz sind vielfältig. Zum Beispiel erhöht die Verringerung der Regelungsdichte die Autonomie der Mitarbeitenden und den Grad der Selbstorganisation. Der bewusste Verzicht auf Skalen- und Synergieeffekte ermöglicht die Bildung kleinerer Einheiten, in denen Mitarbeitende nicht anonym sind, mehr Verantwortung übernehmen und so zur Steigerung der wertvollen organisationalen Diversität beitragen.

Unbeirrt im Nebel – mein Umgang mit Komplexität

Komplexität ist mehrheitlich negativ konnotiert, sie nervt und der Fokus liegt darauf, sie zu reduzieren. Es wäre jedoch ratsam, genau das Gegenteil zu tun: Komplexität als Realität und Normalität anzunehmen, sie zu «umarmen», als eine Freundin zu sehen und anzunehmen, das heisst sie bewusst wieder in unser Leben und unsere Institutionen «einzuführen». Nur so können wir die individuelle und organisationale Fähigkeit zur Bewältigung von Störungen verbessern und auch in Zeiten zunehmender Ungewissheit handlungsfähig bleiben. Dirk Baeker plädiert dafür, **Komplexität als Kulturform der Gesellschaft zu begreifen.**[41]

Meine persönliche Strategie im Umgang mit Komplexität lautet deshalb: **Das eigene Überfordertsein akzeptieren, dem Vertrauen vertrauen und sich emporirren.** Ich habe erkannt, dass es wichtig ist, die Ungewissheit anzunehmen, da das Überfordertsein eine Tatsache ist und die Realität unseres Lebens widerspiegelt. Mir wurde bewusst, dass die Überforderung ein paradoxes Selbstkonstrukt darstellt, weil sie einerseits real ist, andererseits aber auch von mir selbst konstruiert wird: immer dann nämlich, wenn ich versuche, unrealistische Erwartungen, sei es von mir selbst oder anderen, zu erfüllen. Für mich bedeutet der Umgang mit der Überforderung, einen Schritt zurückzutreten und zu erkennen, wie ich selbst dazu beitrage, in die Falle der Überforderung zu geraten. Erst wenn ich verstehe, welchen Beitrag ich selbst leiste, wo ich Teil des Überfordertseins bin, kann ich souveräner damit umgehen.

Meine Schlussfolgerung: Um handlungsfähig zu bleiben, muss ich lernen, mit der Überforderung zu tanzen und ihr spielerisch zu begegnen. Oder wie es die Britische Schriftstellerin Vivian Green sinngemäß formuliert: «Warte nicht darauf, dass der Sturm vorbeizieht. Tanze im Regen.» Das bedeutet nicht, die Komplexität zu ignorieren oder zu trivialisieren. Die Anwendung oberflächlicher Bewältigungsstrategien, wie das Erledigen von noch mehr Aufgaben in begrenzter Zeit oder das Setzen höherer Anforderungen an sich selbst, erweisen sich letztendlich als nur begrenzt zielführend.

Neben der Akzeptanz der Komplexität verlasse ich mich heute auf das Vertrauen als wirksamen Filter für Komplexität. Vertrauen kann nicht erzwungen werden und es gilt der Grundsatz «*Trust, but verify*». Im zwischenmenschlichen Vertrauen erfolgt die Überprüfung nicht durch Kontrollen, sondern durch ein In-Beziehung-Sein. Dabei handelt es sich um eine spezielle Qualität von Beziehung. Eine Beziehung, in der Schwingung entsteht. Resonanz bedeutet, im Dialog miteinander zu sein. Je mehr Beziehungszeit ich mit einer Person verbringe, desto besser bin ich in der Lage, die Vertrauensqualität einzuschätzen. Je größer die Ungewissheit ist, desto wichtiger wird zudem das explorative Vertrauen. Das bedeutet: die Fähigkeit, ergebnisoffen durch Versuch und Irrtum zu lernen. Persönlich bin ich überzeugt, dass in der komplexen Lebensrealität immer mehr das Experiment den systematischen Plan oder die «Strategie» ersetzt.

Als wirksame Strategie im Umgang mit Komplexität empfehle ich Institutionen, die Hyperrationalität abzulegen, die Binnenvarietät gezielt zu erhöhen, dem **Zufall eine Chance** zu geben und ergebnisoffen zu experimentieren. Es ist offensichtlich, dass Organisationen, selbst unter Einsatz maximaler Rationalität, niemals in der Lage sind, alle relevanten Informationen über die Funktionslogik ihrer komplexen Umwelt zu erfassen. Die Hyperrationalität ist somit keine praktikable Strategie. Sie ignoriert die Tatsache, dass Menschen und Institutionen nur über begrenzte kognitive Ressourcen verfügen und diese nicht ausreichen, um die Wirkmechanismen der Realität vollständig zu verstehen. Dies bedeutet nicht, dass Rationalität verworfen werden sollte. Aufgrund meiner Erfahrung muss das rationale Denken jedoch eine sinnvolle Ergänzung erfahren. Organisationen sind gut beraten, die Binnenvarietät als Gestaltungsfeld zu betrachten und sich stets die Frage zu stellen, wie sich diese erhöhen lässt. Neben den bereits aufgezeigten Zugängen wie biografische Vielfalt, Selbstorganisation und Reduktion von Übereffizienz erachte ich die Wiedereinführung des Zufalls in unsere Organisationen für entscheidend. Der Organisationspsychologe James March plädiert mit einem ironischen Unterton für eine «Technologie der Torheit». Dieser Vorschlag läuft darauf hinaus, in Organisationen punktuell «Unvernunft» walten zu lassen. Das bedeutet, die Orientierung an der Zweckrationalität aufzugeben und Raum für das Explorative, für Experimente und Erprobungen zu schaffen.[42] Durch diese Form der Verspieltheit steigt die Binnenvarietät. Dem Zufall eine Chance zu geben bedeutet auch, Dinge zu finden, nach denen man nicht gesucht hat. In der Fachliteratur bezeichnet man diese zufälligen Beobachtungen von etwas ursprünglich nicht Gesuchtem, das sich als neue und überraschende Entdeckung erweist, als Serendipitätsprinzip. Bei den Verantwortungstragenden setzt dies eine spielerische Neugier und die Bereitschaft voraus, sich überraschen zu lassen. Eigenschaften, für die wir ungenügend vorbereitet und ausgebildet sind. Ebenso fehlen uns die methodischen Kompetenzen, zufällige Entdeckungen als Mittel zur Erhöhung der Binnenvarietät zu provozieren.

Aufgrund meiner eigenen Aktionsforschung komme ich zum Schluss, dass Experimente ein wirkmächtiger Zufallsgenerator sind und den organisatorischen Erfahrungsraum erweitern. Dabei handelt es sich um ergebnisoffene Initiativen und Interventionen, die das Potenzial haben, Zufälliges, Überraschendes und Unerwartetes zu entdecken und somit dazu beitragen, das Handlungsrepertoire zu erweitern. Bei der Konzeption möglicher Experimente ist es hilfreich, dem Selbstverständlichen und Dogmatischen zu misstrauen und Kontraintuitives, also dem antrainierten Menschenverstand Widersprechendes, zu wagen. Im Rahmen unseres Forschungsprojekts Musterbrecher® konnte ich eindrucksvoll erleben, wie es zum Beispiel mit Hilfe von Führungsexperimenten gelingen kann, die Binnenvarietät zu erhöhen.[43]

Selbstverständlich können Experimente auch scheitern. Im organisationalen Kontext kann dieses Scheitern unterschiedliche Qualitäten beinhalten.

Dabei ist für mich die von der Harvard-Professorin Amy C. Edmondson vorgeschlagene Unterscheidung erhellend. Sie spricht von tadelnswertem (blameworthy) und lobenswertem (praiseworthy) Scheitern. Scheitern Organisationen in einem Vorhaben durch Fehlverhalten, Unachtsamkeit oder die Unfähigkeit einzelner Mitarbeitender, befinden sie sich im Bereich des «dummen», tadelnswerten Scheiterns. Sind unerwünschte Ergebnisse hingegen die Folge von Ungewissheit hinsichtlich zukünftiger Entwicklungen, des Tests von Hypothesen oder explorativen Forschens, kann man von «intelligentem» oder lobenswertem Scheitern sprechen. Zwischen dem dummen und dem intelligenten Scheitern gibt es noch einen Bereich, den man mit «komplexitätsbedingtem Scheitern» überschreiben könnte.[44] Für mich bedeutet dies, dass im Umgang mit Komplexität das einzige wahre Scheitern darin besteht, als Person oder Institution keine Experimente mehr zu wagen. Scheitern besteht in diesem Fall darin, dass mit dieser Strategie jegliche Form des Lernens verunmöglicht wird. Die positive Haltung gegenüber dem Scheitern fördert die Bereitschaft, ergebnisoffene Vorhaben zu wagen und dem Zufall eine Chance zu geben.

Meine gegenwärtige Überzeugung:
Vertrauen und Vielfalt – das ultimative Skript
für die Blackbox-Gesellschaft.

Mein heutiges Fazit

- In unserer Blackbox-Gesellschaft ist Komplexität die ständige Begleiterin, die uns oft überfordert, jedoch stets herausfordert.
- Um in einer komplexen Welt handlungsfähig zu bleiben, ist es wichtig, diese Überforderung und das eigene fremd- und selbstverursachte Überfordertsein zu verstehen und zu akzeptieren.
- Vertrauen ist der effektivste Filter im Umgang mit Komplexität. Es ermöglicht die «sichere» Navigation in der unsicheren Welt.
- Nicht die Reduktion der Komplexität durch Simplifizierung oder Trivialisierung, sondern deren Erschließung ist zielführend. Um in unseren individuellen und institutionellen Lebenswelten intelligent mit Komplexität umzugehen, ist die gezielte Erhöhung der Varietät entscheidend.

Außensichten zur Denkstimulation

Nachfolgend die Denkangebote von Peter Gomez, ehemaliger Rektor der Universität St. Gallen, Sonja Sackmann, Organisationspsychologin, sowie Peter A. Wuffli, einstiger Präsident der Generaldirektion der Schweizer Großbank UBS.

Peter Gomez studierte, promovierte und habilitierte an der Universität St. Gallen. Er war Mitglied der Direktion der Ringier-Gruppe und der Distral-Gruppe, sowie Gründer der Valcor AG. 1990 wurde er zum Ordinarius und Direktor des Instituts für Betriebswirtschaft an der Universität St. Gallen berufen. Von 1999 bis 2005 leitete er seine Universität als Rektor und anschließend als Gründungsdekan die Executive School of Management, Technology and Law der HSG. Bis 2013 war er zudem Verwaltungsratspräsident der SIX Group und der Schweizer Börse SIX Swiss Exchange. Ich habe Peter Gomez die Frage gestellt: **Welche persönlichen Strategien verfolgst du, um in einer komplexen Welt handlungsfähig zu bleiben?**

Life is a rollercoaster
Peter Gomez

Das Leben ist eine Achterbahn, genieße einfach die Fahrt! So sang Ronnan Keating im Jahr 2000, zur gleichen Zeit, als das digitale Zeitalter seinen Anfang nahm und unsere Arbeitswelt fundamental veränderte. In welche Richtung sollte das Pendel ausschlagen, würde der Respekt oder gar die Angst vor den neuen technologischen Herausforderungen sich zur dominierenden Kraft entwickeln, oder würde der Drang nach Selbstverwirklichung auch das Arbeitsleben prägen? Ein Vierteljahrhundert später ist für viele die persönliche Entfaltung im Beruf immer wichtiger geworden: Eine optimale Work-Life-Balance, der bewusste Verzicht auf Führungsverantwortung zugunsten interessanter Jobs, die Delegation der eigenen Kreativität an Algorithmen und «Big Data» sowie die passende Entlohnung in Form von Boni. Gleichzeitig ist aber – angesichts der Entwicklung der künstlichen Intelligenz und tektonischer Verschiebungen in der politischen und wirtschaftlichen Weltordnung – die Unsicherheit gewachsen, verbunden mit zunehmenden Symptomen von Zukunftsangst und Stress. Die Komplexität der Arbeitswelt hat stark zugenommen, und es gibt kein Entweder-oder. Vielmehr stellt sich die Frage, wie diese verschiedenen Ziele und Abhängigkeiten in Zukunft zur Deckung gebracht werden können. Dies setzt ein ganzheitliches Verständnis von Unternehmensführung voraus, charakterisiert durch vernetztes Denken, unternehmerisches Handeln und persönliches Überzeugen.

Mein Studium an der Universität St. Gallen fiel in die Zeit einer grundlegenden Neuausrichtung von Forschung und Lehre, geprägt durch den Paradigmenwechsel von der Betriebswirtschaftslehre zur Führungslehre. Bei der herkömmlichen Betriebswirtschaftslehre standen die Funktionslehren von Forschung & Entwicklung, Produktion, Logistik, Marketing, Personalwesen, Rechnungswesen und Organisation im Vordergrund. Bei der Führung eines Unternehmens galt es, das Spezialwissen dieser Bereiche bestmöglich zu kombinieren. 1968 erschien das Buch meines akademischen Lehrers Hans Ulrich: «Die Unternehmung als produktives soziales System». Seine Grundthese – der Systemansatz – warf ein völlig neues Licht auf die Unternehmensführung. In den Mittelpunkt rückten das Denken in Kreisläufen, die Einbettung des Unternehmens in seine vielfältigen Umwelten und die Wahrnehmung gesellschaftlicher Verantwortung. Diese Denkweise basierte auf Erkenntnissen der Kybernetik, die neue Wege zur Bewältigung von Komplexität durch vernetztes Denken und effektive Organisation aufzeigt. Methodisch kam dabei der «Helikopter-Ansatz» zum Tragen: Führungskräfte erheben sich als erstes hoch über ihr Territorium und lokalisieren das Unternehmen in seiner Umwelt. Dann landen sie an einem spezifischen Punkt (Produktion, Marketing, Logistik) und entnehmen eine Bodenprobe. Wieder zurück, interpretieren sie diese erneut im Kontext des größeren Ganzen und bestimmen ihre Handlungsoptionen. Unterstützt wird dieses Vorgehen durch das St. Galler Management-Modell, das die vielfältigen Dimensionen und Prozesse der Führung ganzheitlich aufzeigt.

Entscheidend für den Erfolg dieser Denkweise ist die Unterscheidung zwischen komplizierten und komplexen Systemen. Komplizierte Systeme zeichnen sich durch viele Einflussgrößen und Abhängigkeiten aus, ihre Struktur bleibt aber im Zeitablauf unverändert. Komplexe Systeme hingegen ändern sich dynamisch, sowohl in der Zusammensetzung als auch in der Struktur. Komplizierte Systeme kann man letztlich beherrschen, mit komplexen Systemen muss man lernen umzugehen. Komplexität ist charakterisiert durch eine Vielzahl von Rückkoppelungen, die präzise Aussagen über zukünftige Entwicklungen verunmöglichen. Die Versuchung ist groß, diese Zusammenhänge als *«nichts anderes als ...»* zu klassifizieren und die bewährten Methoden des Umgangs mit Kompliziertheit anzuwenden. Der Umgang mit Komplexität erfordert aber einen anderen Zugang, um handlungsfähig zu bleiben.

Nachdem sich das Systemdenken anfangs der 1970er Jahre als integraler Teil des Studiums an der HSG etabliert hatte, ermutigte Hans Ulrich eine Forschergruppe mit Walter Krieg, Fredmund Malik, Karl-Heinz Oeller, Gilbert Probst und mir zur Entwicklung der «Systemmethodik» – einer Handlungsanleitung zum Umgang mit Komplexität. Ausgangspunkt war die Frage, wie die unternehmerische Dynamik mit ihren verstärkenden und dämpfenden

Kreisläufen erkannt und genutzt werden kann. Als erstes entstand die **«Methodik des Vernetzten Denkens»,** die in der universitären Lehre wie auch in der Unternehmenspraxis großen Anklang fand. Ein nächster Fokus lag auf Handlungsanleitungen zur Sicherung und Entwicklung der Lebensfähigkeit des Unternehmens. Das **«Modell des Lebensfähigen Systems»** des britischen Kybernetikers Stafford Beer wurde dazu in vielfältiger Weise weiterentwickelt und in der Praxis erfolgreich eingesetzt. Ein Blick in den «Werkzeugkasten» der Systemmethodik illustriert die Form von Handlungsanweisungen.

Zur *Erfassung der Komplexität* haben sich folgende Regeln bewährt:
- Ändere die Perspektive, denn so werden Grenzen neu gezogen!
- Identifiziere Rückkoppelungen, denn sie sind die Ursache jeglicher Dynamik!
- Entdecke Gesetzmäßigkeiten im Hintergrund, sogenannte «Power Laws», denn sie bestimmen den Gang der Dinge!
- Finde «Inseln von Ordnung», denn sie ermöglichen einen Blick in die Zukunft!

Beim *Eingreifen in die Komplexität* helfen die folgenden Regeln:
- Setze bei Kipppunkten, den «Tipping Points», an, denn dies nutzt selbstorganisierende Kräfte!
- Favorisiere die lose Koppelung autonomer Einheiten, denn dies verhindert Kettenreaktionen!
- Experimentiere, statt zu modellieren, denn die Realität antwortet sofort!
- Baue gezielt Fehler ein, denn so wird die eigene Resilienz sichtbar!

Neben dem vernetzten Denken und dem unternehmerischen Handeln rückt heute das persönliche Überzeugen immer mehr in den Fokus der Unternehmensführung – die Übernahme von Verantwortung, sowohl innerhalb des Unternehmens als auch im Kontext der menschlichen Gesellschaft.

Ab Mitte der 1990er Jahre war ich als Rektor der Universität St. Gallen und Präsident der Schweizer Börse SIX mit der Führung von zwei gesellschaftlichen Institutionen betraut. Welche Lehren für den Umgang mit Komplexität habe ich daraus gezogen? «Purpose» und «Leadership» sind seit den 2010er Jahren Trendthemen in Lehre und Praxis des Managements: Welchen Zweck verfolgen Unternehmen, und wie können die Mitarbeitenden auf diese eingeschworen werden? Oft werden unrealistische Erwartungen an einen raschen Wandel geweckt, die Kultur eines Unternehmens hat jedoch ein beachtliches Beharrungsvermögen. Aus meiner Sicht müssen in diesem Kontext drei grundlegende Fragen beantwortet werden: *Wofür übernehmen Führungskräfte Verantwortung, wie ermöglichen sie eine gesunde Entwicklung des Unternehmens, und welchen Wert schöpfen sie für die Gesellschaft?* Verantwortungsvoll führen heißt, die Lebensfähigkeit des Unternehmens zu sichern und zu entwickeln.

Dabei steht die Förderung von Autonomie im Mittelpunkt. Organisatorische Einheiten, Projektteams und die Mitarbeitenden selbst sollen sich durch Unternehmensgeist auszeichnen. Deren Autonomie darf nur eingeschränkt werden, wenn der Zusammenhalt des Ganzen gefährdet ist. Die Kunst der Führung besteht darin, dieses Momentum zu erkennen und zu nutzen.

«Wer beiträgt, führt» – persönliches Engagement ist der Schlüssel zum Erfolg. Kürzlich hat mir die Inhaberin eines mittelgroßen Industrieunternehmens geschildert, wie ihre hochqualifizierten Mitarbeitenden ausgezeichnete Arbeit leisten, bis sie Führungsverantwortung übernehmen sollen. Dann springen sie oft ab und suchen eine neue Aufgabe, maßgeschneidert auf ihre Interessen und mit vielen persönlichen Freiheiten. Die gesunde Entwicklung eines Unternehmens hängt aber entscheidend vom Engagement der Mitarbeitenden als Führungskräfte ab, und von deren Willen, sich auch in schwierigen Zeiten «durchzubeißen».

Auch der Kompass für verantwortungsvolle Unternehmensführung wird neu ausgerichtet: Vom Aktionärsnutzen (dem «Shareholder Value») zum gesellschaftlichen Wertbeitrag (dem «Public Value»). Timo Meynhardt und ich haben in den 2010er Jahren versucht, diesen Beitrag mit Hilfe einer «Public Value Scorecard» zu erfassen. Bei der Entscheidungsfindung sind dabei fünf Fragen zu beantworten: *Ist es sachlich gerechtfertigt? Ist es profitabel? Ist es politisch akzeptabel? Ermöglicht es positive Erfahrungen? Ist es anständig?*

Mit den 2020er Jahren ist das Zeitalter von «Big Data» und künstlicher Intelligenz angebrochen. Die Komplexität des Unternehmensgeschehens hat sprunghaft zugenommen, es stehen aber auch neue Instrumente zur Verfügung, welche die Entscheidungsfindung in bisher nicht gekanntem Umfang unterstützen. Die künstliche Intelligenz soll schon bald große Bereiche der menschlichen Arbeit übernehmen. Allerdings zeigen sich bei näherer Betrachtung beträchtliche Schwächen dieser neuen Art der Komplexitätsbewältigung. «Big Data» und künstliche Intelligenz basieren heute meist auf Vergangenheitsdaten, das Bestehende wird neu geordnet und damit die Führung des laufenden Geschäfts erleichtert. Aber die Innovation und die Entwicklung des Unternehmens erfordern einen anderen Zugang zur Komplexität. Gefragt ist die menschliche Kreativität. Dies zeigt sich beispielhaft in der Finanzindustrie. Der Vermögensverwaltung stehen einerseits zu wenig aussagekräftige Daten zur Verfügung, und anderseits ändern sich die Muster der grundlegenden Zusammenhänge ständig. Mark Lambertz und ich haben vor kurzem einen Ansatz entwickelt, der den heutigen Anforderungen der Unternehmensentwicklung Rechnung trägt: Das **«Führen mit schwachen Signalen».** Führungskräfte warten oft mit ihren Entscheiden zu und begründen dies mit ungenügenden Daten. Aber es ist eine Eigenschaft von Komplexität, dass grundsätzlich nur wenige Daten über mögliche Zukünfte vorliegen, und diese müssen optimal genutzt werden. «Small Data» helfen in dieser Situation weiter. «Schwache

Signale» sind kleinste Veränderungen, die im Unternehmensgeschehen aufblitzen und auf einen grundlegenden Wandel hinweisen. Das Führen mit schwachen Signalen umfasst zwei Aspekte: Die Entdeckung solcher Signale und das anschließende Handeln mit Hilfe schwacher Signale. Wie können Gesetzmäßigkeiten («Power Laws») in der Vielfalt des unternehmerischen Umfelds identifiziert werden? Und wie kann mit minimal invasiver Wirkung in das Unternehmensgeschehen eingegriffen werden?

Der Umgang mit Komplexität muss letztlich stets dem bereits in den 1950er Jahren von Ross Ashby vorgestellten «Gesetz der erforderlichen Varietät» gerecht werden. Die Varietät einer Problemsituation kann nur durch gleichwertige Varietät der Führung bewältigt werden. Das heißt aber nicht, möglichst viele Daten zu sammeln und auszuwerten – im Gegenteil, die wenigen, in komplexen Situationen verfügbaren Daten müssen auf ihre Zusammenhänge hin untersucht werden, um ganzheitlich gestalten und lenken zu können. Das gilt nicht nur für die Unternehmensführung, sondern in gleichem Maße für die Politik, für die Wirtschaft, für die Gesellschaft und für das private Leben.

Prof.in em. Dr. Sonja Sackmann studierte Psychologie und Soziologie in Marburg, Heidelberg und an der California State University, Northridge. Sie absolvierte ein Studium in Management an der University of California, Los Angeles, welches sie mit einem Ph. D. abschloss. Sie war Managing Partner am Management Zentrum St. Gallen und später Professorin für Arbeits- und Organisationspsychologie an der Universität der Bundeswehr München. Heute ist sie Gastprofessorin an der University of Tartu und Mitglied in verschiedenen Expertenkommissionen und Editorial Boards. Sonja Sackmann habe ich die Frage gestellt: **Wie erlebst du die Überforderung durch die «Blackbox-Gesellschaft» und hast du wirksame Gegenstrategien?**

Komplexität neu denken
Sonja Sackmann

Unsere Gesellschaft zeichnet sich durch Komplexität aus. Diese resultiert vor allem aus unvorhergesehenen exogenen Faktoren. Hierzu gehören die mit Talebs schwarzem Schwan vergleichbaren Ereignisse wie beispielsweise die COVID-19-Pandemie, politische und militärische Aggressionen, aber auch ökologische Ereignisse wie ein Tsunami, ein Vulkanausbruch, Lawinenabgänge und Überschwemmungen in unvorstellbarem Ausmaß. Mit solchen höchst unwahrscheinlichen Ereignissen ist eine Reihe gesellschaftlicher, wirtschaftlicher und auch ökologischer Unsicherheiten mit häufig unbekannten Konsequenzen verbunden. Aber auch eher vorhersehbare Ereignisse, die den Einzelnen persönlich treffen, wie technologische Neuerungen, Migration, die Multioptionsgesellschaft oder der Klimawandel, bringen Ungewissheit mit sich. So sind heute die Auswirkungen der Entwicklungen um die künstliche Intelligenz auf unsere verschiedenen Lebensbereiche nicht abschätzbar. Der Zugang zum Internet bietet weltweit eine Fülle von Informationen, die häufig erschlagend wirken. Die Migrationsbewegungen führen in unserer Gesellschaft und in Unternehmen zu einer zunehmenden Multikulturalität, die im täglichen Umgang mit Überraschungen verbunden ist, und häufig Ratlosigkeit und Überforderung mit sich bringt.

Mit Dietrich Dörner lässt sich Komplexität durch **fünf Faktoren** charakterisieren: (1) Der resultierende Kontext ist intransparent; (2) die verschiedenen, zur Komplexität beitragenden Faktoren sind einerseits nicht alle bekannt und (3) dennoch miteinander vernetzt mit teils gegenseitigen Abhängigkeiten. Gegebene Situationen sind (4) instabil und können sich schnell durch ihre inhärente Systemdynamik verändern. Damit ist (5) der gesamte Kontext unsicher und undurchschaubar. Doch was bedeutet dies für die einzelnen Akteure? Je nach Kontext, Lebenssituation, Person und Persönlichkeit wird eine gegebene Situation unterschiedlich wahrgenommen und es können unterschiedliche Handlungsstrategien gewählt werden, um mit den sich stellenden Herausforderungen einer komplexen Welt umzugehen. Wie schon Kurt Lewin mit seiner Formel $V = f(P \times U)$ aufzeigte: Das menschliche Verhalten (V) ist eine Funktion von Person (P) und Umwelt (U). Wie Forschungsergebnisse zeigen, gibt es dennoch zu persönlichen Dispositionen und kontextuell subjektiven Wahrnehmungen und Entscheidungen intersubjektiv bewährte Handlungsstrategien im Umgang mit Komplexität. In der persönlichen Reflexion meiner bewährten Überlebensstrategien im Umgang mit Komplexität habe ich festgestellt, dass sich diese Strategien den in meiner Forschung gewonnen Erkenntnisse zum Umgang mit und zur Führung in Nicht-Routine-Situationen zuordnen lassen. Diese Handlungsstrategien sind das Einnehmen und Agieren im Rahmen einer dynamischen Systemperspektive, das Planen und Handeln auf der Basis einer fehlerbehafteten Welt, ein flexibler Umgang mit Flexibilität sowie Relationale Führung. Zu den persönlichen Charakteristika, die im Umgang mit komplexen Nicht-Routine-Situationen helfen, gehören Neugierde, Toleranz und eine Art von Mut, die mit einer gewissen Risikobereitschaft gekoppelt ist. Ebenso das Kennen der eigenen Stärken und Schwächen, verbunden mit dem Vertrauen in die eigenen Kompetenzen; eine Fokussierung, die in der Informationsflut dabei hilft, Wichtiges von Unwichtigem zu trennen; sowie eine kritische Selbstreflexion, gekoppelt mit einer Lern- und Veränderungsbereitschaft. Aufgrund konkreter lebensbiografischer Herausforderungen werde ich im Folgenden auf die aufgeführten Handlungsstrategien eingehen.

Einnehmen und Agieren im Rahmen einer dynamischen Systemperspektive

Schon früh habe ich erkannt, dass wir in verschiedensten, sich ständig ändernden Systemen leben – angefangen bei der eigenen Familie oder der Schule, dann auch in Vereinen, der Gemeinde, Weiterbildungsinstitutionen wie Universitäten und Arbeitsorganisationen, bis hin zur Nation. So gestaltete sich mit der Geburt meines jüngeren Bruders unsere Familienkonstellation neu; während meines Studiums änderten sich Veranstaltungsorte, vorhandene Technologien, Prüfungszeiten und Curricula. In Arbeitsorganisationen ergaben sich neue Kollegen-, Führungs- und Ressourcenkonstellationen und damit neue Herausforderungen. Hierbei war mir klar, dass eine Veränderung oder ein Problem selten auf einen Faktor reduzierbar waren, sondern sie sich meist aufgrund verschiedener, miteinander verbundener Faktoren ergaben. Geholfen hat mir im Umgang mit diesen sich ändernden Konstellationen meine Neugier. Diese hat mich dazu bewogen, und dank einer gewissen Risikobereitschaft auch dabei geholfen, neue Kontexte selbstinitiiert aufzusuchen, wie beispielsweise Studien- und Arbeitsaufenthalte in anderen Ländern, die mit anderen Kulturkreisen verbunden waren. Die Fähigkeit zur kritischen Selbstreflexion und Lernorientierung halfen mir, die erlebten Kulturschocks, die neuartigen Konstellationen und die auftretenden Probleme zu be- und verarbeiten und dabei meine persönlichen Stärken und Schwächen kennen zu lernen.

Das Planen und Handeln auf der Basis einer fehlerbehafteten Welt

Aus meinen Erfahrungen im privaten wie auch beruflichen Bereich habe ich gelernt, dass im Hinblick auf neue Situationen Planung wichtig ist, auch wenn nie genau das, auf was ich mich vorbereitet hatte, auch eingetroffen ist. Meine Flexibilität half und hilft mir dabei, trotz Planung die Andersartigkeit einer Situation zu erkennen, zu akzeptieren, flexibel zu reagieren und das Beste aus der Situation zu machen. So hatte ich mich einmal aufgrund der schlechten Wettervorhersage mit starken Schneefällen im November entschieden, den allerersten Zug von St. Gallen zum Flughafen Zürich zu nehmen, um damit dann gerade noch rechtzeitig auf einen Flug zu kommen, der mich zu einer Veranstaltung bringen sollte, auf der ich den ersten Vortrag hielt. Mit dem Auto hätte ich zwar früher losfahren können, um rechtzeitig auf diesen frühen Flug zu kommen, doch die SBB schein mir zuverlässiger zu sein, als 85 Kilometer Autofahren im Schneematsch, und dabei eventuell aufgrund von Unfällen irgendwo im Stau stehen zu bleiben oder selbst einen Unfall zu bauen. Im Zug sitzend bemerkte ich im Halbschlaf, dass der Zug nach ca. 10 Minuten offizieller Abfahrtszeit immer noch im Bahnhof St. Gallen stand und dann eine Durchsage kam, dass es einen technischen Defekt gebe – und das bei der zuverlässigen SBB. Mit dem nächsten Zug hätte ich meinen Flug sicher nicht mehr erreicht. Schnell entschied ich mich doch für die zehnminütige Taxifahrt zu meinem Auto und erreichte trotz Schneematsch und äußerst prekären Fahrverhältnissen meinen Flug mit einem Sprint durch den Flughafen gerade noch rechtzeitig. Ähnliche Erfahrungen habe ich mit plötzlich nicht funktionierender Technologie bei Vorträgen oder Seminaren gemacht. In der Regel half es, zunächst einmal tief durchzuatmen, mögliche Alternativen durchzuspielen und die vorhandene Situation den Beteiligten zu kommunizieren. In der Regel fand sich eine Alternative, die von allen Beteiligten akzeptiert wurde.

Flexibler Umgang mit Flexibilität

Die voranstehenden Beispiele zeigen, wie notwendig Flexibilität ist. Dies betrifft Offenheit sowohl im Denken als auch im Handeln. Sind die geplanten Aktionen aufgrund einer geänderten Situation nicht anwendbar, so lernte ich, mir trotz Planung neue Handlungsoptionen mit ihren Vor- und Nachteilen zu überlegen und diese dann auch umzusetzen. In der Rolle als berufstätige Mutter wurde ich häufig bezüglich meiner Flexibilität getestet. So entschied ich mich, die Reise zu einer Konferenz in die USA doch nicht anzutreten, als meine zweijährige Tochter plötzlich 40 Grad Fieber hatte. Gegenüber ihr zeigte ich Flexibilität, gegenüber den Veranstaltern, denen ich zwei Vorträge und eine Moderation zugesagt hatte, war ich unflexibel. Mit den heute zur Verfügung stehenden Technologien hätte man ein Hybridformat wählen können. Damals stand diese Option noch nicht zur Verfügung. Auch in Entscheidungsrunden oder der Wahl von Technologien und Informationen stand und steht meine Flexibilität öfters auf dem Prüfstand. So bin ich in wenigen sozialen Medien angemeldet und aktiv, entscheide mich bewusst für oder gegen Informationskanäle und bin auch nicht permanent online. Mit diesen Strategien versuche ich, mit der vorhandenen Flut an Daten und Informationen umzugehen.

Relationale Führung

Relationale Führung besteht aus verschiedenen, sich ergänzenden Komponenten, angefangen bei der Einstellung qualifizierter Leute, gekoppelt mit hohen Erwartungen an sie. Organisationen, ob Familie, Team, ein Institut, eine Universität oder eine Firma, brauchen qualifizierte Mitarbeitende, die in ihrem Fachbereich gut sind und zudem verschiedene, für das System notwendige Kompetenzen haben, damit dieses als Ganzes effektiv funktionieren kann. Daher versuch(t)e ich immer, qualifizierte Mitarbeitende mit Potenzial auszuwählen, die sich inklusive mir in ihren Qualifikationen ergänz(t)en. Durch den sorgfältigen Selektionsprozess habe und hatte ich auch hohe Erwartungen an ihren Arbeitsbeitrag zum Team. Zudem ermöglichte mir die sorgfältige Selektion, diesen neuen Mitarbeitenden ein Vorschussvertrauen entgegenzubringen. In der Regel wurden weder meine hohen Erwartungen noch mein Vertrauen enttäuscht. Aufgrund der Diskussion von Zielen und der Fokussierung auf sie war und ist es möglich, diesen sorgfältig ausgewählten Mitarbeitenden große Freiräume mit den notwendigen Ressourcen zu geben, damit sie ihre Ziele auch erreichen können. Zu den Ressourcen zählen sowohl Arbeitsmittel wie auch persönliche Unterstützung in Form von Feedback, Coaching und Mentoring. Hierzu gehört auch die Einbindung in Diskussionen zu verschiedenen Themen und Entscheidungsfindungen. Regelmäßige Feedbackrunden dienen einerseits als Prozesskontrolle bezüglich der Arbeitsfortschritte. Anderseits geben solche Checks Auskunft über die Entwicklung und ggf. notwendige Unterstützungsmaßnahmen. Zielerreichungen versuche ich zu würdigen und je nach Situation mit den Beteiligten auch zu feiern. Am eindrücklichsten lässt sich der Prozess relationaler Führung bei der Einstellung und Führung einer Kinderbetreuung erläutern, die wesentlich schwieriger und kritischer ist als eine Einstellung im beruflichen Bereich. *Wem vertraue ich meine Kinder in meiner Abwesenheit an? Welche Werte vermittelt die Person meinen Kindern durch ihr Handeln? Wie geht sie mit ihnen um? Mit welchen Tätigkeiten verbringt sie die Zeit mit ihnen? Mag ich die Person um mich haben, wenn ich von zuhause arbeite?* Ohne sorgfältigsten Auswahlprozess, Vorschussvertrauen, Freiräume, regelmäßige Checks, Feedback, gegenseitige Wertschätzung und Fokussierung u. a. auf Stärken wäre für mich die Kombination von Arbeit und Familie mit Kindern in unserer Gesellschaft nicht möglich gewesen.

Dr. Peter A. Wuffli studierte Wirtschafts- und Sozialwissenschaften an der Universität St. Gallen, wo er auch promovierte. Er war Partner bei McKinsey und später Chief Financial Officer des Schweizerischen Bankvereins und nach der Fusion mit der Schweizerischen Bankgesellschaft Vorsitzender von UBS Asset Management. 2001 bis 2007 bekleidete er das Amt des Konzernchefs der UBS. 2006 gründete er mit seiner Ehefrau die Stiftung elea Foundation for Ethics in Globalization. Wuffli war Präsident des Verwaltungsrats der Partners Group Holding AG und Präsident der Lausanner Managementschule IMD. Darüber hinaus engagiert er sich als Vizepräsident des Verwaltungsrates stark für die Opernhaus Zürich AG. Ich habe Peter A. Wuffli die Frage gestellt: **Was ist dein persönliches Drehbuch in der Ungewissheit und welchen Navigationshilfen vertraust du?**

Orientierung in diverser Komplexität
Peter A. Wuffli

Von 1994 bis 2007 war ich Mitglied der Konzernleitung der UBS bzw. einer ihrer Vorgängerbanken, des Schweizerischen Bankvereins, davon die letzten fast sechs Jahre deren Vorsitzender. Schon damals war man in der obersten operativen Führung eines großen, globalen Finanzkonzerns mit maximaler Komplexität und größter Unsicherheit konfrontiert. Die wichtigsten Herausforderungen damals waren die zunehmende Globalisierung der Finanzmärkte, damit verbunden die Konsolidierung des Sektors durch Zusammenschlüsse von Firmen, die Professionalisierung des globalen Vermögensverwaltungsgeschäfts für Privatkunden und die Bewältigung externer Krisen, wie etwa der Asienkrise oder der Folgen des Platzens der Dotcom-Blase. In der Zwischenzeit sind angesichts dauernder Polykrisen und geopolitischer Spannungen Komplexität und Unsicherheit weiter gestiegen. Im Sommer 2007 trat ich von meiner Position zurück, als Folge eines für mich überraschenden Resultats von Vorgängen im Verwaltungsrat, die mir bis heute verborgen geblieben sind. Von einem Tag auf den anderen wurde in meinem beruflichen Leben maximale von minimaler Komplexität abgelöst. Die vorher prall gefüllte Agenda war auf einmal leer. Ich verlor in wenigen Tagen mehrere hundert teils langjährige Berufskolleginnen und -kollegen. Mit vielen von ihnen hatten mich freundschaftliche Beziehungen verbunden. In der Folge durchlief ich einen rund dreijährigen Prozess der grundlegenden Neuausrichtung meines Lebens.

In der ersten Phase ging es darum, die Handlungsfähigkeit als Konzernchef angesichts großer Komplexität zu bewahren, in der zweiten stand die Wiedererlangung von Handlungsfähigkeit im neuen Lebensabschnitt im Vordergrund. Im Folgenden beschreibe ich einige Strategien, die mir bei der Bewältigung der Herausforderungen in den zwei völlig unterschiedlichen Welten geholfen haben.

Handlungsfähig bleiben als Konzernchef der UBS

Es waren im Wesentlichen vier Strategien, um deren Realisierung ich mich bemühte:

Die Agenda gestalten, nicht geschehen lassen: Der Apparat eines Großkonzerns hat eine Tendenz, sich der Agenda des Konzernchefs zu bemächtigen. Die Versuchung ist groß, das einfach geschehen zu lassen. Wenn man dieser Versuchung erliegt, schöpft man das Potenzial von Führung nicht aus, nämlich Dinge zu bewirken, die ohne eine entsprechende Intervention nicht geschehen wären. Methoden zur Agenda-Gestaltung waren zum Beispiel striktes Hinterfragen der Teilnahme an Konferenzen und ähnlichen Veranstaltungen mit Bezug auf Nutzen für UBS versus Schmeicheln des Ego, systematische Einplanung von Freiräumen oder die regelmäßige Überprüfung, ob die

Wirkung einer Aktivität deren Zeiteinsatz gelohnt hat. Ein großer Teil in der Agenda eines Konzernchefs sind Sitzungen und Besprechungen. Während meines ganzen bisherigen Berufslebens staunte ich immer wieder über das Ausmaß an Zeitverschwendung durch schlecht geplante und geführte Sitzungen. Intelligente Sitzungsplanung ist ein zentrales Element eines aktiven Agenda-Settings: Ist diese Sitzung wirklich notwendig? Braucht es meine Teilnahme? Was wollen wir erreichen? Geht es um Problemidentifikation, um Entscheidungsfindung oder um das Treffen einer verbindlichen Entscheidung? Je nachdem variieren die Teilnehmenden und es sind unterschiedliche schriftliche Grundlagen erforderlich. Auch der Stil der Sitzungsführung hängt wesentlich vom Typ der Sitzung ab. Bei der Problemidentifikation braucht es Kreativität und Offenheit durch Querdenken. Beim Treffen von Entscheidungen sind Abstimmung und Einmütigkeit nötig. Mögliche Ergebnisse geplanter Sitzungen gedanklich vorwegzunehmen, ist ein wichtiges Element von Handlungsfähigkeit.

Bodenhaftung bewahren, nicht abheben: Interne und externe Stakeholder eines Großkonzerns halten einem permanent einen meist realitätsfremden Spiegel der eigenen Bedeutung vor. Man erhält Lob für Dinge, die man kaum beeinflusst hat. Man wird mit Entscheidungen identifiziert, bei denen der eigene Beitrag gering war. Nach einer gewissen Zeit beginnt man diesen Spiegel für Wirklichkeit zu halten und effektiv zu glauben, wie wichtig man ist. So schwindet schleichend die Bodenhaftung. Es gilt, diesem Prozess regelmäßig Realitätschecks entgegenzuhalten. Möglichkeiten dafür sind bewusst gesuchte Dialoge mit Menschen unterschiedlicher Perspektiven und Meinungen. Schwierige Kunden, kritische Kollegen, aber auch die eigene Familie gehören dazu.

Ein ganzheitliches Leben führen, kein Workaholic werden: Das Management von Komplexität und die Bewahrung von Handlungsfähigkeit stehen in einem Spannungsverhältnis. Um sämtliche Aspekte einer Situation zu verstehen und durchzudenken kann man immer ein Vielfaches der verfügbaren Zeit einsetzen. Dies führt jedoch zu Überlastung. Man fühlt sich unter Druck, wird getrieben vom Umfeld und seinen Ereignissen und verliert dabei an Handlungsfähigkeit. Das ist kein nachhaltiger Weg, eine Führungsposition auszufüllen. Ein ganzheitliches Leben zu führen, in dem auch gewisse nicht direkt mit dem Beruf verbundene Aktivitäten und vor allem auch Familie und Freunde ihren Platz haben, ist nicht nur erfüllender, sondern auch gesünder und inspirierender. Mein Respekt vor Workaholics, von denen ich in meinem bisherigen Berufsleben viele angetroffen habe, war immer begrenzt. Zentrale Strategien für ein ganzheitliches Leben sind die Setzung klarer Prioritäten, diszipliniertes Zeitmanagement und die bewusste Delegation von Verantwortung an partnerschaftlich verbundene Kollegen.

Den beruflichen Worst Case konkret durchdenken, Risiken nicht verdrängen: Ein ganzheitliches Leben zu führen, ist auch ein Gebot des Risikomanagements. Die Luft an der Spitze ist dünn. Als ich zwanzig Jahre alt war, habe ich den plötzlichen Jobverlust meines Vaters, der damals Präsident der Generaldirektion der Schweizerischen Kreditanstalt war, direkt miterlebt. Entsprechend war mir dieses Thema vertraut. Auf längeren Autofahrten habe ich mir deshalb jeweils die Zeit genommen, mir konkret vorzustellen, was ein unmittelbarer Verlust der Stelle bedeuten würde. *Welche Freunde würden bleiben? Wie würde die Familie reagieren? Auf welche Aktivitäten würde ich mich konzentrieren?* Auch mit Blick auf den Worst Case ist es eine schlechte Idee, Familie und Freunde dem Beruf zu opfern. Und in meinem Fall war es hilfreich, dass ich meine an die Funktion bei der UBS gekoppelten Mandate als Vizepräsident der Lausanner Führungsschule IMD wie auch als Verwaltungsrat der Zürcher Opernhaus AG aktiv und engagiert wahrgenommen habe, sodass ich beide Mandate nach meinem Austritt aus der Bank weiterführen konnte.

Handlungsfähig werden im fundamentalen beruflichen Umbruch

Am 29. Juni 2007 eröffnete mir der damalige Präsident des UBS-Verwaltungsrates für mich völlig überraschend, dass am Vortag wichtige Entscheidungen bezüglich der obersten Führung getroffen worden waren. Er sei gebeten worden, für längere Zeit als Präsident zu bleiben. Der von mir vorgeschlagene Nachfolger als CEO würde vorzeitig meine Funktion übernehmen. Das hieß, ich würde nicht mehr CEO sein. Ich war sprachlos. *Wie geht man mit einer solchen Herausforderung um? Wie erlangt man Handlungsfähigkeit zurück, wenn sich Gefühle von Wut und Trauer zunehmend mit solchen von Freiheit und Aufbruch abwechseln?* Ich erinnere mich an vier Strategien, die ich damals verfolgte.

Innere Kräfte mobilisieren, radikal neu denken: Das Gute an einer leeren Agenda ist die Möglichkeit des radikalen Denkens. *Was ist mir wichtig im Leben? Welche Werte zählen am meisten? Was möchte ich im Alter von 50 Jahren zukünftig noch erreichen? Wie möchte ich die Zeit verbringen?* Für mich war es eine wichtige Erkenntnis, dass mir die Erzielung sozialer Wirkung in Zusammenarbeit mit talentierten jungen Menschen wichtiger war als Prestige und Einflussmöglichkeiten, die mit Mandaten in großen Organisationen verbunden sind. Entsprechend übernahm ich das Präsidium der 2006 mit meiner Frau gemeinsam gegründeten elea Stiftung, die mit unternehmerischen Mitteln absolute Armut bekämpft. In den darauf folgenden fast 20 Jahren engagierte ich mich gemeinsam mit unserem CEO Andreas Kirchschläger für den Aufbau von elea als philanthropische Impact-Investment-Organisation, die mittlerweile an über 30 jungen Impact-Firmen im globalen Süden beteiligt ist und diese mit einem hochqualifizierten Team von gegen 40 professionellen Kolleginnen und Kolleginnen aktiv unterstützt.

Sich Zeit geben, nicht in Aktivismus flüchten: Geduld ist in der Regel nicht die Stärke von Führungspersönlichkeiten in der Wirtschaft. Eine grundsätzliche berufliche Neuorientierung braucht aber genau das. Die Versuchung ist groß, sich in Aktivitäten zu flüchten, um die Agenda zu füllen und so die unbequemen Grundsatzfragen zu verdrängen. Wohlmeinende Freunde tragen einem Mandate und Aufgaben zu einem Zeitpunkt an, zu dem man innerlich noch nicht dafür bereit ist. Wenn ich dazu von Menschen, denen Ähnliches passiert ist, gefragt werde, gebe ich jeweils diesen Rat: Wenn Du es dir leisten kannst, nimm dir Zeit und denke deine Situation durch, bevor du vollendete Tatsachen schaffst. Und versuche, an deiner neuen Freiheit – trotz der damit verbundenen Unsicherheit – Gefallen zu finden.

Das Glas halbvoll sehen, nicht in Selbstmitleid zerfließen: Verlustbewirtschaftung und Selbstmitleid sind schlechte Ratgeber. In meinem Fall halfen mir ausgedehnte Reisen in Gebiete Afrikas und Asiens, in denen die Mehrheit der Menschen von unter drei US-Dollar Tageseinkommen lebt. Da werden Probleme ins richtige Maß gerückt. Wie ein Boxer den Staub abschütteln, wieder aufstehen und neue Ziele fixieren: das hat mir damals ein guter Freund geraten.

Auf Menschen zugehen, schwierige Themen nicht scheuen: Ich gehöre zur Gruppe der eher introvertierten Menschen. Da braucht es noch mehr Anstrengung als für extrovertierte, aktiv auf andere Menschen zuzugehen. Für viele ist der Umgang mit einem in einer solchen Situation schwierig. Sie wissen nicht, wie zu reagieren. Man ist gewissermaßen «toxisch». Das führt oft zu ungewollt unangebrachten und verletzenden Bemerkungen. Dennoch fand ich es wichtig, diese Auseinandersetzung bewusst zu suchen und mich nicht zurückzuziehen und dabei das Risiko der Vereinsamung einzugehen. Ich traf mich mit Persönlichkeiten, die Ähnliches erlebt hatten, und erinnere mich an Gespräche mit einem Tiefgang, der früher nicht möglich gewesen wäre. Ich nahm an gewissen gesellschaftlichen Anlässen, zu denen ich noch eingeladen wurde, teil und diskutierte Erfahrungen, suchte Rat und erweiterte meinen Horizont.

Im Rückblick war für mich das Ausscheiden aus der UBS bei aller Schmerzlichkeit und Unsicherheit ein **«verkleideter Segen»**. Ich konnte ein Portfolio an sinnstiftenden Aktivitäten und Initiativen zusammenstellen, was im Kontext der ursprünglich geplanten Ernennung zum zukünftigen Verwaltungsratspräsidenten der UBS realistischerweise nicht möglich gewesen wäre.

Vom Denken zum Handeln

Da wir nicht in der Lage sind, Komplexität aus unseren Systemen zu eliminieren, sollten wir sie stattdessen durch eine Arbeit an der Varietät bewusst in unser Leben und unsere Institutionen integrieren. Dafür sind eine positive Grundhaltung gegenüber der Überforderung und dem Gefühl, überfordert zu sein, sowie ein methodisch unvertrautes Vorgehen erforderlich. Eine empfohlene **paradoxe Intervention** lautet deshalb:

Trotz der tatsächlichen und selbstkonstruierten Überforderung Vertrauen als einen wirksamen Filter für Komplexität nutzen und die Vielfalt im eigenen Leben und in Institutionen gezielt erhöhen.

Die Akzeptanz von Vertrauen als einzige Möglichkeit im Umgang mit Komplexität und das konsequente Vertrauen in das Vertrauen als Komplexitätsfilter erweisen sich als anspruchsvoll. Ebenso herausfordernd ist es, dem Reflex zu widerstehen, Komplexität mittels der Reduktionslogik zu eliminieren, und sich stattdessen auf die Erhöhung der (Binnen-)Varietät zu fokussieren.

Für eine vertiefte Auseinandersetzung mit dem Thema Komplexität empfehle ich im Sinne einer Selbsterkundung, die nachfolgenden Aktionen durchzuführen, die angebotenen Reflexionsfragen zu beantworten und Experimente zu wagen:

To-dos
- Überlegen Sie sich, wann Sie zuletzt bewusst mit «Komplexität» konfrontiert waren. Charakterisieren Sie die spezifischen Merkmale des erlebten Phänomens. Wie sind Sie der Komplexität begegnet, und wie ist es Ihnen gelungen, handlungsfähig zu bleiben? Welche Vorgehensweise hat sich bewährt und was würden Sie heute anders machen?
- Reflektieren Sie Ihre grundsätzliche Strategie im Umgang mit Komplexität. Welche Bedeutung haben dabei Vertrauen als Komplexitätsfilter und die Vielfalt?

Reflexionsfragen

- Mit welchen Eigenschaften und Assoziationen verbinden Sie persönlich den Begriff Komplexität?
- In welchem Kontext sind Sie bereits auf die Aussage «Komplexität aus dem System nehmen» gestoßen?
- Haben Sie ein klares Verständnis für den Unterschied zwischen Kompliziertheit und Komplexität?
- Wo haben Sie in Ihrem Alltag zuletzt den «Schmetterlingseffekt» erlebt, bei dem kleine Ursachen große Wirkungen entfaltet haben?
- Wo und wie spüren Sie Überforderung in der Blackbox-Gesellschaft und welche Strategien setzen Sie dagegen ein?
- Welche Komplexität schreiben Sie Ihrer aktuell relevanten Lebenswelt zu?
- Was ist Ihr persönliches Drehbuch in Zeiten der Ungewissheit, und auf welche unterstützenden Navigationshilfen können Sie zählen?
- Wie stufen Sie Ihre persönliche «Komplexitätsresilienz» ein?
- Wie beurteilen Sie die nachfolgende These: «Vertrauen ist das mentale Immunsystem gegen Komplexität»?
- Wo erleben Sie konkret Vertrauen als Komplexitätsfilter?
- Welche Möglichkeiten sehen Sie in Ihrem Arbeitsumfeld, um die Binnenvarietät zu erhöhen?
- Wie oft geben Sie dem Zufall eine Chance und finden Dinge, nach denen Sie nicht gesucht haben?

Experimente

«Genpool» erweitern

Um die Varietät in einer Organisation gezielt zu erhöhen, kann es sinnvoll sein, bewusst atypische Lebensbiografien zu rekrutieren. Das bedeutet, Mitarbeitende anzustellen, die nicht zur Institution passen. Diese Nicht-Passung bezieht sich nicht auf die Werteebene, sondern kann sich beispielsweise in abweichenden Ausbildungswegen, Erfahrungen oder kulturellen Hintergründen manifestieren. Durch das gezielte Schaffen von Diversität entstehen unterschiedliche und kontroverse Sichtweisen, die letztlich dazu beitragen, die Binnenvarietät zu erhöhen. Da die Frustrationstoleranz jedes Einzelnen ihre Grenzen hat, gelingt dieses Experiment nur, wenn die vermeintlichen Exoten und Exotinnen in genügend großer Anzahl vorhanden sind.

Harte Pole und maximale Freiheiten

Implementieren Sie selbstorganisierte Teams in einem überschaubaren organisatorischen Bereich. Definieren Sie die auf Wissen und Erfahrung basierenden harten Pole, die strikt eingehalten werden müssen. Verzichten Sie auf Steuerung in Bereichen, in denen wenig gesichertes Wissen vorhanden ist, und ermöglichen Sie es den Teammitgliedern, eigenverantwortlich zu handeln und sich flexibel an veränderte Situationen anzupassen. Fördern Sie vielfältige Perspektiven und Fähigkeiten, um kreative und innovative Ansätze sowie schnelle Reaktionen zu begünstigen. Beobachten Sie, ob die Selbstorganisation zur Erhöhung der Binnenvarietät geführt und sich der Umgang mit der Komplexität verbessert hat.

6

Thinkout «Leadership»

**Wie konturiert sich
exzellente Führung?**

oder

Weshalb Führungsexzellenz
stets ein Ergebnis ist und sich einer
Zustandsbeschreibung entzieht.

Experimentieren und Sich-Emporirren:

Der Weg zur wahren **(Führungs-) Exzellenz.**

Lebensbiografische Themenbezüge

Auf dem Weg zum eigenen Führungsverständnis lokalisiere ich rückblickend verschiedene Abschnitte, die für das eigene Erkennen wichtig und prägend waren. Als kleiner Junge durfte ich meinen Vater oft bei seinem frühmorgendlichen Firmenrundgang begleiten. Er war 31 Jahre lang als Braumeister in der Brauerei Feldschlösschen in Rheinfelden tätig. Sein täglicher Rundgang begann um sechs Uhr und dauerte zwei Stunden. Er führte uns durch den Gär- und Lagerkeller, das Maschinenhaus, das Sudhaus, die Malzsilos, die Malerei, die Schreinerei, die Sattlerei, die Fass- und Flaschenabfüllanlage sowie die Pferdestallungen. Zum Schluss gelangten wir in den Aufenthaltsraum der Mitarbeitenden, den sogenannten Schalander. Während des Rundgangs begrüßte mein Vater die Mitarbeitenden meist mit Namen. In vielen spontanen Gesprächen erkundigte er sich nach ihrem persönlichen Befinden und er fragte nach, wie es der Familie gehe. Erst danach sprach er über geschäftliche Angelegenheiten, wie den Stand der Beladung der Eisenbahnwagons, die aktuelle Abfüllleistung des Füllers oder den Zustand der Brauereipferde. Oft hob er Etikettenreste, Scherben oder Papier vom Fußboden auf und wies mich an, dasselbe zu tun. Mein Vater entsprach nicht dem klassischen Manager-Stereotyp, er verkörperte eine charismatische Persönlichkeit, die echtes Interesse an Mitmenschen hatte. Er war ein Beziehungsmensch, der lieber im Betrieb als im Büro war. Die administrative Schreibtischarbeit minimierte er und er traf viele Entscheidungen aus dem Bauch heraus. Mein erstes Bild von Führung war mitarbeiterorientiert, personenzentriert und äußerst pragmatisch.

Im Alter von zwanzig Jahren begegnete ich im Rahmen meines Militärdienstes autoritärer Führung. In verschiedenen Ausbildungslehrgängen erlebte ich viele Vorgesetzte mit unterschiedlichen Führungsstilen. Unreif und viel zu unkritisch ließ ich mich von diesen starken Persönlichkeiten beeindrucken. Als Gruppen- und Zugsführer sowie Stabsoffizier konnte ich später eigene Führungserfahrungen sammeln. Fast schon erschreckend wird mir rückblickend bewusst, wie stark ich mich damals an nicht hinterfragten, rein angelernten Führungsprinzipien orientierte, diese kopierte und lebte. Mein zweites Bild von Führung war hierarchisch geprägt, auf Command and Control ausgerichtet und stark auftragsorientiert.

Mit dem Studium an der Universität St. Gallen erweiterte sich mein Verständnis von Führung. Die Mitarbeiterführung wurde im Kontext der Unternehmensführung verortet. Im Rahmen des St. Galler Systemansatzes erhielt ich einen ersten theoretischen Zugang zu den Themen Führung und Leadership. Meine akademischen Lehrer, Hans Ulrich, Knut Bleicher und Cuno Pümpin, weckten vor allem mein Interesse an dem Spezialgebiet des strategischen Managements. Durch meine spätere Promotion und Habilitation auf diesem Gebiet tauchte ich immer tiefer in die Thematik ein. Als ich im Jahre 1993 den Lehrstuhl für Internationales Management an der Universität der Bundeswehr in München übernahm, hatte ich das einmalige Privileg, mich beruflich mit dem Objektbereich «Führung» zu beschäftigen. Im Rahmen meiner Forschung konnte ich viele Managementthemen untersuchen, die mich interessierten. Ein zentrales Vorhaben bildete dabei das bereits erwähnte, im Jahre 2000 initiierte praxisnahe Forschungsprojekt Musterbrecher®. Sein Ziel war es, auf experimenteller Basis alternative Formen von Führung zu entwickeln, die es Organisationen ermöglichen, intelligent mit Paradoxien umzugehen und in Zeiten zunehmender Ungewissheit handlungsfähig zu bleiben. In einer ersten Phase untersuchten Dirk Osmetz, Stefan Kaduk und ich die vorherrschenden Führungsmuster und deren Prämissen auf ihre aktuelle Tauglichkeit. In einem zweiten Schritt analysierten wir weltweit über 80 Persönlichkeiten und Institutionen aus verschiedenen Bereichen der Gesellschaft, die das klassische Muster von Führung und Management durchbrochen und kontraintuitiv geführt hatten. Aus diesen Analysen konnten wir wertvolle Inspirationen für unser eigenes Denken gewinnen. Auch durch die Betreuung von mehr als 50 Promotionen, von denen sich viele mit Führungsfragen beschäftigten, erhielt ich von den Doktoranden und Doktorandinnen stets wertvolle Impulse. Meine langjährige Beratungs- und Coachingtätigkeit bot zudem zahlreiche Gelegenheiten, neue Ideen zu testen und ihren praktischen Einfluss zu erleben und zu bewerten. Die aktuellen Berührungspunkte zur Thematik Führung ergeben sich aufgrund meiner Tätigkeit als Verwaltungs- und Stiftungsrat. Das eigene Bild der zukünftigen Führung basiert also auf einer etwa 35-jährigen individuellen Erkenntnisreise. Die Frage, ob es valide ist, bleibt unbeantwortbar.

Irritierende Beobachtungen

Nach Angaben des Bundesamts für Statistik ist die Zahl der Führungskräfte in der Schweiz im Jahre 2022 dreimal so hoch wie 1991.[45] Damit sind Führungskräfte jene Berufsgruppe in der Schweiz, die in den letzten Jahren am stärksten gewachsen ist. Unklar ist offensichtlich der Mehrwert dieser Führungskräfte. Gemäß einer Studie des Gottlieb Duttweiler Instituts herrscht unter befragten Angestellten die Meinung vor, dass eine geringere Anzahl an Vorgesetzten nicht zwingend schädlich wäre. Fast 40 Prozent der Mitarbeitenden ohne Führungsverantwortung sind eher oder deutlich der Meinung, dass das Management Entscheidungen trifft, die besser von den direkt Involvierten getroffen würden. Und ein Drittel der Befragten glauben, dass sie mit weniger Chefinnen und Kadermitarbeitern effizienter wären.[46] Im Raum steht somit die Frage: Leisten Führungskräfte eine mehrwertstiftende Koordinations- und Motivationsarbeit oder generieren sie womöglich einen unnötigen Mehraufwand?

Betrachte ich heute mit etwas Distanz die Führungsszene, stelle ich immer wieder Überraschendes fest. An einzelne Führungskräfte oder die Führung im Allgemeinen werden oft nicht realistische Erwartungen gestellt. Obwohl aktuell partizipative und kooperative Führungsansätze trendig scheinen, ist vor allem in Krisenzeiten der Ruf nach charismatischen Leadern immer wieder zu hören. Frei nach dem Motto: *Inmitten des Sturms ist der Kapitän gefordert, das Steuer zu übernehmen.* Es erstaunt, welche Erwartungen wir an Führungspersönlichkeiten stellen. Sie sollen Orientierung bieten, die strategische Richtung vorgeben, Sinn vermitteln, Mitarbeitende motivieren, funktionierende Prozesse und Strukturen etablieren, Innovationen umsetzen, Komplexität aus dem System entfernen und vieles mehr. Es sind personenzentrierte Erwartungen, die auf einem **heroischen Führungsverständnis** basieren und sich längst als überhöht und unrealistisch erwiesen haben.

Die Verehrung von Helden gefährdet die Teamdynamik und die Nutzung der Intelligenz im Kollektiv. Die Abhängigkeit von Einzelpersonen erhöht die Anfälligkeit des Systems, fördert die Passivität und untergräbt die Potenzialentfaltung. Der Druck und die Ansprüche, denen Führungspersönlichkeiten ausgesetzt sind, bergen auch die Gefahr der Überforderung und erhöhen das Risiko für Burnout. Eine Übertragung des Führungsanspruchs auf Einzelpersonen erweist sich als eine nicht nachhaltige Strategie der Simplifizierung und Trivialisierung. Grundsätzlich sollten wir den individuellen Beitrag realistisch betrachten. In meinem beruflichen Leben habe ich einige Führungspersönlichkeiten erlebt, die Organisationen geprägt, dem System wertvolle Impulse gegeben und Transformationen eingeleitet haben. Dabei konnte ich jedoch immer auch feststellen, dass die erzielte Wirkung das Engagement und konkrete Handeln Vieler erforderte. Einzelne können Organisationen zwar beeinflussen und ihnen einen Stempel aufdrücken, diese aber niemals allein führen oder transformieren. Davon bin ich überzeugt, auch wenn gemäß der CEO Excellence Study von McKinsey mehr als 45 Prozent des Firmenerfolges auf den Einfluss des Chefs zurückzuführen sind.[47] Auch die Meinung, dass Führungsaufgaben nicht geteilt werden können, wird oft gehört. Es überrascht deshalb nicht, dass Jobsharing in Führungspositionen nur von 15 Prozent der Schweizer KMU praktiziert wird.[48]

Weiterhin beobachte ich, dass die heutige Führung stark der Handlungsneigung folgt und sich auf die **Arbeit im System** konzentriert. Aktivität wird häufig mit Produktivität gleichgesetzt. Unterstellt wird die Prämisse, dass der Beitrag der Führung am größten ist, wenn Führungskräfte direkt auf Institutionen einwirken, indem sie planen, organisieren, lenken und regulieren. In der Führungslehre spricht man in diesem Kontext von der transaktionalen Führung. Orientiert am Primat der Effizienz wird versucht, über Zielvorgaben, Prozessgestaltung und Struktureingriffe das optimale Funktionieren der Organisation sicherzustellen sowie Skalen- und Synergieeffekte zu nutzen. Im Kontext zunehmender Ungewissheit frage ich mich jedoch, ob die «Hebelwirkung» der Führung durch eine Fokussierung auf die **Arbeit am System** nicht wesentlich größer wäre. Konkret bedeutet dies, den Schwerpunkt der Führungstätigkeit auf die indirekte Einflussnahme, die Entwicklung von Metakompetenzen zu legen. Darunter verstehe ich übergeordnete organisationale Fähigkeiten wie die Kompetenz zur Findung viabler, das heißt gangbarer, Lösungen zur Mobilisierung dezentraler Intelligenz und zur Erhöhung der organisationalen Resilienz.[49] Diese Form der Führung wird als transformationale Führung bezeichnet. Studien zeigen, dass in Organisationen mit hoher transformationaler Führung die Wechselneigung und die emotionale Erschöpfung um jeweils 50 Prozent niedriger sind als in Organisationen mit geringer transformationaler Führung.[50]

Führung ist folglich auch technokratisch ausgerichtet und im heutigen Managementkontext hat der Instrumentalismus das Sagen. Vertraut wird ausdifferenzierten und trendigen Führungsinstrumenten sowie Managementtools. In der Tendenz nehmen dadurch die nicht wertschöpfenden Tätigkeiten, die Koordinations- und Schnittstellenprobleme sowie die Regelungsdichte stetig zu. Die gravierenden Neben- und Folgeeffekte dieser formalisierten Art der Führung werden oft nicht gesehen beziehungsweise unterschätzt. Managementinstrumente können Arbeitende zum kreativen Systembetrug erziehen und somit mehr Schaden anrichten als schlechte Mitarbeitende. Zum Beispiel gehören Zielvorgaben zum Standard professioneller Führung. Sie geben Mitarbeitenden Sicherheit, erlauben ein strategiekonformes Verhalten, helfen, die Kräfte zu konzentrieren und Zentrifugalkräfte zu verhindern. Die augenfälligen Vorteile werden aber auch von gewichtigen Nebeneffekten begleitet. Individuelle oder abteilungsbezogene Zielvorgaben suggerieren eine nicht mehr vorhandene Planbarkeit und können dazu führen, dass Opportunitäten ungenutzt bleiben. Ziele erzeugen oft Druck und Ängste und provozieren nicht selten opportunistisches Handeln oder eine Dienst-nach-Vorschrift-Haltung. Hat der Verkäufer sein individuelles Jahresziel bereits im November erreicht, ist die Versuchung groß, aus taktischen Gründen die Aktivitäten bis Ende Jahr zu minimieren.

Alternativ wird versucht, den individuellen Beitrag gerecht zu honorieren, indem Leistungsprämien zum Einsatz kommen. Durch monetäre Anreize sollen Mitarbeitende zu Höchstleistungen motiviert werden. Unabhängig von der Frage, ob Menschen durch Anreize von außen überhaupt motiviert werden können, sind auch hier gravierende Folgeeffekte beobachtbar: Individualprämien provozieren egozentrisches Handeln und erschweren Teambildung und Teamverantwortung.

Durch die Anwendung einheitlicher, KI-unterstützter Assessment-Verfahren gelingt es offenbar, die Personalrekrutierung zu objektivieren und zu professionalisieren. Es werden Kompetenzprofile definiert, die passgenau zu erfüllen sind. Doch mit jeder Normierung und Standardisierung wird auch Gleichförmigkeit geschaffen und Vielfalt geht verloren. Assessments produzieren Selbstähnlichkeit und führen dazu, dass die Binnenvarietät und somit auch die organisationale Resilienz abnehmen.

Heute gehören Compliance-Richtlinien und Regelkonformität zum Standard einer modernen Corporate Governance. Die Praxis zeigt jedoch, dass nicht internalisierte Regeln nur begrenzte Wirkung entfalten. Moral und Integrität können nicht verordnet werden. Ein wirksames Compliance-System sollte deshalb nicht nur auf Regeln, sondern auch auf Integrität basieren.

Eine weitere Konsequenz der technokratischen Führung ist die digitale Überwachungssoftware, die vermehrt Einzug in unsere Organisationen findet. Diese Software zeichnet das Nutzerverhalten auf, wertet Tastatureingaben aus, speichert besuchte Websites, aufgerufene Programme sowie geöffnete Ordner und erstellt alle paar Minuten einen Screenshot vom Bildschirm.[51] Die Nebenwirkungen dieser digitalen Vermessung der Arbeitswelt sind offensichtlich. Sie führen zu Misstrauen und fördern den kreativen Systembetrug.

Als letzte Beobachtung sehe ich den Wunsch nach klaren Standards sowie die auffällige Anfälligkeit von Führungskräften für hippe Managementtrends. Getragen von der Überzeugung, dass es eine idealtypische Form der Führung gibt, erscheinen immer wieder Studien zur Führungsexzellenz. So u. a. auch die CEO Excellence Study von McKinsey. Sie basiert auf einer mehr als 20-jährigen Datenbasis von 7800 CEOs aus 3500 öffentlichen Organisationen in 70 Ländern und 24 Industriesegmenten. Gemäß dieser Erhebung umfasst die CEO Excellence sechs Dimensionen und 18 Faktoren: Set the Direction *(vision, strategy, resource allocation)*, Engage the Board *(board relationships, board capabilities, board meetings)*, Align the Organization *(culture, organization design, talent management)*, Mobilize Through Leaders *(team composition, teamwork, operating rhythm)*, Connect with Stakeholders *(social purpose, stakeholder interactions, moments of truth)*, Manage Personal Effectivness *(time and energy, leadership model, perspectives)*.[52]

Auch ist es immer wieder erstaunlich zu sehen, wie unkritisch trendige Führungsansätze, -modelle, -methoden und -techniken übernommen werden. Fasziniert von der Einfachheit und basierend auf simplen Kausalbeziehungen, werden einzelne erfolgreiche und im Einzelnen erprobte Ideen zur Leitidee für eine ganze Organisation erhoben. So zum Beispiel Management by Objectives, Lean Management, Business Process Reengineering. Aktuell werden gerade vor allem die Strukturkonzepte diskutiert, die auf dem Prinzip von Agilität und Selbstorganisation basieren, wie beispielsweise Holokratie[53], Soziokratie[54], kollegiale Führung[55] oder Unboss-Organization[56]. Der Soziologe Stefan Kühl kritisiert zu Recht, dass bei diesen Ansätzen Mitarbeitende über alles selbst bestimmen, außer darüber, ob sie überhaupt selbstorganisiert arbeiten wollen. Diese Entscheidung wird vielerorts an der Spitze einer Organisation und von Einzelnen getroffen.[57] Prägnant und bündig die Empfehlung von Groth, Krejci und Günther zu Managementmoden: «*Nutze die Ansätze, aber folge ihnen nicht!*»[58]

Heutiges Führungs-Narrativ

Wie es oft bei Narrativen der Fall ist – plötzlich grätscht die Wirklichkeit dazwischen. In europäischen Ländern verliert die Führungsrolle an Attraktivität. Gemäß einer internationalen Umfrage der Boston Consulting Group empfinden über 80 Prozent der Manager ihren Job heute härter als in den vergangenen Jahren; zwei Drittel fühlen sich gestresst und rund die Hälfte zuweilen auch überfordert. Heike Bruch, Professorin für Leadership an der Universität St. Gallen, spricht in diesem Zusammenhang auch von der Beschleunigungsfalle. Sie betont, dass drei Viertel der Unternehmen im Modus der Überhitzung unterwegs sind.[59] Ein idealer Nährboden für schlechte Führung. Zudem gehen viele Führungskräfte davon aus, dass ihre Position in der gegenwärtigen Form verschwinden wird. Auch bezüglich Führungsnachwuchs sieht die Zukunft kritisch aus: Nur neun Prozent der Arbeitnehmenden streben eine Führungsrolle an.[60] Lohn und Status vermögen offenbar die ständige Verfügbarkeit, den Dauerdruck von innen und außen sowie die hohe Verantwortung nicht mehr aufzuwiegen.

Meine Erklärung für das Beobachtbare: Das Selbstverständnis und die Prämissen, auf denen Führung basiert, wandeln sich drastisch. Vier Veränderungen sind erkennbar:[61]

- *Übergang von der Kausalität zur Kontingenz:* Der Psychiater Fritz B. Simon bezeichnet die Illusion einer kontrollierbaren Welt als größte Lebenslüge. Klare Ursache-Wirkung-Beziehungen bilden nicht mehr die Regel, sondern die Ausnahme. Je ungewisser das Umfeld ist, desto mehr gilt es zu akzeptieren, dass es immer auch anders kommen kann als geplant. Die bewährten und bekannten Führungspraktiken und vertrauten Managementarchitekturen erweisen sich dabei als wenig hilfreich und zu starr. Im Kontext der Kontingenz ist die personifizierte Kompetenzzuweisung an einzelne Führungspersonen nicht mehr zielführend. Anstehende Entscheidungen bedingen die konsequente Nutzung der Intelligenz im Kollektiv und das vernetzte gemeinsame Denken.
- *Wegfall klassischer Führungsfunktionen:* Insbesondere die den mittleren Managementstufen zugedachten Funktionen werden heute anders wahrgenommen. Bei selbstorganisierten Teams gibt es immer weniger zu steuern, zu koordinieren und zu kontrollieren. Planungs- und Steuerungsaufgaben werden vermehrt dezentral, von den Arbeitsteams selbst oder durch Computersoftware wahrgenommen. Zukünftig kann jede und

jeder fast alles wissen, Wissensmonopole verlieren an Bedeutung und Teams erhalten eine größere Entscheidungskompetenz.
- *Ausdifferenzierung der Führungssituationen:* Virtuell operierende und ad hoc eingesetzte Teams in ständig wechselnder Zusammensetzung gewinnen an Relevanz. Statische und dauernde Führungsbeziehungen werden seltener. Führung wird vermehrt situations- und projektbezogen erlebt und von mehreren Personen in variierender Zusammensetzung praktiziert.
- *Milleniumsjahrgänge übernehmen das Zepter:* Diese Jahrgänge wurden in der digitalen Welt sozialisiert, und sie konfrontieren Organisationen mit spezifischen Erwartungen und stellen andere Ansprüche an die Führung. Einer macht- und statusbasierten, hierarchischen Führung stehen sie grundsätzlich kritisch gegenüber.

Auch viele der Prämissen, auf denen Führung basiert, erweisen sich als deutlich unterkomplex und damit problematisch: Die Führungsaufgaben sind fix vorgegeben und einzelnen Amtsträgerinnen und Amtsträgern zugewiesen. Führung wird definiert durch das, was Führungskräfte tun. In ihrer Bestimmung verkörpern sie Macht und Weisheit und geben die Richtung vor. Als Vor-Gesetzte führen sie Mit-Arbeitende. Die Rollen des Leaders und der Geführten sind förmlich und statisch festgelegt, wobei Leader sowohl fachlich als auch disziplinarisch in einer aktiven gestaltenden und Follower in einer passiven Rolle agieren. Heute sind in vielen Organisationen hoch qualifizierte Fachkräfte in Form von Wissensarbeitenden tätig, die mehr wissen als ihre Chefs, und deshalb ist diese Vorstellung schlicht anachronistisch.

Next Level Leadership

Aufgrund der persönlichen Lebenserfahrungen musste ich mein vertrautes bisheriges Verständnis von Führung grundlegend in Frage stellen und bereit sein, von alternativen Prämissen auszugehen und die «Reset»-Taste zu drücken. «Unlearning» muss erlaubt sein und die Fähigkeit, Dinge loszulassen und neu zu lernen, ist unerlässlich. Das nach wie vor dominante Führungsverständnis wirkt «veraltet» und muss sich neu erfinden. Mein persönliches

Bild der zukünftigen Führung trägt den Titel *Verteilte und kollektive Führung»* und kann in vier Thesen zusammengefasst werden.

Exzellente Führung …

… lässt sich nicht idealtypisch beschreiben und ist stets kontextbezogen.

Die Vorstellung, dass es eine ideale Form der Führung gibt, die sich mittels einer klaren Inhaltsbeschreibung festlegen lässt, halte ich für naiv. Wie bereits im Abschnitt zur Normalität erläutert, gibt es auch für exzellente Führung keine allgemeingültigen Referenzen oder vorgefertigten Blaupausen und den **Leadership-Goldstandard suchen wir vergebens.** Zu vielschichtig sind die Anwendungsfelder mit ihren heterogenen Herausforderungen, in denen Führung einen Mehrwert stiften soll und muss. Gute Führung ist niemals statisch, sondern muss immer im Kontext betrachtet werden. Das bedeutet, dass es darum geht, praktikable Lösungen zu finden, die in der gegebenen Situation funktionieren. Die Passgenauigkeit ist deshalb die zentrale Orientierungsgröße für eine exzellente Führung. Auch im Führungskontext sind Normativität und Dogmatismus abzulegen und Organisationen sollten ihre eigenen Wege zu einer wirksamen Führung finden.

… ist das Ergebnis einer experimentellen Annäherung und entsteht zufällig.

Da sich diese, im jeweiligen Kontext passenden, Formen von Führung nicht analytisch am Reißbrett entwerfen lassen, zeigt sich, dass auf dem Weg zu einer exzellenten Führung die experimentelle Annäherung alternativlos ist. **Führungsexzellenz gilt es stets neu zu (er-)finden.** Sie resultiert aus einem nie endenden organisationalen Lernprozess. Hierzu eignen sich Experimente – das bedeutet, dass man sich auf ergebnisoffene Vorhaben einlässt, bei denen man das Wagnis eingeht, Kontraintuitives zu versuchen und sich von der Reaktion des Systems überraschen zu lassen. Experimente sind Eingriffe, die die Organisation irritieren und herausfordern. Dabei wird bewusst etwas verändert oder weggelassen, und aufgrund der Reaktion des Systems können bisherige Annahmen überprüft werden. Experimente entlocken der Organisation ihr authentisches Gesicht und der Faktencheck erfolgt auf der Grundlage von realen Beobachtungen. Durch diesen explorativen Ansatz gelingt es, die organisationale Realität als Resonanzkörper zu nutzen und evidenzbasiertes Führungswissen zu gewinnen. In der Konsequenz bedeutet dies, dass Organisationen eine Lizenz zum Experimentieren benötigen, vergleichbar mit einem Forschungs- und Entwicklungslabor, das als «Führungslabor» fungiert. Nicht in Form eines zentralen physischen Reinraum-Labors, sondern vielmehr als gedankliche Freidenkerzone, die vorurteilslos ist. Hier können bewusst Regeln selektiv außer Kraft gesetzt werden, ergebnisoffene Vorhaben gestartet und an der organisationalen Realität getestet werden. Das Ziel ist es, offenes Erkunden, Probieren und adaptives Lernen zu fördern. Dabei wird dem Spontanen vertraut und Führungskräfte fungieren als Türöffner des Zufalls. Mit einer bewussten Distanz zum Gewohnten wird Kontraintuitives getestet. Zum Beispiel: Wie können wir unproduktiv produktiv sein, wie gelingt mehr Führung durch weniger Führung oder wie lässt sich durch das scheinbar Unprofessionelle ein Mehr an Professionalität erreichen? Die Aufgabe der Führungslabors besteht darin, als ständige Quelle der Unruhe Störungsimpulse auszulösen und die Organisation dazu zu ermutigen, ihre Geheimnisse preiszugeben. Das experimentelle Mindset ist eine wirksame Prophylaxe gegen die Entstehung pathologischer Routinen.

… lässt sich lediglich in ihren Umrissen erkennen und nicht abschließend definieren.
Als Konsequenz der experimentellen Annäherung ist exzellente Führung stets ein Ergebnis, das sich im Prozess herausbildet. Angesichts zukünftiger Trends und Herausforderungen erkenne ich die folgende inhaltliche Stoßrichtung: Die traditionelle personenzentrierte und hierarchische Führung ist ein Auslaufmodell und Chefsein ist keine Chefsache mehr. Die Entwicklung geht in Richtung Flexibilität, Eigenverantwortung, Selbstorganisation und Freiräume für autonomes Handeln sowie Kollaboration, da intelligente Lösungen eine dezentrale Steuerung erfordern. Somit wandelt sich Führung von einer Einzelpersonen-Funktion zu einer kollektiven Leistung, die von vielen getragen wird. Die Führungsaufgabe und nicht die Führungskraft steht im Zentrum. In der Zukunft werden diese Führungsaufgaben vermehrt temporär, in variierenden Konstellationen, kompetenzbasiert sowie aufgaben- und projektbezogen wahrgenommen. Verantwortung trägt, wer im jeweiligen Themenbereich über die erforderlichen Fähigkeiten und Fertigkeiten verfügt. Die Statuslogik wird durch eine kompetenzbasierte flexible Vernunft ersetzt. Da die Intelligenz in jeder Gemeinschaft verteilt ist, gilt es,

die Leader- und Follower-Rollen zirkulär und variierend zu sehen. In den unterschiedlichen Konstellationen engagieren sich viele aktiv an der Führung, einmal in der Rolle als Leader, das andere Mal als Follower. Die **Dichotomie Führungskraft und Mitarbeitende hat ausgedient** und die Grenzen zwischen Leader und Follower verschwimmen. Das heißt, alle Systemmitglieder beteiligen sich an der «Führung». Die Erfahrung zeigt, dass Zwang die Potenzialentfaltung behindert. Stattdessen sollte die intrinsische Motivation im Vordergrund stehen und das Motto lautet: Sog statt Druck. Führung hat keinen «Therapieauftrag». Algorithmen und Anwendungen der künstlichen Intelligenz werden in der Lage sein, aufgaben- und beziehungsorientierte Führungsfunktionen zu automatisieren, die es unterstützend zu nutzen gilt.[62] Persönlich bin ich davon überzeugt, dass jedoch auch zukünftig nicht die führungsunterstützende Technokratie, sondern Menschlichkeit, in Form echter, natürlicher und gewachsener Beziehungen, Garant für Wertschöpfung ist – und das, was Organisationen durch Krisen tragen kann. Wenn die inhaltlichen Orientierungen, wie verlässliche Strategien oder Strukturen, immer mehr erodieren, kann und muss Führung Stabilität nicht mehr auf einer inhaltlichen Ebene, sondern in Form einer psychologischen Sicherheit vermitteln.

… erfordert ein Vertrauen in das Unvertraute und die Arbeit am System.

Damit sich exzellente Führung in der Praxis ausbilden kann, gilt es die Rolle des Vorgesetzten nicht abzuschaffen, sondern neu zu denken. Hierbei sind zwei Szenarien zu unterscheiden: Bei der Gründung einer neuen Institution können die Grundlagen für eine verteilte und kollektive Führung durch die gewählte Managementarchitektur gelegt werden. In etablierten Organisationen liegt es in der Verantwortung der nominierten Führungskräfte, die notwendigen Gelingensvoraussetzungen zu schaffen. Dies erfordert die Schlüsselkompetenz, am System zu arbeiten und das Führungsumfeld bewusst zu gestalten. Da die Umgebung die Kultur beeinflusst, sollten die Führungskräfte den Rahmen setzen und eine Atmosphäre der Potenzialentfaltung fördern. Dazu ist eine Diversitätskompetenz erforderlich. Dies bedeutet, in den Mitarbeitenden mehr zu sehen, als diese in sich selbst sehen, und ihnen zu ermöglichen, mehr zu erreichen, als sie sich zutrauen. Als Führungskraft gilt es, das eigene Handeln indirekt zu verstehen. Der Fokus liegt darauf, als Ermöglicherin oder Ermöglicher im organisationalen Gefüge zu wirken. Dabei gilt es, die Aufmerksamkeit auf die verborgenen «Backstage-Aspekte» der Führung zu richten, den Druck im System zu reduzieren, Räume zu schaffen, damit eine echte Arbeitsgemeinschaft entstehen kann. Ziel ist es, den Menschen die Möglichkeit zu geben, sich selbst sinnerfüllt zu führen. Die essenzielle psychologische Sicherheit vermittle ich durch Werte, stetiges Verhalten und Vertrauensbildung. Statt autoritär einzugreifen oder Anweisungen zu geben, agiere ich vor allem als Coach, Teamplayer und Gestalter von Experimenten. Aktionsforschende nutzen ihr Arbeitsumfeld als Versuchslabor und betrachten die eigene Führungsaufgabe als faszinierendes Experiment. Dieses Verständnis von Führung mag ungewohnt sein und erfordert die Bereitschaft, sich auf Unbekanntes einzulassen. Die Überwindung dieses Unvertrauten geschieht nicht durch Appelle oder Belehrungen, sondern durch das persönliche Erleben neuer Erfahrungswelten. Eine effektive Methode, um diese zu schaffen und zugleich innerliche Sicherheit und Zuversicht in das Unvertraute aufzubauen, besteht darin, den Alltag der Führung konsequent als persönliches Lern- und Experimentierfeld zu nutzen. Auf diese Weise können wir alle dazu beitragen, die **«Zukunft der Führung»** aktiv mitzugestalten und gemeinsam Schöpferinnen und Mitgestalter von Führungsexzellenz zu sein.

Meine gegenwärtige Überzeugung:
Experimentieren und Sich-Emporirren:
Der Weg zur wahren (Führungs-)Exzellenz.

Mein heutiges Fazit

- Das tradierte Narrativ der Führung benötigt ein Update: Die bestehenden Erwartungen an Führungskräfte und deren handlungsleitende Prämissen erweisen sich als Problem, das gelöst werden muss.
- Einen universellen Goldstandard für Leadership gibt es nicht: Führungsexzellenz lässt sich nicht auf eine bestimmte Formel reduzieren und entzieht sich einer exakten Inhaltszuschreibung. Sie ist stets das Ergebnis eines Lernprozesses.
- Exzellente Führung bedingt die Bereitschaft zu ergebnisoffenem Experimentieren: Dazu erforderlich ist ein Bewusstsein für den jeweiligen Kontext und die aktive Arbeit am System, um Potenziale zu entfalten und die organisationale Resilienz und Robustheit zu stärken.
- In Zeiten der Ungewissheit benötigen Organisationen nicht weniger, sondern mehr intelligente Steuerungsimpulse: Diese können nicht allein von Einzelpersonen geleistet werden, weshalb Führung immer mehr zu einer verteilten und kollektiv wahrgenommenen Aufgabe wird.

Außensichten zur Denkstimulation

Nachfolgend die Denkangebote des Führungsexperten Reinhard K. Sprenger, der Leiterin des Institute for Strategic Management an der HWZ Hochschule für Wirtschaft Zürich, Sybille Sachs, sowie des CEO des Konzerns Versicherungskammer, Frank Walthes.

Dr. Reinhard K. Sprenger hat als profilierter Führungsexperte über 1,8 Millionen Bücher verkauft. Die neuesten Publikationen befassen sich mit Vertrauen, Digitalisierung und Konfliktmanagement. Sprenger hat Philosophie, Psychologie, Betriebswirtschaft, Geschichte und Sport an der Ruhr Universität Bochum und an der Freien Universität Berlin studiert und im Fach Philosophie promoviert. Er war wissenschaftlicher Referent beim Kultusministerium des Landes Nordrhein-Westfalen sowie Leiter für Personalentwicklung bei der 3M Medica, bis er sich 1990 selbständig machte. Ich habe Reinhard K. Sprenger die Frage gestellt: **Wie sieht dein persönliches Bild der «Zukunft der Führung» aus?**

From Leadershit to Leadership
Reinhard K. Sprenger

Als Autor dieses Textes befinde ich mich in derselben Situation, in der sich Führungskräfte befinden: Ich habe eigentlich keine Zeit, soll mich kurzfassen, inspirierend formulieren und habe keine Ahnung, wie die Zukunft aussehen wird. Zudem ist nicht auszuschließen, dass sich Wunschdenken in das gewünschte persönliche Zukunftsbild von Führung mischt. Was soll anderes daraus resultieren als der übliche Leadershit? Von dieser Umklammerung löse ich mich, indem ich aus drei Irrtümern meiner Vergangenheit schlussfolgere für die Zukunft. Radikal subjektiv, ohne Wahrheitsanspruch oder politisch korrekte Wattierungen. Wer diesen Mut für Übermut hält, hat wahrscheinlich recht. Als da wären …

… **erstens:** Zu Beginn meiner Arbeit als Führungskräfteentwickler in den 80er Jahren ging ich von einem modellhaft standardisierten Chef aus, der durch folgende Eigenschaften konturiert war: großes Ego, meist männlich, aggressiv-autoritär, spricht von seinen Mitarbeitern als «Untergebene». Sein Motto: Oben denkt, unten macht. Erst allmählich begann ich zu verstehen, vor allem durch den Hinweis einer Kollegin, dass ich offene Türen eintrat. Die Führungskräfte, die sich mir anvertrauten oder mir anvertraut wurden, waren in der Regel defensiv, überaus reflektiert, fürsorglich gegenüber ihren Mitarbeitern und zögerlich in der Ausübung von Macht. Zudem konsequent inkonsequent. Ihre maximale Durchsetzungsbereitschaft bezog sich allenfalls auf die Verwechslung von Beziehung und Erziehung, sie behandelten ihre Mitarbeiter wie Kinder. Damit kannten sie sich aus. Sie selbst waren schon etliche Jahre durch die Mühlen der Mitarbeiterveredelung gedreht worden, im Kern ein feministisches Waterboarding: Empathie als unbefragte Voraussetzung, Feedback in Permanenz, Loben und Über-den-Kopf-Streichen, Dialog statt Ansage, Hierarchie unbehaglich, Verständnis für alles und jedes. Im Resultat waren das verunsicherte Menschen, insecure overachievers, die danach schielten, ob die Daumen anderer sich hoben oder senkten, Konformitätsruinen. Heute bin ich sicher, dass wir mit so geprägten Menschen den Wettbewerb der Zukunft nicht gewinnen werden. Ob wir ihn überhaupt gewinnen werden, steht auf einem ganz anderen Blatt. Was wir stattdessen brauchen: **Eine starke Führung, die sich zur Hierarchie bekennt,** zur «heiligen Ordnung», nicht weil sie das Ego streichelt, sondern weil sie unter den zu erwartenden wirtschaftlichen Bedingungen klare Schnelligkeitsvorteile hat. Eine streitbare Führung, die Konflikte aufdeckt und in Bewegung bringt, wo sonst Schmerz und Paralyse drohen. Eine selbstbewusste Führung, die auch in der Lage ist, sich zurückzuhalten, wenn die Dinge ohne das eigene Zutun gut laufen und/oder der kreativen Eigeninitiative der Mitarbeiter Raum gegeben werden muss. Eine freudvolle Führung, die ein guter Gastgeber ist für unterschiedliche Menschen, Kulturen, Interessen, Talente und Meinungen. Die aber auch Leute rauswirft, wenn sie in die Ecken pinkeln.

... zweitens: In meinen Büchern «Das Prinzip Selbstverantwortung» und «Die Entscheidung liegt bei dir» verband ich Führungserfolg eng mit dem Individuum. Führung ist danach Eigenschaft und Verhalten einer Person, eben der Führungskraft. Was sich dann als Effekt von Führung zeigt, wird als Stärke oder Schwäche einem Einzelnen zugerechnet. Das war und ist auch heute noch die Stunde der Psychologie. Sie favorisiert eine eigenschaftstheoretische Sichtweise, die auf «gute Leute» blickt, ihre Einstellungen, Fähigkeiten und Talente. Richtige und falsche Entscheidungen resultieren entsprechend aus der Kompetenz des Individuums, dessen Können und Versagen. Es ist ein heldenhaftes Führungskonzept im besten Sinne, eine heroische Art des Führens. Übersehen habe ich dabei zweierlei. Einerseits die Wechselwirksamkeit zwischen den Menschen. Das Verhalten eines Menschen ist nicht immer gleich, sondern ist relational, wird von anderen Menschen in bestimmten Situationen beeinflusst. Die Interaktionen sind zirkulär, das heißt, man beeinflusst sich wechselseitig, geht in Resonanz zueinander. Insofern griffen personenzentrische Konzepte schon immer zu kurz. Zudem, und weit wichtiger: Vollständig ausgeblendet blieb der institutionelle Rahmen eines Unternehmens, innerhalb dessen sich die Interaktionen vollziehen. Und dieser Rahmen macht unterschiedliche Verhaltensanpassungen notwendig – weit mehr, als anzuerkennen ich damals bereit war. Führung «passiert» eben auch unpersönlich, insbesondere durch die Prägekraft von Institutionen. Danach ist das Verhalten eines Menschen weniger «von innen» heraus bestimmt als durch die Strukturen eines Unternehmens angeregt, die ein bestimmtes Verhalten der Menschen wahrscheinlicher oder unwahrscheinlicher machen. Jeder Praktiker spürt, dass die soziale Realität des Führens zahlreiche Vorentscheidungen beinhaltet, die das Führen vorstrukturieren. Das ist von erheblicher Bedeutung: **Kultur folgt der Struktur,** nicht umgekehrt. Damit ist Führung die Gesamtheit der Führungs-Kommunikationen, nicht (nur) der Menschen. Die Strukturen eines Systems (Organisation, Prozesse und Abläufe) können so eng gesteckt sein und mitunter so suizidal sein, dass sie die individuellen Bemühungen der einzelnen Führungskraft nahezu aussichtslos machen. Deshalb haben **kluge Menschen in dummen Organisationen keine Chance.**

Der Paradigmenwechsel von der personenzentrisch-eigenschaftstheoretischen Sicht zur strukturell-organisatorischen hat immense Konsequenzen für Führung, die wir, so scheint es, noch kaum in der ganzen Breite und Tiefe der Unternehmensführung erfasst haben. In kurzen Aufrufen: Hört auf, an den Leuten rumzuschrauben! Menschen ändern sich nicht – und wenn doch, dann sehr langsam und auch nur, wenn sie wirklich wollen, nicht sollen. Sucht keine guten Leute, sondern passende! Wenn ein Unternehmen als Kooperationsarena modelliert ist, dann ist die individuelle Zurechnung von Leistung weder möglich noch wünschenswert. Trennt euch von Diven! Dann verzichtet Führung bei der Personalauswahl auch auf den Torschützenkönig der Liga, wenn er nicht mannschaftsdienlich spielt. Und sie trennt sich von Spielern, die nur in einer Mannschaft spielen können, nicht als Mannschaft. Wer Höhe gewinnen will, muss Ballast abwerfen! Die Zukunftsfähigkeit eines Unternehmens besteht nicht im Immer-mehr-Hinzufügen, sondern im Ausmisten. Es ist ratsam, die vielen internen Märkte zu schließen, die als Führungsinstrumente, Mitarbeiterbefragungen, Planungsrunden, Sounding Boards, Meetings, Jour Fixes, Reporting und Monitoring-Systeme nichts anderes bewirtschaften als den Selbstberuhigungsbedarf von Organisationen. Zudem erzeugen sie maßlose Transaktionskosten. Letztlich: **Das Unternehmen von außen nach innen denken!** Es liegt im Wesen wachsender Unternehmen, dass sie strukturell kundenfeindlich werden. Man beschäftigt sich autistisch mit sich selbst und innen-definierten Realitäten. Die bringen uns beim Kunden keinen Meter voran. Daher regelmäßig fragen: «Was verstellt uns den Blick aus dem Fenster?» Nicht «Was haben wir?», sondern «Was brauchen die?»

... drittens: Ludwig Wittgensteins berühmte Formel lautet: «*Was sich überhaupt sagen lässt, lässt sich klar sagen; und wovon man nicht reden kann, darüber muss man schweigen.*» Das war mir lange Zeit plausibel. Älter werdend, überzeugte mich dieser Satz immer weniger. Mir wurde zunehmend klarer, dass die Dinge unklar sind, vieldeutig, paradox. Heute würde ich mithin so umformulieren: «Was sich überhaupt sagen lässt, lässt sich nur unklar sagen.» Das hat für Führung mannigfache Konsequenzen. Das Wichtigste dabei ist das Schwierigste: Anerkennen, dass nahezu nichts im Leben eindeutig ist, obwohl sich eine immense Sehnsucht danach in populistischen Werte-Proklamationen und Purpose-Geraune äußert. Es gibt aber keinen Satz ohne Gegensatz, kein Tal ohne Berg, keinen Tag ohne Nacht. Auch Werte sind Zwillingspaare, die einander ständig ins Wort fallen: keine Bejahung ohne Verneinung, kein Wandel ohne Stabilität, kein Vertrauen ohne Kontrolle, keine Dezentrale ohne Zentrale, kein Wir ohne Ich. All das sind Dilemmata, die durch Heuchelei und Tabus nicht überschminkt werden können. Daher ist **Ambiguitätskompetenz** die Fähigkeit, die zukünftig mehr denn je gebraucht wird. Diese Kompetenz, nicht -toleranz, sie wäre zu passiv und schwach, übernimmt Verantwortung für beide Seiten – im Umgang mit Unsicherheit, Widersprüchen, dem Anderssein des Anderen. Ihre Intelligenz fliegt auf zwei Flügeln. Conclusio: Wenn mein Geld auf dem Tisch läge, würde ich mit meinen Führungskräften vor allem über Ambiguitätskompetenz sprechen: Widersprüche anerkennen, sich nicht paralysieren lassen, entscheiden, korrigieren, pendeln, neu-entscheiden. Balancieren ist dabei eine Notwendigkeit, Balance ist eine Illusion. Gelassenheit und Wohlwollen gegenüber anderen wären gewonnen. Vor allem aber auch mit uns selbst, unseren eigenen Unsicherheiten und inneren Widersprüchen. Die zum Teil kopfschüttelnde Einsicht darüber, dass Anspruch und Wirklichkeit in unserem Leben selten zusammenpassen. Worüber wir von ganzem Herzen lachen sollten. Wer das für wirklichkeitsfremd hält, ist nicht auf der Höhe der realen Gegensätze. Sondern ein Fundamentalist. Das hätte Nachteile für eine der größten Herausforderungen, die zukünftig massiv auf Führung zukommen wird: der **Umgang mit Krisen.** Man muss kein Hellseher sein, um aus der abgedunkelten Zukunft seine Vorteile zu ziehen. Nicht «unsicher» ist die Zukunft, das war sie immer. Heute ist sie «ungewiss». Wir stehen dem Unvorhersehbaren gegenüber, was etwas ganz anderes ist als einst das Unvorhergesehene. Wir können nicht einmal mehr Wahrscheinlichkeiten kalkulieren. Deshalb schauen wir umso sorgenvoller «nach vorne», in eine Zukunft, die sich von der Idee der «Normalität» verabschiedet hat. Wahrscheinlich wird die Zukunft sogar überraschender sein, als wir es uns derzeit vorstellen können. Führung ist also mit einer Welt konfrontiert, in der jede Möglichkeit nützlicher Vorhersage schrumpft. Ist es unter diesen Bedingungen nicht an der Zeit, sich auch in der Führung auf ein neues Weltzeitalter einzulassen? Wir leben doch schon heute in einer Stapelkrise: Finanzkrise, Immobilienkrise, Dieselkrise, Corona-Krise, Rohstoff-Krise, Ukraine-Krise, Migrantenkrise, Fachkräftekrise. In vielen Unternehmen gehören deshalb Verunsicherung, Frustration und aufgeheizte Gemüter zum Betriebsklima. Dort geht es auch gar nicht mehr um die Frage: «Wann ist die Krise vorbei?», sondern um «Wie gehen wir mit der Dauerkrise um?» Das können wir mit Blick auf Führung konkretisieren. Aus anthropologischer Sicht **brauchen wir Führung nur in Krisen.** Nicht alles ist vorhersehbar, nicht alles kann organisiert werden, nicht alles läuft konfliktfrei und reibungslos. Führung ist insofern Lückenbüßer für alles, was im Unternehmen nicht von selbstlaufenden Prozessen erledigt wird. Auf dem Schreibtisch des amerikanischen Präsidenten steht ein kleiner, in Granit gemeißelter Satz: «The buck stops here» – etwa: Bis hierhin kann man den Schwarzen Peter schieben, nicht weiter. Ich kann es daher gar nicht klar genug sagen: Führung hat ihren Aufgabenbereich «jenseits» der Routine; sie wird erst in der Krise wertvoll. Ein Unternehmen braucht keine Führung, wenn das Unternehmen in ruhigen Gewässern segelt. Ich will es zuspitzen: In den letzten Jahrzehnten war Führung meistens überflüssig; gutes Management-Handwerk reichte bei schönem Wetter aus. Aus Sicht der Führungs-Notwendigkeit wird die dauerkriselnde Zukunft also «normal». Und damit die Existenzberechtigung von Führung. Woraus sich die Frage nach der Qualität des Bewusstseins ergibt. Bin ich als Führungskraft Opfer? Oder bin ich Gestalter? Freue ich mich über das Abenteuer, die Chancen, die Neu-Bewertungen? Oder rufe ich nach einer schützenden Zentralinstanz, die mir Wellness-Führung garantiert? Im Individuellen brauchen wir so mehr Entscheidungsbereitschaft und Entschiedenheit – in zukunftsfreudiger Erwartung des Nicht-immer-weiter-so. Und vor allem das Aufgeben der Hoffnung, es würde noch mal wie früher. Heute wird die gute alte Zeit von morgen sein.

Prof.in Dr. Sybille Sachs hat an der Universität Zürich Ökonomie studiert und promoviert. Heute ist sie Professorin für Betriebswirtschaft, Gründerin und Leiterin des Institute for Strategic Management an der HWZ Hochschule für Wirtschaft Zürich. Daneben ist sie seit 2003 Titularprofessorin an der Universität Zürich. Ihre Forschungsschwerpunkte sind Stakeholder-Theorie und Engagement, Strategietheorie und Führung. Sie ist Präsidentin des Schweizerischen Roten Kreuzes des Kantons Zürich. Sybille Sachs habe ich gebeten, uns ihre Erfahrungen zur Frage zu schildern: **Wie erlebst du im Arbeitsalltag das Funktionale und Dysfunktionale von Führung und wo siehst du den größten Handlungsbedarf?**

Beziehung entscheidet
Sybille Sachs

Seit meiner frühesten Jugend strebe ich danach, einen positiven Beitrag zum Leben anderer zu leisten. Meine Mutter hat mir vorgelebt, dass ein erfülltes Leben auf vertrauensvollen Beziehungen zu anderen Menschen basiert. Sie hat mir gezeigt, wie herzliche Begegnungen im Alltag dazu führen können, dass andere Menschen positiv auf uns zugehen. Aufgrund meiner beruflichen Erfahrung als Forscherin und Dozentin bin ich überzeugt, dass Führung eine besonders geeignete Möglichkeit ist, Menschen in eine positive Beziehung zueinander zu bringen und sie dazu zu befähigen, vereint auch für große Herausforderungen innovative Lösungen zu finden. Durch meine langjährige Forschungstätigkeit hatte ich in den letzten Jahren die Gelegenheit, Unternehmen, Verwaltungen sowie NGOs bei ihrer Strategieentwicklung zu unterstützen. Dabei sind mir drei wesentliche Handlungsfelder für Führung aufgefallen:

Leadership ist für jeden und jede relevant
Viele denken, dass Führungskräfte über spezielle Eigenschaften verfügen müssten. Doch aus meiner Erfahrung heraus gibt es zwei Kategorien von Personen in Unternehmen, auf die diese Vorstellung zutrifft: Die erste Kategorie betrifft diejenigen Führungskräfte, die sich für alles verantwortlich fühlen, unabhängig von ihrer Kompetenz. Vor Kurzem erlebte ich in einem Unternehmen einen Vorgesetzten, der sich in schwierigen Situationen vor alle anderen stellte und verkündete, dass die Überlebenssicherung nun Chefsache sei. Damit nahm er den anderen die Möglichkeit, sich einzubringen. In solchen Situationen sind die Probleme stets komplex, und ihre Lösung erfordert verschiedene Kompetenzen. Diese Art von Führung wird auch als heroischer Führungsstil bezeichnet. Die andere Kategorie betrifft jene, die sich nicht zu-

trauen, eine Führungsaufgabe zu übernehmen, da sie glauben, nicht über solche «heroischen» Eigenschaften zu verfügen. Sie möchten klare Aufgaben erhalten, die ihnen Freude bereiten. Wir bezeichnen diese Art von Mitarbeitenden auch als «passive Followers». In unserer schnelllebigen und vielschichtigen Welt werden klar definierte Aufgaben jedoch zunehmend zur Seltenheit. In Zukunft sind aktive Mitarbeitende gefragt, die sich Führungskompetenzen aneignen. In unserem Forschungsprojekt zu den Zukunftskompetenzen haben innovative Leader klar festgestellt, dass Führungskompetenzen für alle unverzichtbar sind. Ähnlich wie Fach- oder Sozialkompetenzen kann es in einem Projekt erforderlich sein, den Lead zu übernehmen, wenn Mitarbeitende im jeweiligen Kontext über spezielle Erfahrungen oder Fähigkeiten verfügen. Zudem wird es immer wichtiger, dass alle Mitarbeitenden sich selbst führen können und in der Lage sind, sich selbst einzuschätzen, um ihre Entwicklung zu fördern und Überforderungen zu vermeiden. Wenn aktive Mitarbeitende in einem Projekt die Führung übernehmen, müssen Führungskräfte auch fähig sein, nicht selbst die Führung zu beanspruchen, sondern sie den anderen zu überlassen. Leadership in der heutigen anspruchsvollen Geschäftswelt ist ein Zusammenspiel zwischen Leadership und Followership, das immer häufiger zu einer **rollenbasierten Führung** führt.

Führung braucht Sinn

Führung bedeutet heute auch zu verstehen, warum eine Unternehmung existiert und welchen gesellschaftlichen Beitrag sie leistet. Sinnhaftigkeit – der sogenannte Purpose – ist ein zentrales Element heutiger Führung, insbesondere aufgrund der sich rasch verändernden Umstände und des zunehmenden Drucks auf die Mitarbeitenden, sich ausschließlich auf Effizienz zu konzentrieren. Aus diesem Grund verlieren viele ihre ursprüngliche Motivation und haben nicht mehr im Blick, warum sie ihren Beruf überhaupt ausüben. Dies führt nicht nur dazu, dass immer mehr Menschen an Burn-out leiden, sondern gefährdet auch die Resilienz ganzer Organisationen. In meiner Begleitung von Unternehmen habe ich oft erlebt, dass, obwohl diese Organisationen einen klaren Beitrag für die Menschen leisten und die Mitarbeitenden ursprünglich motiviert waren, sie aufgrund des ständigen Drucks nicht mehr wissen, wofür sie sich den ganzen Tag engagieren. Es ist daher eine unerlässliche Aufgabe von Führungskräften, den strategischen Rahmen zu setzen, in dem dieser Sinn klar definiert ist und die Mitarbeitenden sich für diese Sinnhaftigkeit wirklich einbringen können. Basierend auf meiner Erfahrung sind für die Sinnhaftigkeit drei Elemente wesentlich:

Das erste Element besteht darin, dass für die Mitarbeitenden klar wird, welchen konkreten Beitrag sie für Menschen und Natur leisten und wie dieser zur Verbesserung der Lebensqualität führt. Dies können sowohl interne Dienstleistungen sein, die anderen Mitarbeitenden geeignete Bedingungen für die Erstellung von Produkten oder Dienstleistungen des Unternehmens ermöglichen, als auch Produkte oder Dienstleistungen, die zur Lebensqualität der Gesellschaft beitragen und die Natur schützen. Da alle Mitarbeitenden einen Beitrag zu diesem Sinn leisten, ist es wichtig, dass ihnen Führungskräfte ermöglichen, sinnstiftende Leistungen zu erbringen.

Das zweite Element ist ein Gefühl der Zugehörigkeit. Sinnhaftigkeit entsteht, wenn im Team ausreichend Sicherheit herrscht, dass sich alle einbringen können und jede Stimme gehört wird. Für diesen sicheren Raum ist es entscheidend, dass sich die Mitarbeitenden gut kennen und ihre Erfahrungen teilen können. Organisationen, die über eine solche **psychologische Sicherheit** verfügen, sind innovativer, da die Mitarbeitenden das Vertrauen haben, neue Ideen einzubringen und sich gegenseitig konstruktives Feedback zu geben.

Das dritte Element ist die Möglichkeit zur persönlichen Weiterentwicklung. Die ständigen Veränderungen und Fortschritte erfordern, dass Mitarbeitende auch persönlich wachsen können. Führungskräfte sollten daher nicht nur herkömmliche Weiterbildung ermöglichen, sondern auch die kontinuierliche Weiterentwicklung in der Organisation selbst fördern.

Führung bedeutet, Erfolge und Fehler sichtbar zu machen

Durch die ständigen Fortschritte und Veränderungen befinden wir uns in Unsicherheit – das heißt, wir können nicht abschätzen, wie die Entwicklung verlaufen wird. Unsicherheit zeichnet sich durch hohe Unbeständigkeit, Abhängigkeiten und Mehrdeutigkeit aus. In unsicheren Zeiten braucht Führung mehr Transparenz. Daher sollten Erfolge und Fehler messbar sein. Dies bedeutet nicht, dass wir ausschließlich finanzielle Erfolge messen, sondern dass Mitarbeitende in der Zusammenarbeit und in unsicheren Situationen verstehen, welche Ziele sie verfolgen und an welchen Anzeichen sie erkennen können, ob sie auf einem erfolgreichen Weg sind oder nicht.

Alle unsere Führungs- und Managementansätze sind jedoch ursprünglich auf den Umgang mit Risiko und nicht auf Unsicherheit ausgerichtet. Verschiedene Eintrittsszenarien sind für zukünftige strategische Entscheidungen denkbar und einschätzbar, was jedoch die Unsicherheit verunmöglicht. Für solche unsicheren Entwicklungen hat sich das sogenannte Strategizing als erfolgreich erwiesen. Führungskräfte schaffen mit dem Sinn der Unternehmung den strategischen Rahmen, an dem sich alle Mitarbeitenden orientieren können. Auf dieser Grundlage werden strategische Themen, wie etwa Fachkräftemangel oder CO_2-Reduktion, fokussiert, die in Projektgruppen angegangen werden. Um diese strategischen Themen anzugehen, werden mittelfristige Ziele formuliert, die zum Sinn der Unternehmung beitragen. Damit die Projektgruppen wissen, ob sie erfolgreich sind oder nicht, werden messbare Kernresultate gebildet, an denen sie Woche für Woche überprüfen können, wie sich der Fortschritt gestaltet. Die Methode der OKRs (Objective & Key Results) wurde vor allem in agilen Unternehmen mit großem Erfolg eingesetzt und wird mittlerweile auch in verschiedenen Unternehmen, Verwaltungen und NGOs angewendet, die eine Transformation bewältigen müssen. Ein Vorteil dieser Methode ist das zeitnahe Feedback für die strategische Umsetzung. Im Gegensatz zu traditionellen Strategieansätzen ist die Strategieentwicklung in kurzer Zeit möglich, während der Umsetzung der Strategie in den Alltag viel Bedeutung beigemessen wird. Strategie ist also nicht nur eine Angelegenheit von wenigen Führungspersonen, sondern präsentiert sich in der alltäglichen Umsetzung für alle. Zu Beginn der Einführung von OKRs sind erfahrungsgemäß viele skeptisch, da nun alles gemessen werden kann. Sie befürchten eine verstärkte Kontrolle. Dabei ist genau das Gegenteil der Fall: Durch die Transparenz kann Woche für Woche über Fakten diskutiert werden, warum der Fortschritt positiv verläuft oder nicht. Es geht nicht darum, einzelnen Mitarbeitenden die Schuld zuzuschieben, sondern durch die Versachlichung können Teams viel konstruktiver diskutieren und eine Fehlerkultur entwickeln. Auf dieser Grundlage können, ohne große Verluste bezüglich Ressourcen, schnell Anpassungen vorgenommen werden.

Die Führung der Zukunft betrifft uns alle. Wir alle tragen dazu bei, einen sinnvollen Beitrag zu leisten, können uns persönlich weiterentwickeln und in einem vertrauensvollen Arbeitskontext auch in unsicheren Situationen innovativ sein. Die Grundlage dafür liegt darin, dass wir anderen Menschen Vertrauen schenken und ihre spezifischen Fähigkeiten und Erfahrungen schätzen. Erich Fromm hat bereits vor 70 Jahren in seiner normativen Humanistik die **Bedeutung der Liebe zu den Menschen** und des persönlichen Wachstums als wesentliche Elemente für eine gesunde Gesellschaft hervorgehoben. Klingt so selbstverständlich gut, dass ich es nur teilen kann. Die Freude, Menschen in Organisationen zu begleiten und positive Beziehungen aufzubauen, schenkt mir ebenfalls viel Erfüllung.

Prof. Dr. Frank Walthes ist promovierter Volkswirt. Seine berufliche Karriere begann er als Vorstandsassistent bei der Allianz. Berufsbegleitend nahm er an Executive Programmen teil, unter anderem an der Harvard Business School. Nach verschiedenen Vorstands- und Geschäftsleitungsaufgaben ist Frank Walthes seit 2012 CEO des Konzerns Versicherungskammer. Im Stifterverband für die Deutsche Wissenschaft leitet er das Landeskuratorium Bayern und hat eine Honorarprofessur für Finanzdienstleistungen, insbesondere strategische Transformation, an der Universität der Bundeswehr München. **Meine Frage an Frank Walthes lautete: Was verstehen Sie unter exzellenter Führung?**

Eigenverantwortung und auftragsorientierte Taktik

Frank Walthes

Wer eine allumfassende Antwort oder eine einfache Definition sucht, was exzellente Führung letztendlich ist, wird sie nicht finden. Lässt man die Frage verschiedentlich von ChatGPT beantworten, bleiben folgende Merkmale in den Antworten konsistent: Exzellente Führung ist strategisch und zielführend, inspirierend, unterstützend und verantwortungsvoll. Doch was bedeutet das konkret und vor allem in der gelebten Praxis? In wissenschaftlichen Publikationen werden Management- oder Führungskompetenzen betont oder differenziert. Führung richtet sich direkt an die Menschen. Sie orientiert sich an Themen wie der Zukunftssicherung, der Vermittlung von Visionen und der langfristigen Lösungsfindung. Management hingegen erfüllt vorrangig die wirtschaftlichen Ziele des Unternehmens in kürzeren Planungsintervallen und betont Aspekte wie Risikominimierung und Organisationsstrukturen. Wenn auch stark verkürzt, so verdeutlicht bereits diese Gegenüberstellung: Eine theoretische Trennung ist in der Praxis nicht sinnvoll. **Exzellente Führung funktioniert nicht ohne exzellentes Management.** Die jeweiligen Anforderungen bedingen sich gegenseitig und werden im Folgenden zusammen gedacht. Das grundlegende Anforderungsprofil an exzellente Führung lässt sich entlang von sechs zentralen Konturen, die sich an meinen Denkmustern und Werten orientieren, beschreiben.

Erste Kontur – Handeln und Gestalten

Nicht erst seit heute erscheint uns die Welt in ihrer Komplexität überfordernd. Verunsicherung ist eine Konsequenz der Unvorhersehbarkeit zukünftiger Ereignisse und der technologische Wandel beschleunigt tiefgreifende Transformationsprozesse in immer kürzeren Intervallen und erzeugt einen stetig wachsenden Veränderungsdruck. Verunsicherung ist eine natürliche Erfahrung und nicht per se destruktiv, wenngleich disruptiv und damit für die Adaption und Reaktion durchaus förderlich. Unser Umgang damit ist ausschlaggebend. In der heutigen Welt ist ein hohes Maß an Agilität erforderlich. Eine agile und **optimistische Kultur der Eigenverantwortung** zu fördern, vorzuleben und einzufordern, sind dabei wichtigste Anforderungen an exzellente Führung. Entscheidungen unter Unsicherheit und unvollständiger Information treffen zu können, ist unabdingbare Voraussetzung für unternehmerisches Handeln und Gestalten. Die Fähigkeit, aus unklaren Rahmenbedingungen, chaotischen Wirkzusammenhängen und aus unvollständigen Lagebildern schnell und möglichst konkret Entscheidungen abzuleiten und handlungssichere Anweisungen zu geben, zählt zu den Kernkompetenzen militärischer Auftragstaktik, die sich auch auf die zivile Führung übertragen und nutzen lassen. Auftragstaktik ist nicht nur Methode, sondern steht für eine Führungsphilosophie, die agiles, situatives und verantwortungsvolles Handeln ermöglicht. Dabei wird das Ziel vorgegeben, nicht der Weg dorthin.

Zweite Kontur – Bewegen und Mitnehmen

Wenn es gelingt, die Interessen unserer Gesellschaft mit denen des Unternehmens und denen der Mitarbeitenden in Einklang zu bringen, dann wird der unternehmerische Erfolg nicht ausbleiben. Exzellente Führung leistet **einen Dienst an der Gesellschaft.** Die Zukunft langfristig und nachhaltig zu entwickeln und zu sichern, gelingt nur in einem Klima des Miteinanders in Unternehmen und Gesellschaft, in einer freiheitlich-demokratisch orientierten Gesellschaft, die über die Eigenverantwortung hinaus Teilhabe und Leistungsgerechtigkeit einfordert. Führen oder Leadership heißt gesellschaftliche Verantwortung zu übernehmen und nicht nur Ziele zu erreichen, sondern auch die Menschen im Unternehmen zu berühren und mit auf die Corporate Journey zu nehmen. Gute Führung wirkt sich unmittelbar auf die Kultur eines Unternehmens aus. Transformation gelingt nur, wenn die gesamte Organisation, vom Vorstand über die Führungskräfte bis zu den Mitarbeitenden, mitgenommen wird.

Dritte Kontur – Dienen und Befähigen

Mein Rat: im Denken und Handeln stets authentisch bleiben. Gute Führung ist lehr- und lernbar. Dem französischen Zisterzienserabt und Theologen Bernhard von Clairvaux wird der Ausspruch zugeschrieben, «man stehe an der Spitze, um zu dienen, nicht, um zu herrschen». Dieser verweist auf den Aspekt, dass Führung einem Ziel und Zweck zu dienen hat. Heutzutage würden wir von Purpose sprechen. Im Rahmen einer dienenden Führung bedeutet das, zu gewährleisten, dass sich das volle Potenzial aller entfalten kann. *Leadership is not about being the best. Leadership is about making everyone else better.* Das setzt die Bereitstellung der notwendigen Mittel und die Befähigung aller Beteiligten voraus. Mitarbeitende und Führende im Unternehmen zu stärken ist entscheidend. Ansätze aus der Neuropsychologie legen den Erfolg beim Erwerb von Führungskompetenzen mittels einer Aktivierung individueller, motivationaler Faktoren nahe. Es mag banal klingen, aber **sich selbst zu kennen** ist ein grundlegender Schritt, um mit Erfolg Menschen und Unternehmen zu führen.

Vierte Kontur – Ermöglichen und Einfordern

Neben dem fachlichen Kompetenzerwerb halte ich einen tragfähigen Wertekompass, Persönlichkeitsbildung und den «Willen zur Pflicht» für maßgeblich. Dieser entbindet jedoch nicht davon, eigenständig zu denken und zu handeln. Es sollte sich jeder über seine eigene Werteordnung im Klaren sein und danach handeln. **Gutes kann nur mit innerer Überzeugung gelingen.** Dazu gehört auch der Wille, etwas bewegen zu wollen und keine Angst zu haben, Fehler zu machen. So ist es möglich, für sich und andere Verantwortung zu übernehmen und zu lernen, mit der eigenen Unsicherheit umzugehen. Wir wissen, dass diverse Teams zu besseren Lösungen kommen. Eine stärkere Diversität in allen Funktionen und Hierarchien halte ich für alternativlos. Es geht um interdisziplinäres, crossfunktionales und hierarchieübergreifendes Denken und Handeln. Ich erachte es für wichtig, Musterbrecher ins Unternehmen zu holen. Wir brauchen Menschen, die aufstehen und auch gegen den Strom schwimmen. Sie müssen gefördert, aber auch ausgehalten werden. Wesentlich sind zudem die Bereitschaft und die Fähigkeit, soziale Grenzen zu überwinden und den Wert beziehungsweise das hohe Gut der Chancengleichheit zu erkennen. Hier sehe ich einen bedeutenden Hebel, wenn wir es schaffen, allen Bürgerinnen und Bürgern Perspektiven aufzuzeigen, unabhängig von ihrer sozialen oder kulturellen Herkunft. Das setzt eine noch deutlich höhere Solidarität bei uns allen voraus, als wir sie heute kennen.

Fünfte Kontur – Lernen und Wachsen

Den Anspruch an Exzellenz begreife ich als Triebfeder und Motivation, mich ständig weiterzuentwickeln, zu hinterfragen und offen zu bleiben für die eigenen Herausforderungen. Geübte Praxis determiniert den Rahmen für gute Führung und gute Führung erfolgt durch geübte Praxis. In der Umsetzung heißt Führen, sich mit dem Unvollkommenen auseinanderzusetzen. Dazu gehört es, Widrigkeiten als Teil des Lebens zu akzeptieren und Herausforderungen anzunehmen. An ihnen lernt und wächst man.

Sechste Kontur – Fördern und Zutrauen

Belastbare, diverse Netzwerke und interdisziplinärer Austausch sind Voraussetzungen, um an herausfordernden Aufgaben zu wachsen. Netzwerke geben neue Denkanstöße und in schwierigen Entscheidungssituationen oft eine Hilfestellung. Sie erweitern den Lösungsraum und befördern unseren individuellen Wirkungskreis. Sehr wichtig waren für mich die Menschen, die mich gefordert und gefördert haben. Bildung und Förderung waren nicht nur für mich entscheidend, sondern sind notwendig, um zukünftig erfolgreiche Führung zu ermöglichen. Dazu gehört: Chancen und Verantwortung zu geben und jungen Menschen bei dem, was sie tun, Vertrauen zu schenken.

Vom Denken zum Handeln

Angesichts der zunehmenden Bedeutung von Führung schlage ich vor, das über Jahre hinweg dominierende ideologisch geprägte Narrativ der Führung zu überwinden und Führung ohne Vorurteile und mit Mut neu zu denken. *Stellen wir uns vor, es gibt Führung und niemand bemerkt sie.* Meine empfohlene **paradoxe Intervention** lautet deshalb:

Mehr Führung durch weniger Führung. Konkret bedeutet dies, Führung nicht länger als eine fixe Aufgabenzuschreibung für Einzelpersonen zu betrachten, sondern vielmehr als eine Funktion zu verstehen, die temporär, in variierenden Konstellationen und auf Grundlage von Kompetenz von vielen ausgeübt wird.

Diese ungewohnte Vorstellung stellt Vertrautes in Frage. Formulierte Leadership-Grundsätze oder Führungsprinzipien sowie viele etablierte und als professionell deklarierte Management-Instrumente erweisen sich plötzlich als obsolet und kontraproduktiv. Die Experimentierfähigkeit und das Sich-Empörirren werden zu einer unverzichtbaren Führungskompetenz.

Zur persönlichen Vertiefung der Thematik Leadership empfehle ich, im Sinne einer Selbsterkundung die nachfolgenden Aktionen durchzuführen, die angebotenen Reflexionsfragen zu beantworten und Experimente zu wagen:

To-dos
- Vergegenwärtigen Sie sich Ihre eigene lebensbiografische Entwicklungsreise im Bereich Führung und Leadership. Welche konkreten Erlebnisse und Erfahrungen haben Sie geprägt, und welche persönlichen Überzeugungen haben sich daraus entwickelt?
- Halten Sie Führungssituationen fest, die Sie in Ihrem beruflichen Umfeld irritiert oder persönlich überrascht haben. Was konkret konnten Sie beobachten und welche Schlussfolgerungen ziehen Sie aus diesen Erlebnissen?
- Skizzieren Sie stichwortartig Ihr Idealbild einer exzellenten Führung und geben Sie diesem eine provokative Überschrift. Bitten Sie auch Ihre Vorgesetzte oder Ihren Vorgesetzten, dasselbe zu tun, und besprechen Sie die Ergebnisse in einem offenen Dialog.

Reflexionsfragen

- Was erwarten Sie von einer guten Führungskraft beziehungsweise von der Führung im Allgemeinen und wie realistisch sind diese Erwartungen aus Ihrer Sicht?
- Wie erleben Sie im Rahmen Ihres Arbeitsalltags die funktionalen und dysfunktionalen Aspekte der Führung, und wo sehen Sie den größten Handlungsbedarf?
- Welchen Führungsinstrumenten begegnen Sie regelmäßig im eigenen Arbeitskontext und welche Neben- und Folgeeffekte beobachten Sie?
- Worin sehen Sie den klaren Mehrwert von Führung und wo glauben Sie, dass zukünftig die Hebelwirkung der Steuerungsfunktion am größten ist?
- Inwiefern sind Sie oder ist Ihr Arbeitsumfeld anfällig für modische Management-Trends?
- Wie verstehen Sie Führungs-Exzellenz und inwieweit lässt sich diese mittels einer Inhaltszuschreibung definieren?
- Arbeiten Sie vorrangig im oder am System und woran lässt sich dies erkennen?
- Wie gelingt es, in Zukunft die Intelligenz im Kollektiv besser zu nutzen und welchen Beitrag kann Führung dabei leisten?
- Wie erfolgreich sind Sie darin, Ihre Führungsfunktion hauptsächlich als Coach, Teamplayer, und Experimentdesigner auszuleben und Ihr Arbeitsumfeld als Labor zu betrachten?
- Was halten Sie von der Zielrichtung, Führung zukünftig vermehrt als eine verteilte und kollektive Aufgabe zu sehen?
- Inwieweit beteiligen Sie sich aktiv an der Gestaltung der «Zukunft der Führung»?

Experimente

Mutig «unproduktiv» sein

Führungskräfte handeln oft äußerst zeitökonomisch. Sie setzen ihre Führungszeit primär outputzentriert für die Arbeit im System und für das Sicht- und Messbare ein. Die Folgen davon sind gravierend: Denk- und Dialogzeit gehen verloren, zwischenmenschliche Begegnungen büßen an Qualität ein und das Zufällige und Spontane erhält kaum noch seinen Raum. Vergegenwärtigen Sie sich anhand des eigenen Terminkalenders, wofür Sie Ihre Führungszeit einsetzen und zwingen Sie sich für einen Monat, konsequent am System zu arbeiten. Dies bedeutet, dass Sie so weit wie möglich auf direkte Eingriffe in die Organisation verzichten und stattdessen am organisationalen Kontext arbeiten. Bauen Sie institutionelle Barrieren ab, schaffen Sie eine psychologische Sicherheit und fördern Sie die Metakompetenzen wie das Finden passender Lösungen, die Mobilisierung dezentraler Intelligenz und die Steigerung der organisationalen Resilienz. Definieren Sie als Organisationsentwicklungs-Maßnahme mit Ihrem Team, was unter «produktiver» Führungszeit zu verstehen ist.

Dem Zufall eine Chance geben

Die Wiedereinführung des Zufalls in die Organisation ist entscheidend für die Weiterentwicklung der Leadership-Qualität. Trauen Sie sich, ergebnisoffene Initiativen zu starten, die das Potenzial haben, Zufälliges, Überraschendes und Unerwartetes zu entdecken, und nutzen Sie dieses Wissen, um die Qualität der Führung zu verbessern. Konzipieren Sie Führungsexperimente, die dazu beitragen, Dinge zu finden, nach denen nicht gesucht wurde. Hier einige Beispiele: Verzichten Sie in einer Organisationseinheit auf strikte Zielvorgaben und beobachten Sie die Auswirkungen bewusster Ziellosigkeit. Verkleinern Sie Einheiten unter Inkaufnahme von wegfallenden Synergieeffekten und erkennen Sie den Mehrwert einer Zellteilung und gezielt geschaffener Redundanzen. Oder rekrutieren Sie interessante, einzigartige, unkonventionelle Persönlichkeiten mit atypischen Lebensläufen und erleben Sie das Potenzial des Andersartigen und Nichtpassenden.[63]

7
Thinkout «Wertekompass»

Welche Tugenden bieten Orientierung?

oder

Wie mir eine persönliche Ethik des Wollens im moralisch verwirrten Alltag helfen kann.

Das «Gesetz **in mir»** finden und eigene **Tugenden** verinnerlichen und **leben.**

Begegnung mit dem Sittlichen

Immanuel Kant vertrat die Ansicht, dass der Sinn des menschlichen Lebens darin besteht, das moralisch Richtige zu tun. Doch was genau ist dieses moralisch Richtige und somit die Garantie für ein sinnvolles Leben? Wie die meisten Menschen erinnere auch ich mich an erste Wertediskussionen während meiner Kindheit im Elternhaus. Rückblickend glaube ich zu erkennen, dass diese Diskussionen vor allem von zwei Elementen der calvinistischen Ethik geprägt waren: der Pflicht zu arbeiten und der Tugend der Demut. Damals erschienen mir diese moralischen Maximen dogmatisch und abstrakt, und ich konnte ihre Relevanz für ein sinnerfülltes Leben lange nicht erkennen. Erst Jahre später, während meines Studiums, entwickelte sich in mir eine Sensibilität und ein Verständnis für Werte als handlungsleitende Orientierungshilfen. Besonders in Erinnerung geblieben ist mir das oft diskutierte, von verschiedenen Philosophen und Denkern entwickelte und modifizierte Gedankenexperiment aus der Ethik und Moralphilosophie. Die Szenarien lauten wie folgt:

Szenario A: Sie stehen an einem Eisenbahngleis und vor ihren Augen rollt ein führerlos gewordener Wagen heran. Wenn nichts unternommen wird, wird dieser geradeaus weiterfahren und fünf Gleisarbeiter überfahren. Doch Sie können dies verhindern, indem Sie die Weiche unmittelbar vor Ihnen umstellen. Dadurch wird der Zug auf ein Nebengleis umgeleitet und überfährt nur einen Gleisarbeiter. *Was würden Sie tun?*

Szenario B: Auf dem Hauptgleis befinden sich immer noch fünf Gleisarbeiter. Aber auf dem Nebengeleis spielt Ihr Kind. *Wie würden Sie sich in dieser Situation entscheiden?*

Die Ergebnisse einer weltweit mit rund 300 000 Befragten durchgeführten Studie zeigen, dass beim Szenario A drei Viertel der Menschen die Weiche umstellen, während bei Szenario B niemand die Weiche umlegt.[64] Dieses Beispiel verdeutlicht eine ethische Dilemmasituation und weist auf den grundlegenden Unterschied zwischen einer vernunftbasierten Moral und unserem subjektiven Moralempfinden hin. Mit diesem Gedankenexperiment wurde mir erstmals die Differenz zwischen der die moralische Pflicht und Einhaltung von Prinzipien betonenden Vernunftethik und der auf die Konsequenzen fokussierten Gesinnungsethik bewusst. Die tiefere Bedeutung von Werten erkannte ich jedoch erst bei persönlich zu treffenden Entscheidungen. Beispielsweise, als mir erstmals eine attraktive Führungsposition angeboten wurde und ich vor der Wahl stand, in der Wissenschaft zu bleiben oder in die Praxis zu wechseln. Die Auseinandersetzung mit den echten Motiven für einen möglichen Wechsel führte dazu, dass ich begann, mich vertieft mit meinen persönlichen Werten auseinanderzusetzen. Zentral dabei waren für mich die Fragen: *Was ist mir wirklich wichtig? Welchen gesellschaftlichen Beitrag möchte ich leisten? Und von welchen Prinzipien lasse ich mich leiten?* Ich war damals überrascht, wie klar ich erkennen konnte, dass die in Aussicht gestellte berufliche Position mit persönlichen Wertekonflikten behaftet wäre und ich deshalb nachhaltig kaum Zufriedenheit und Erfüllung finden würde.

Jahre später, während meiner Tätigkeit als Verwaltungsrat, erlebte ich die Grenzen einer regelbasierten Compliance und ich erkannte die Bedeutung einer **wertegeleiteten Integrität.** Mir wurde klar, dass sich Anstand nicht herbeiregulieren lässt und, wenn das Unrechtsbewusstsein fehlt, Regeln nicht vor Missbrauch schützen. Ethisches Verhalten ist offensichtlich nicht durch Appelle und Normen des Sollens zu erzwingen, sondern nur intrinsisch, aus innerer Überzeugung heraus, lebbar. Das Befolgen auferlegter Vorgaben hängt entscheidend vom Glauben an deren Legitimität und moralische Richtigkeit ab. Daher benötigt «Good Governance» neben Regelsystemen auch eine bewusste und reflexive Auseinandersetzung mit den die eigene Integrität leitenden Werten. Diese Erkenntnis gilt nicht nur für die Unternehmenspraxis, sondern auch für unsere Gesellschaft als Ganze. Die vielen weltweiten Konfliktherde und brutalen kriegerischen Auseinandersetzungen zeigen, wie entscheidend diese intrinsisch motivierte Ethik für ein friedliches gesellschaftliches Miteinander ist. Wollen wir ein Grounding des Sittlichen verhindern, ist nicht eine Perfektionierung der «Du-sollst-Ethik», im Sinne einer regelbasierten Moral, sondern die **Stärkung der «Ich-will-Ethik»** dringend erforderlich.

Beobachtungen dieser Art führten dazu, dass ich begann, mich für die Thematik der Wertefundierung und meinen eigenen «inneren Kompass» zu interessieren. Ich stellte mir unter anderem die Fragen, was für mich Moral im Sinne des Nicht-Verhandelbaren bedeutet, welche Tugenden mich leiten, wie diese sich entwickelt haben und welche Einflüsse dabei prägend waren. Die psychologischen Theorien zur Entstehung von Tugenden betonen die Wirkung von Umweltfaktoren, individuellen Merkmalen und sozialen Einflüssen. Wenn ich meine eigene Lebensbiografie reflektiere, glaube ich zu erkennen, dass mich das familiäre Umfeld und positive Vorbilder gelehrt haben, zwischen richtig und falsch zu unterscheiden und ethische Werte zu internalisieren. Später waren es kognitive Prozesse in Form der Selbstreflexion, die zur Bildung des moralischen Urteilvermögens beigetragen haben. Bevor ich mich der Leitfrage nach den mir Orientierung gebenden Tugenden zuwende, interessiert mich die Frage, ob es auch ein Zuviel an Werten geben kann.

Werte – das ambivalente Phänomen

Es ist allgemein anerkannt, dass eine angemessene Wertefundierung, die auf Toleranz, Empathie und offener Kommunikation basiert, entscheidend für das gesellschaftliche Miteinander und friedliche Zusammenleben ist. Ausgeprägte Tugenden können dabei helfen, soziale Normen als gemeinsame Verhaltensgrundlage für eine moralisch gefestigte Haltung zu etablieren. Bei Werten handelt es sich oft um abstrakte Begriffe, die unterschiedlich interpretiert werden und auch dysfunktionale Effekte haben können. Als «Affichenmoralismus»[65] wird das Phänomen einer vorgetäuschten moralischen Überlegenheit oder einer oberflächlichen oder scheinheiligen Proklamation von Moralvorstellung bezeichnet. Hauptsächlich in der öffentlichen Darstellung werden moralische Werte oder Ideale verkündet, die nicht dem tatsächlichen Verhalten oder Handeln einer Person oder Gruppe entsprechen.

Aus einem übermäßigen Streben nach moralischer Perfektion und Reinheit kann auch ein Tugendwahn resultieren. Dieser bezieht sich auf die Neigung, bestimmte Werte oder Überzeugungen zu überhöhen oder zu idealisieren sowie die Besessenheit von sittlichem Verhalten. Dieses Phänomen hat Auswirkungen auf das individuelle Verhalten, unsere sozialen Normen und das allgemeine Wertesystem einer Gesellschaft. Alltagserfahrungen zeigen immer wieder, dass die Disziplinierung zur richtigen Gesinnung auch **dysfunktionale Nebeneffekte** haben kann. Werden bestimmte Werte übermäßig betont oder fehlgeleitet, kann dies zu Intoleranz und sozialer Ausgrenzung führen, zum Beispiel von Menschen, die eine andere Lebensweise bevorzugen. Ein dogmatischer Glaube an bestimmte Werte oder «Unwerte» kann in ideologischen Fanatismus umschlagen, bei dem Einzelne drastische

Maßnahmen ergreifen oder Gewalt anwenden, um ihre Überzeugungen durchzusetzen. Ideologen kennen die Antwort, bevor überhaupt die Frage gestellt wurde. Wenn Intoleranz und eine hörige Gedankenlosigkeit dominieren, leidet die Vernunft. Ein Beispiel hierfür ist die religiöse Verblendung, bei der Individuen glauben, sie allein wären im Besitz der wahren moralischen Werte. Die übermäßige Betonung von Werten kann also Konflikte zwischen Gruppen oder Gemeinschaften verstärken und eine der vielfältigen Ursachen auch für militärische Auseinandersetzungen sein.

Menschen, die übertrieben selbstbezogen auf ihre eigenen Werte fixiert sind, neigen zur Selbstgerechtigkeit und sie fühlen sich moralisch überlegen. Sie verurteilen andere mit einer gewissen Arroganz. Das engstirnige Festhalten an Werten führt auch dazu, dass wir alternative Perspektiven und Sichtweisen ignorieren oder ablehnen, dogmatisch werden und damit Fortschritt behindern. Schließlich kann der Druck, den eigenen Wertvorstellungen gerecht zu werden, auch ein Gefühl der Unzulänglichkeit provozieren und zu Stress, Angst oder persönlicher Überforderung führen. Es ist daher wichtig, ein ausgewogenes und stets reflektiertes Verhältnis zwischen der Förderung von Tugenden und der Toleranz sowie der Empathie für unterschiedliche Wertesysteme zu finden. Persönlich habe ich erkannt, dass auch im Kontext einer passenden Wertekultur die Mehrdeutigkeit zu beachten ist. Ich muss dem Virus der Moralisierung begegnen und bestrebt sein, Werte zu schätzen und zu leben, ohne dabei in Dogmatismus oder in eine moralische Selbstgerechtigkeit zu verfallen. Als «Medikamente» gegen Fanatismus benennt der israelische Schriftsteller Amos Oz: Neugier auf den Mitmenschen, Fantasie sowie Selbstironie und Humor. Und er betont: «*Nie traf ich einen Menschen, der über sich lachen konnte und später zu einem Fanatiker wurde.*»[66] Wer sich selbst nicht allzu ernst nimmt, ist weniger gefährdet, von der Krankheit der Rechthaberei infiziert zu werden.

Moralisch um- statt aufrüsten

Wir leben in Zeiten, die wenig zuversichtlich stimmen. Es herrscht Krise in Permanenz. Das Internationale Komitee vom Roten Kreuz (IKRK) vermittelt derzeit weltweit in mehr als 100 bewaffneten Konflikten. Aufgrund dieser kriegerischen Auseinandersetzungen, die Elend und unsägliches Leid verursachen, ist ein intensiver «Weltschmerz» spürbar. Gefühle der Traurigkeit, der Ohnmacht, der Entfremdung und der Verzweiflung begleiten uns. Es ist daher naheliegend, sich für eine Erziehung zum Gutmenschen einzusetzen und nach einem Mehr an Moral zu verlangen.

An abstrakt kodifizierten Abkommen, die ein sittliches Miteinander sicherstellen sollen, mangelt es bekanntlich nicht. Beispiele dafür sind die von 196 Staaten ratifizierte Genfer Konvention und die damit verbundene Anerkennung des humanitären Völkerrechts zur Begrenzung der Auswirkungen bewaffneter Konflikte. Ein weiteres Beispiel ist die im Jahre 1993 von dem Theologen Hans Küng erreichte Erklärung zum Weltethos, in der sich Repräsentanten aller Weltreligionen auf Kernelemente eines gemeinsamen Ethos, einschließlich des Prinzips der Menschlichkeit, verständigt haben. Die Realität zeigt jedoch, dass es die Universalität von ethischen Normen nicht gibt und diese Vereinbarungen nur begrenzt Wirkung entfalten. Es stellt sich deshalb die Frage, ob es nicht zu viele abstrakt kodifizierte Regeln des Sollens gibt, die den Blick auf das Wesentliche versperren, nämlich auf das gelebte Handeln, das sich an einer persönlichen Integrität und einer «Ich-will-Ethik» orientiert. Gerade deshalb könnte ein moralisches Umrüsten statt Aufrüsten geboten sein. Wie soll beispielsweise nach den barbarischen Angriffen der Hamas im Gazastreifen und Russlands in der Ukraine eine tragfähige Zukunft in diesen Regionen geschaffen werden? Mit Moralismus und Appellen an die Sitte sowie durch eine Verurteilung der Unmoral wird dies kaum gelingen. Der moralische Zeigefinger, der hauptsächlich auf andere und nur selten auf mich zeigt, erweist sich dabei als wenig hilfreich.

Ich selbst habe lange Zeit in den angelesenen, abstrakten Moralprinzipien nach einem mir Orientierung gebenden Wertekompass gesucht und geglaubt, diesen gefunden zu haben. Dabei leiteten mich die bekannten ethischen Maximen: Das moralisch Gute bemisst sich an den Folgen des Handelns (Konsequenzialismus), an der Güte der Tat (Deontologie), am Motiv für die Handlung (Gesinnungsethik), an den Ergebnissen der Handlungen (Verantwortungsethik), am größten Nutzen für andere (Utilitarismus), an der Frage, ob eine Handlung gerecht und redlich für alle Beteiligten ist (Gerechtigkeitsethik), ob sie unter moralischen Gesichtspunkten verallgemeinert werden kann (Universalisierbarkeit) oder ob sie der Befolgung eines moralischen Sollens dient (Pflichtethik). Heute glaube ich erkannt zu haben, dass diese Prinzipien zwar ein wertvolles, implizites Fundament bilden, jedoch im Alltag als handlungsleitender Wertekompass wenig tauglich sind. Im Verlauf meines Lebens hat sich bei mir das Bewusstsein für zwei unterschiedliche Werteebenen entwickelt: Die eine Ebene besteht aus den grundlegenden, im Hintergrund präsenten ethischen Prinzipien, die indirekt auf mich wirken. Die andere Ebene umfasst die Überzeugungen und Haltungsmaximen, die sich aufgrund der eigenen Lebenserfahrung herausgebildet und weiterentwickelt haben. Diese langjährig verfestigten Regeln des Wollens sind es heute, die mein Handeln in allen Lebensbereichen leiten. Sie helfen, das für mich Richtige zu tun und formen meine Identität. Sie ermöglichen es mir, meine Ziele und Prioritäten zu definieren. Zudem dienen sie als Leitlinien, wenn es darum geht, schwierige Entscheidungen zu treffen. Sie bilden das moralische «Gesetz in mir» das mich in herausfordernden Situationen davor bewahrt, mich zu verbiegen und entgegen meinen Idealen zu handeln. Ich erlebe, dass ich mich erfüllter und authentischer in meinen Handlungen fühle, wenn ich mich nach diesen Maximen richte. Doch um welche Grundsätze, Prinzipien und konkreten Tugenden handelt es sich dabei?

Intellektuelle Bescheidenheit – mein Wertekompass

Den Ursprung zur Ausbildung meines eigenen Wertekompasses bildete eine scheinbar triviale Beobachtung. Als faszinierend, erfüllend und prägend empfand ich stets Begegnungen mit Persönlichkeiten, die über die Souveränität verfügten, nicht recht haben zu müssen. Der Verzicht meiner Gesprächspartnerinnen und Gesprächspartner auf die Deutungshoheit und das Erklären der Welt bildeten die Basis für viele inspirierende Dialoge auf Augenhöhe. Heute bezeichne ich diese aus meiner Sicht zentrale Tugend als **intellektuelle Bescheidenheit.** Dabei handelt es sich um eine innere Kraft, die es einem erlaubt, sich vom Habitus der Ich-Zentrierung, der rechthaberischen Deutungshoheit, der naiven Omnikompetenz und des trügerischen Wissens zu emanzipieren. In meinem Buch *«Manifest der intellektuellen Bescheidenheit»* habe ich mich vertieft mit dieser Thematik beschäftigt.[67] In der Publikation dargestellt werden fünf spezifische Haltungsdispositionen, die diese intellektuelle Bescheidenheit konturieren. In Anlehnung an diese sind es die folgenden Tugenden, die mir im Alltag Orientierung geben:

- *Pluralität wertschätzen:* In Interaktionen konsequent auf den Deutungsanspruch und die Unterscheidungen wahr – falsch, recht – unrecht, Sieger – Verlierer verzichten. Den Fokus gezielt auf das Abweichende legen, die eigene Weltsicht als eine von vielen verstehen und akzeptieren, dass jede Person in ihrer selbst konstruierten Welt Recht hat. Der erhoffte Effekt: Aus dem Divergierenden Inspirationen für Neues gewinnen.
- *Im Dialog klüger werden:* In Begegnungen den Sendemodus ablegen und Mitmenschen mit einer Haltung der Gleichwürdigkeit[68] und Empathie begegnen. Verzicht auf Monologe und den rechthaberischen, egozentrischen Meinungswettbewerb. Unter Beachtung der Gesprächsprinzipien (zuhören, respektieren, partizipieren, artikulieren, suspendieren und reflektieren) echte Dialoge führen und gemeinsam weiterdenken. Der erhoffte Effekt: Durch die Integration der Gedanken anderer etwas Größeres entstehen lassen, das über das individuell Gedachte hinausgeht.
- *Nichtwissen eingestehen:* Im Alltag das eigene Überzeugtsein nicht mit Wissen verwechseln. Trügerisches Wissen entlarven, das Unwissen und die eigene Fehlbarkeit akzeptieren und eingestehen sowie zur Prävention der Selbstüberschätzung nutzen. Inkompetenz nicht mit Selbstbewusstsein kompensieren und stets ehrlich zu sich selbst sein. Der erhoffte Effekt: Mittels produktiver Zweifel unbekannt Unbekanntes erschließen.
- *Sich emporirren:* Für echtes Begreifen das lineare Kausalitätsdenken überwinden und handelnd ins Verstehen kommen. Hyperrationalität ablegen, auf Big Design und perfekte Konzepte verzichten und auf die experimentelle Annäherung vertrauen. Persönliche Erfahrungen als Fantasiekiller erkennen und dem Zufall eine Chance geben. Der erhoffte Effekt: Neues entdecken und verborgene Zusammenhänge besser verstehen.
- *Barrierefrei denken:* Akzeptieren, dass es für anstehende Probleme viel mehr Lösungen gibt, als man sich vorstellen kann. Die Beschränkung der eigenen Vorstellungskraft erkennen und unkonventionelle Lösungen entdecken. Gegen den Strom schwimmen, dem Mainstream und der Versuchung, zu gefallen und gemocht zu werden, widerstehen. Der erhoffte Effekt: Den Denkraum erweitern und passende Lösungen für anstehende Probleme finden.

Die Mächtigkeit dieser auf einer «Ich-will-Ethik» beruhenden Tugenden ist für mich täglich erlebbar. Sie bilden die Gelingensvoraussetzung für sehr vieles: Sie ermöglichen es uns unter anderem, die Intelligenz im Kollektiv zu nutzen, echte Dialoge zu führen und dadurch passende Lösungen für anspruchsvolle Probleme zu finden. Deutlich zeigt sich auch der Einfluss dieser Tugenden in den von mir zuvor erörterten Gedanken zu den Themen Menschenbild, Selbstregie, Normalität, Transformation, Komplexität und Leadership. Besonders wichtig ist jedoch, dass sie einen Ausweg aus der in unserer Gesellschaft weitverbreiteten toxischen Polarisierung bieten.[69]

Im Bann der Extreme

Tagtäglich beobachten wir in Talkshows, in den Medien, der Politik und im Alltag ein ausgeprägtes Schwarz-weiß-Denken. Das Hauptziel besteht darin, mit einer pointierten eigenen Meinung Kante zu zeigen, Recht zu haben und die Diskussion zu gewinnen. In einer konfrontativen und oft polarisierenden Art buhlen die Protagonisten um die Deutungshoheit. Sie versuchen mit eindeutigen Antworten Kompetenz und Überlegenheit zu demonstrieren und sich selbst in Szene zu setzen. Dies führt dazu, dass **Welterklärende Welterklärenden die Welt erklären.** Sie führen keine Gespräche, sondern verkünden ihre Standpunkte mit Nachdruck. Viele Konflikte werden heute über die Ränder ausgetragen und pointierte Meinungen werden lautstark vertreten. Wenn Extrempositionen dominieren, geht das Verbindende und Integrative verloren. Das Ergebnis ist eine stark polarisierte Gesellschaft.

Das Beobachtbare hat seine eigene Logik. Die Haltung der Dominanz entwickelte sich in der Kulturgeschichte über Jahrtausende. Wir Menschen sind von Natur aus soziale Wesen, und die Art und Weise, wie wir uns in einer Gruppe positionieren, ist entscheidend für die Formung unserer Identität und unseres Selbstbildes. In unserer aufgeklärten Welt fördern auch Erziehung und Bildung die Fähigkeit, eine eigenständige Meinung zu formulieren. Daher unterstützen wir unsere Kinder schon früh dabei, ihre eigenen Standpunkte und Überzeugungen zu entwickeln und zu verteidigen. Während ihrer Entwicklung erfahren sie, dass ihnen die Artikulation polarisierender Meinungen Kompetenz verleiht. Sie lernen, dass klare Positionen und Standpunkte erwartet werden und dass das Profil, der Status und die Karriere oft von der Qualität ihrer eigenen Meinung abhängen. Verbunden mit diesem angelernten Anspruch, eigene, möglichst originäre Ansichten und Gesichtspunkte leidenschaftlich zu vertreten, ist auch die Ambition, recht haben zu müssen.

Auch die politische Parteienlogik und der öffentliche Raum fördern das Einnehmen einer pointierten, eigenwilligen Position. Diese Notwendigkeit, stets Recht haben zu müssen, geht tendenziell mit einer Dehumanisierung einher, das heißt mit der Dämonisierung Andersdenkender.[70] Der andere wird von vornherein als Gegner angesehen, der die eigene Entfaltung behindert. **Kultiviert wird das Gegensätzliche,** die Ablehnung und nicht die Anerkennung, das Trennende und das Nicht-Verbindende. Die Sehnsucht nach Eindeutigkeit, Einfachheit, Klarheit und Orientierung in der komplexen Welt sowie die Dominanz der Aufmerksamkeitsökonomie, die bedeutet, dass in der medialen Welt nur das Laute und Provokante wahrgenommen wird, sind weitere Gründe für die zunehmende Polarisierung. Unsere innere Haltung, mit der wir in verschiedenen Rollen als Ehepartner, Eltern, Mitarbeitende, Wissenschaftlerinnen, Politiker und Führungskräfte tagtäglich an Lösungen arbeiten, scheint offensichtlich auf Polarisierung ausgerichtet zu sein. Seitens der Forschung wird zudem das Informationsverhalten als Grund für die zunehmende Polarisierung genannt.

Soziale Medien verändern die Art und Weise, wie Menschen Informationen aufnehmen. Informationen, die durch Algorithmen vorselektiert werden, verstärken die bestehenden Überzeugungen und Vorlieben der Nutzer. Dies erschwert die Suche nach Kompromissen oder die Akzeptanz alternativer Perspektiven. Darüber hinaus kann die Tatsache, dass Menschen sich stärker mit bestimmten sozialen oder politischen Gruppen identifizieren, dazu führen, dass sie Andersdenkende als Gegner betrachten. Wirtschaftliche Ungleichheit und politische Fragmentierung tragen ebenfalls zur Polarisierung bei. Wenn Menschen das Gefühl haben, benachteiligt zu werden, neigen sie dazu, extreme Standpunkte einzunehmen und sich radikalen Bewegungen anzuschließen. Auch individuelle psychologische Merkmale wie Angst, Unsicherheit und die Neigung zur Konformität können zur zunehmenden Polarisierung führen. In Zeiten erhöhter Ungewissheit suchen wir vermehrt Orientierung in einfachen Antworten und klaren Positionen. Polarisierung führt dazu, dass Kontraste betont und Standpunkte verhärtet sowie akzentuiert werden. Gleichzeitig vereindeutigt sie die Welt, verschiebt den Fokus von sachlichen hin zu emotionalen Aspekten, fördert Diffamierungen und Schuldzuweisungen, verringert die Kompromissbereitschaft und schränkt letztlich die Kommunikation ein.

Das bisher konturierte, einseitig negative Bild der Polarisierung greift jedoch zu kurz. In bestimmten Kontexten können artikulierte Meinungsdivergenzen, erlebbare Standpunktspaltungen und Gegensätzlichkeiten durchaus mehrwertstiftend sein. Polarisierung kann zu mehr Klarheit und Differenzbewusstsein führen. Sie hilft, die Unterschiede zwischen Positionen, Ansichten und Ideologien zu verdeutlichen. Polarisierung beinhaltet auch ein Aktivierungs- und Mobilisierungspotenzial. Sie kann Menschen dazu ermutigen, aktiv zu werden und sich für ihre Überzeugungen einzusetzen. Polarisierung kann lebendige Debatten provozieren und die Vielfalt der Meinungen und Perspektiven fördern. Auf Basis konträrer Standpunkte und der radikalen Infragestellung von etablierten Mustern können auch innovative Ideen entstehen. Polarisierung kann also dazu beitragen, passende Lösungen zu finden und einen Mehrwert zu schaffen. Die spannende Frage lautet: Was sind die Gelingensvoraussetzungen, damit Polarisierung diese positiven Effekte zeitigen kann? Meine These dazu: **Die Haltung ist entscheidend!** Die Art und Weise, wie ich das Gegensätzliche einbringe, ist der Schlüssel dafür, dass Polarisierung in Diskursen und Dialogen ihren Wert hat. Aus meiner Sicht sind es Tugenden, wie oben beschrieben, die helfen, das Destruktive zu überwinden und das Konstruktive der Polarisierung zu nutzen. Unsere Gesellschaft kann sich die weitreichenden Folgen einer destruktiven Polarisierung nicht länger leisten. Die anstehenden Probleme, die es zu lösen gilt, sind zu groß und zu dringlich.

Mit den Tugenden *Pluralität wertschätzen, im Dialog klüger werden, Nichtwissen eingestehen, sich empörirren* und *barrierefrei denken* habe ich meinen eigenen Wertekompass gefunden, der mir Orientierung gibt. Mein Wunsch ist es, dass wir alle den Habitus der Welterklärenden ablegen und die Realität als Eigenkonstrukt begreifen. Aus diesem pluralen Verständnis von Wirklichkeit und Wahrheit erwächst eine befreiende Toleranz, die es mir erlaubt, nicht zwangsläufig im Recht sein zu müssen. Dies wiederum ermöglicht es, in echten Dialogen, auch hart, um bessere Lösungen zu ringen und gemeinsam klüger zu werden. Aus dem Nicht-Recht-haben-Müssen und dem produktiven Zweifeln resultiert die Souveränität, Unwissen zu akzeptieren. Das bedeutet, dass wir in der Lage sind, unser Nichtwissen und das eigene Überfordertsein anzuerkennen. Daraus erwächst eine Neugierde, die uns dazu antreibt, die Fragezeichen tiefer zu setzen, die Logik des Beobachtbaren zu erforschen und handelnd ins Verstehen zu kommen. Oder, wie Immanuel Kant betont: «Wohl aber muss man die einzige Gier pflegen, die kein Laster ist: die Neugier. Mit ihrer Hilfe kann man den eigenen Horizont erweitern und lernt das zunächst Fremde in seinem Eigenwert zu schätzen.»[71] Sie verleiht uns den Mut, dem auf den ersten Blick Plausiblen zu misstrauen und uns auf das Kontraintuitive einzulassen, also auf das, was unserem antrainierten Menschenverstand widerspricht. Auf diese Weise finden wir passende Lösungen für die Probleme dieser Welt.[72]

Die Wirkkraft dieser heute utopisch erscheinenden Tugenden lässt sich nur ansatzweise erahnen. Stellen wir uns beispielsweise vor, im Alltag würden die polarisierenden und rechthaberischen Monologe der Selbstdarstellerinnen und Selbstdarsteller verschwinden, in den geführten Debatten würde einander zugehört und ein aufrichtiges Interesse bestünde darin, die Gedanken des Gegenübers wirklich zu verstehen. Verantwortungstragende würden ihr Nichtwissen und ihr Überfordertsein offen zugeben. Der Wettbewerb um Deutungshoheit würde einer integrativen Haltung des **gemeinsamen Klügerwerdens** weichen und ergebnisoffenes Experimentieren würde zur gelebten Praxis werden. Undenkbar, aber stellen wir es uns einfach einmal vor.

Die von mir mit Hilfe der Tugenden beschriebene Ich-will-Ethik erscheint auf den ersten Blick einleuchtend und nachvollziehbar. Sie zu verinnerlichen und zu leben ist jedoch stets eine Herausforderung, die ich als äußerst anspruchsvoll empfinde. Immer wieder muss ich mich den vielfältigen Versuchungen widersetzen. Beispiele dafür sind das Streben nach Deutungshoheit, der Versuch, die Welt zu erklären, mittels Kompetenz zu blenden, alles a priori wissen zu wollen und das Bedürfnis, dem Mainstream zu folgen. Die Arbeit an der eigenen Integrität stellt also eine lohnende Investition dar.

Meine gegenwärtige Überzeugung:
Das «Gesetz in mir» finden und
eigene Tugenden verinnerlichen und leben.

Mein heutiges Fazit

- Ethisches Handeln akzentuiert sich maßgeblich in persönlich gelebten Tugenden. Dabei erweisen sich moralische Konventionen als eine notwendige, jedoch nicht hinreichende Bedingung.
- Regeln des Sollens entfalten ihre volle Wirkung nur, wenn sie durch eine Ethik des Wollens ergänzt und konkretisiert werden, die auf individuell erkannten und bewusst gelebten Tugenden basiert.
- Durch Einsichten aus der eigenen Lebensbiografie kann ich intrinsisch motivierte handlungsleitende Tugenden herausschälen und das «Gesetz in mir» erkennen. Dieses bildet ein stabiles Wertegerüst und trägt zur Qualität eines glücklichen und «enkeltauglichen» Lebens bei.
- Es ist lohnend, nicht allein auf abstrakte Fremdkonventionen zu setzen, sondern sich immer wieder ausreichend Zeit für die bewusste Arbeit an der eigenen Ich-will-Ethik zu nehmen.

Außensichten zur Denkstimulation

Nachfolgend die Denkangebote der reformierten Pfarrerin Franziska Kuhn-Häderli, des ehemaligen Generalsekretärs der Römisch-Katholischen Zentralkonferenz der Schweiz, Daniel Kosch, sowie der Philosophin Magdalena Hoffmann.

Nach der Tätigkeit als Lehrerin in der Schweiz und der linguistischen Arbeit in Afrika studierte **Franziska Kuhn-Häderli** Theologie in Bern, Neuenburg, Genf, Basel und Zürich. Seit Sommer 2020 arbeitet sie als Pfarrerin in der reformierten Kirchgemeinde Kleinbasel sowie im «Mitenand», dem interkulturellen Gottesdienst mit Menschen von überall. Nebenberuflich ist sie im Care-Team des Kantons Aargau, der Industriefeuerwehr Basel und der Alpinen Rettung Schweiz tätig. Weitere ihrer Leidenschaften sind Skitouren, Klettern, Bouldern und Preacher Slam. Franziska Kuhn-Häderli habe ich die Frage gestellt: **Welches sind deine, dir Orientierung gebenden eigenen Regeln?**

Geschmeidigkeit als Lebenshaltung
Franziska Kuhn-Häderli

Wie die Redensart «an einer Hand abzählen» unterstreicht, beschränke ich mich auf fünf Regeln, die mir Orientierung geben. Nicht alle davon habe ich mir aktiv angeeignet, manche fielen mir einfach zu. Das finde ich schön und repräsentativ für das Leben: Einiges musste oder muss ich mir hart und ausdauernd erarbeiten, es erproben oder durchleiden. Anderes schien oder scheint in mir zu geschehen, zu wachsen und sich zu entfalten, ohne dass ich sichtbar etwas dazu beitrage – außer vielleicht, offen zu sein und es wahrzunehmen.

Beweglich, geschmeidig und dehnbar bleiben
Was beim Klettern und bei Skitouren gilt, ist für mich als Bewegungsmensch auch sinnhaft für das Zusammenleben, das gemeinsame Arbeiten und Miteinander-Diskutieren sowie das Finden von Lösungen. Ich bewege mich besser und verletzungsfreier an der Wand, im Schnee, mit meinen Mitmenschen und Arbeitskolleginnen und -kollegen, wenn ich geschmeidig bin. Als Kind fiel mir das alles unglaublich leicht. Ohne Mühe konnte ich meine Füße an die Ohren bringen oder andere Verrenkungen machen. Auch auf sich ändernde Umstände oder neues Wissen konnte ich mich spielerisch einstellen. Heute fehlen mir vor allem körperlich einige Zentimeter, und mein Verstand muss bewusster gefordert werden, um beweglich und neugierig zu bleiben oder bereit zu sein, Liebgewonnenes loszulassen und von anderen zu lernen. Ich brauche mehr Energie, um meine Motivation aufrecht zu erhalten, immer wieder aufzustehen und nicht beim Scheitern zu verzagen, sondern es lustvoll erneut zu versuchen. Besonders deutlich wird das in Stresssituationen: Wenn ich beim Klettern keinen guten Griff für die Finger finde, verkrampfe ich mich, erstarre und komme nicht weiter. Oder wenn meine Handlungsoptionen durch eine große Arbeitslast oder wenig Zeit stark eingeschränkt sind oder der frühe Tod meiner Mutter mich mit ungeahnter Trauer überwältigt, reagieren meine Rücken- und Nackenmuskeln schmerzhaft. In Diskussionen schieße ich dann über das Ziel hinaus oder fühle mich taub und blockiert. Das gesamte Repertoire an biologischen Stressreaktionen wie Kampf, Flucht, Erstarren ist mir wohlbekannt, und da es Automatismen sind, kann ich sie zunächst nicht beeinflussen. Was mir dann hilft, spätestens, wenn ich es erkenne, ist, mich zu bewegen, um wieder beweglich zu werden. Mein Kopf, mein Verstand und mein Körper scheinen stark miteinander gekoppelt zu sein. Deshalb führe ich, wann immer möglich, Gespräche im Gehen. Die Gedanken kommen besser in den Fluss. Dass meine Gesprächspartnerin und ich dabei in die gleiche Richtung gehen, obwohl wir vielleicht unterschiedlicher Meinung sind, hat eine starke Wirkung: Die Fronten verhärten sich weniger. Ich stehe nicht mit dem Rücken zur Wand und ein Ziel liegt stets vor Augen. In Stresssituationen würde

ich, wenn ich wählen könnte, **Beweglichkeit, Geschmeidigkeit und Dehnbarkeit** bevorzugen. Da jedoch genau dann keine Wahl besteht – weil, wie oben erwähnt, ein Automatismus einsetzt – kann ich zumindest versuchen, den Zeitpunkt hinauszuschieben, zu dem der Automatismus einsetzt, so wie mir dies beim Klettern in Bezug auf die Höhenangst auch gelang – mit viel Übung.

Den kleinsten gemeinsamen Nenner suchen

Manche dieser Situationen und Begegnungen erfordern mehr als nur Geschmeidigkeit, da sie sich auf so unbekanntem Terrain abspielen, dass ich, obwohl ich mich als interessiert und offen für Unterschiede sehe, auf den ersten Blick keine Referenzpunkte mehr erkenne. Meine Echolokation verhallt im Leeren. Diese Abwesenheit von Bekanntem, diese Lücken auf meiner inneren Landkarte, können durch eine fremde Materie, Lebensweise, Meinung, Glaubensrichtung, politische Einstellung oder den Umgang mit persönlicher Distanz entstehen. Der Blick auf das Andersartige und Trennende hilft mir nicht weiter, das Suchen nach dem kleinsten gemeinsamen Nenner hingegen schon. Diese Erkenntnis resultierte aus einem Schlüsselerlebnis in Afrika: Im Kontakt mit einigen Frauen war das Stillen unserer Säuglinge dieser kleinste gemeinsame Nenner. Wir sprachen keine gemeinsame Sprache, unser Empfinden von Nähe und Distanz sowie unser Zeitempfinden unterschieden sich stark – aber die Grundversorgung unserer Kleinkinder verband uns und gab uns die Möglichkeit, anzudocken. Seitdem suche ich bewusst nach diesem kleinsten gemeinsamen Nenner, weil er die Ausgangslage vereinfacht. Ein weiteres Beispiel: Ich bin sowohl in der freiwilligen Feuerwehr als auch in einem Care-Team tätig. Ein Anruf verband diese beiden Tätigkeiten: Als Mitglied des Care-Teams wurde ich zu einer Feuerwehr gerufen. Ich konnte den Feuerwehrleuten, die stark sein und allein mit schwierigen Situationen zurechtkommen wollten, durch den Satz «Nach dem Einsatz ist vor dem Einsatz» verdeutlichen: Was wir hier tun, ist keine Gefühlsduselei oder Schwäche, sondern ein gesundes Verfahren. Was für das Material gilt, gilt auch für den Menschen. Dieser Satz als kleinster gemeinsamer Nenner ermöglichte den Transfer vom Umgang mit Feuerwehrmaterial und Dienstfahrzeugen sowie der persönlichen Schutzausrüstung zur psychischen Gesundheit und gab meinen Gegenüber Antworten auf die wichtigen Orientierungsfragen: *Wo stehe ich? Wo soll ich hin? Wie komme ich dahin? Warum überhaupt soll ich mich auf den Weg machen?*

Auf ein Größeres Ganzes vertrauen

Die Erwähnung der freiwilligen Feuerwehr und des Care-Teams führt mich zu meiner nächsten Orientierungsregel: Auf ein größeres Ganzes vertrauen. Sowohl in meinen oben genannten Tätigkeiten als auch in meinem Beruf als Pfarrerin leitet und unterstützt mich dieses Vertrauen. Durch das gemeinsame Arbeiten in diesen Organisationen entsteht oft mehr, als dass eins und eins zwei ergeben würden. Der Einsatz und die Mentalität in der Feuerwehr bewirken einen Überschuss, und manche Einsätze im Care-Team fühlen sich «geführt» oder besonders stimmig an. Bei Trauerfeiern vertraue ich darauf, dass nicht nur meine Worte, sondern auch der Raum, die Musik, die Gemeinschaft, die Blumen und das Unverfügbare, das über das Irdische hinausgeht und das ich Gott nenne, mit Klarheit und Sanftheit wirken. So muss ich nicht alles allein bewältigen und mich nicht überfordern. Stattdessen kann ich mich mit all meinen Kräften, meinem Vermögen, meinem Können, meiner Liebe und auch meinen Unzulänglichkeiten und meinem Versagen in ein gemeinschaftliches Wirken einbringen.

Liebe vermehren

So ein weiterer Grundsatz, der mein inneres Wollen leitet. Oder, wie es ein Motto treffend ausdrückt: «*Ob du geliebt hast oder nicht, das fällt ins Gewicht.*» Diese Regel basiert auf der weit verbreiteten Annahme, dass Liebe wohltut – uns Menschen, allen Kreaturen und der gesamten Schöpfung. Ich bin fest davon überzeugt, dass wir alle – Menschen und Tiere – mit Liebesrezeptoren ausgestattet sind und, im Fall der Menschen und Säugetiere, auch die Fähigkeit besitzen, Liebe zu zeigen. «Liebe» verstehe ich dabei nicht als vereinfachtes romantisches Gefühl oder den flüchtigen Rausch der Verliebtheit, sondern als jenes **ausdauernde, hartnäckige, versöhnliche, vergebende, großzügige Trotzdem.** Diese Liebe soll mich so tief durchdringen und prägen, dass ich sie auch jenen schenken kann, die noch nie Liebe erfahren haben, die mir das Leben schwer machen oder mich herausfordern – wie der Mann ohne Arme, der mit seinen ungewaschenen Füßen neben mir sein Frühstück einnimmt, bei einer Mahlzeit für Obdachlose. Diese Liebe aus mir selbst heraus weiterzugeben, ist nicht immer möglich. Manchmal fühle ich mich erschöpft und leer. Deshalb spreche ich bewusst davon, von Liebe durchflutet zu sein, ein Geschehen, das durch mich wirken soll. Ich muss nicht der Ursprung oder die Quelle der Liebe sein, sondern nur ihre Verteilerin. Ob ich nun Gott als Quelle der Liebe sehe oder während einer inneren Einkehr andere Quellen anzapfen kann – ich darf sicher sein: Von der Substanz Liebe gibt es genug. Sie muss nicht mühsam geschürft, wohl aber stetig unter die Menschen gebracht werden.

Let your partner shine

Zum Schluss möchte ich eine Regel aus dem Improvisationstheater vorstellen, die wunderbar widerspiegelt, was mich leitet: «*Let your partner shine.*» Dies erfordert Demut, die auf einem hohen inneren Status basiert, ein Begriff aus der Theaterwelt. Oder anders gesagt: auf einem gesunden Selbstwert. Ein gesunder Selbstwert macht mich meines Könnens bewusst, ohne dass ich dies gegenüber anderen ausspielen, in Konkurrenz zu ihnen treten oder sie abwerten müsste. Im Gegenteil, aus dieser inneren Stärke und demütigen Haltung heraus kann ich andere wahrnehmen, ihr Potenzial erkennen und gleichzeitig kompetent wirken. Denn jemanden für eine Leistung oder Fähigkeit hervorzuheben, kann ich nur, wenn ich selbst etwas davon verstehe, sonst könnte ich mir darüber kein Urteil erlauben. «Let your partner shine» darf nicht als Mittel zum Zweck missbraucht werden, sondern soll aufrichtig und spezifisch sein und nicht ins Gegenteil, das «Self-Bashing», verkehrt werden. Diese Regel hilft mir konkret bei neuen Aufgaben, bei denen ich das Gefühl habe, dass alle Augen auf mich gerichtet sind. Dann lenke ich meine Aufmerksamkeit auf das Team, das mit mir an dieser Aufgabe arbeitet, oder ich stelle ein Team zusammen, um diese Aufgabe zu bewältigen. Indem ich das Team hervorhebe, trete ich selbst in den Hintergrund, werde gelassener und dadurch geschmeidiger.

Dabei gilt stets: Zwischenmenschliches Verhalten und auch das Verhalten mir selbst gegenüber ist eine Gratwanderung. Aber Wanderungen, ob auf Graten oder in Tälern, bringen uns weiter, führen zu Bewegung und machen uns beweglicher – womit wir wieder bei der ersten Regel wären. Oder als weniger zirkulärer Schluss und mit den Worten des irischen Schriftstellers und Dichters Samuel Beckett: «*All of old. Nothing else ever. Ever tried. Ever failed. No matter. Try again. Fail again. Fail better.*»

Dr. Daniel Kosch ist ein ausgewiesener Kenner der Schweizer Kirchenstrukturen. Er war zwei Jahrzehnte Generalsekretär der Römisch-Katholischen Zentralkonferenz der Schweiz (RKZ). Zuvor war er Pastoralassistent in Stäfa und Kilchberg, Leiter des Schweizerischen Katholischen Bibelwerks sowie Dozent für Neues Testament an der Universität Freiburg. Daniel Kosch hat Theologie an der Theologischen Hochschule in Chur, in Rom und an der Universität Freiburg i. Ue. studiert und in Bibelwissenschaften promoviert. Daniel Kosch habe ich die Frage gestellt: **Wie erleben Sie die Wertefundierung in der heutigen Zeit und wie beurteilen Sie die Folgen eines Zuviels an Werten?**

Lebensform statt Wertebekenntnis
Daniel Kosch

Persönlich habe ich mit dem Begriff der «christlichen Werte» nie viel anfangen können. Spontan verbinde ich mit diesem Ausdruck ein christlich-konservatives Menschen- und Gesellschaftsverständnis, Recht und Ordnung, Fleiß und Pflichterfüllung, Familiensinn und Vaterlandsliebe, Anstand und Sittsamkeit, Gemeinsinn und Wohltätigkeit. Zwar gehören auch soziale Gerechtigkeit und Fürsorge für die Benachteiligten zu diesen Werten, aber sie stellen die herrschenden Prinzipien des Wirtschaftssystems und der Gesellschaftsordnung nicht in Frage. Dass vom christlichen Glauben auch Irritierendes ausgeht, dass Jesus, auf den sich diese Werte beziehen, Konventionen nicht nur in Frage stellte, sondern auch durchbrach, kommt nicht in den Blick.

Nachfolge – Leben im Stil und Geist Jesu
Für meine Vorstellung von einem christlichen Lebensstil, einer Kirche und einer Gesellschaft, die sich am Evangelium orientieren, war als junger Erwachsener der Begriff der «Nachfolge Jesu» daher attraktiver und plausibler als die Rede von «christlichen Werten». «Nachfolge» meint eine Lebensform, die daran Maß nimmt, wie Jesus und seine ersten Jüngerinnen und Jünger lebten. Sie waren bereit, für ihre Vision vom «Reich Gottes» alles zurückzulassen: Arbeit und Familie, Sicherheit und Geborgenheit. Zentral waren Freiheit und Ungebundenheit, Solidarität mit jenen, die aufgrund körperlicher oder seelischer Not benachteiligt waren oder nicht den Erwartungen der Frommen und Angepassten entsprachen. Nonkonformismus, provokative Kritik an demonstrativer Frömmigkeit, radikale Forderungen, auf Besitz zu verzichten, und Träume von einer Welt, in der die Hungrigen satt werden und die Reichen leer ausgehen, sollen die Kirche zu einem Ort der Freiheit und der Gerechtigkeit machen, damit sie «Salz der Erde» sei, «Sand im Getriebe» und keinesfalls «Schmiermittel», das stabilisiert, was dringend verändert werden müsste, indem es dafür sorgt, dass die Zahnrädchen einer ungerechten Gesellschaft möglichst reibungslos ineinandergreifen.

Bürgerliches Leben – alternatives Ideal
Natürlich war mir bewusst, dass meine Lebenswirklichkeit hinter diesem Ideal zurückbleibt und immer zurückbleiben würde. Als Familienvater und Leiter einer kirchlichen Fachstelle lebte ich *de facto* ein bürgerliches Leben, deutlich näher bei den «ungeliebten» christlichen Werten als beim Ideal eines Lebens auf den Spuren Jesu. Abgefedert wurde diese Spannung zwischen Vision und Wirklichkeit durch die Tatsache, dass schon zu Jesu Lebzeiten nicht alle das radikale Ideal der Nachfolge befolgten. So gab es neben den unbehausten Nachfolgerinnen und Nachfolgern Jesu, die seinen radikalen Lebensstil teilten, auch sesshafte Sympathisantinnen und Sympathisanten, die ihm Gastrecht gewährten, seine Botschaft aufnahmen und in ihren Alltag als Fischer, Bauernfrauen oder Handwerker übersetzten. Das war eine gewisse Entlastung im Sinn einer «Erlaubnis», veränderten Gegebenheiten Rechnung tragen zu dürfen. Das Ideal selbst aber stellte ich nicht in Frage. Immer wieder meldete sich eine innere Stimme, die sagte: Eigentlich müsstest du ganz anders leben: bescheidener, solidarischer, ohne falsche Rücksichtnahme auf Konventionen und Erwartungen des Umfeldes usw.

Wahres Christentum hat ein kirchen- und gesellschaftskritisches Potenzial

Im Lauf der Jahre erweiterten neue theologische Ansätze mein Konzept der «Nachfolge». Die Theologie der Befreiung betonte die politische und gesellschaftliche Dimension des Christentums. Die Option für die Armen erfordert nicht nur einen bescheidenen Lebensstil, sondern den Einsatz der Kirche für eine andere Wirtschafts- und Gesellschaftsordnung, verbunden mit deutlicher Kritik an einer bürgerlichen Religion, die das Christsein privatisiert, spiritualisiert und seines gesellschaftskritischen Potenzials beraubt. Und die wenig später aufkommende feministische Theologie machte darauf aufmerksam, dass die Jesusbewegung eine «Nachfolgegemeinschaft von Gleichgestellten» war und zeigte auf, wie ein patriarchales Gottesbild und die Unsichtbarmachung des Beitrags von Frauen zur Entstehung des Christentums schon früh den Boden für eine Männerkirche und die Diskriminierung von Frauen bereiteten. Zusammen mit dem Lebensstil Jesu und seiner einfachen und konkreten Rede von Gott ergab sich aus den befreiungstheologischen und feministisch-theologischen Erkenntnissen ein Glaubens- und Ethik-Verständnis mit erheblichem kirchen- und gesellschaftskritischem Potenzial. Wahres Christentum lebt vom Veränderungswillen, vom Kontrast, von der Überwindung der patriarchalen Strukturen und aller Formen von Ungerechtigkeit und Unterdrückung in Kirche und Gesellschaft.

Management-Argumente für Kirchenreformen

Meine berufliche Entwicklung erforderte eine Auseinandersetzung mit Management-Themen. Die Notwendigkeit der Entwicklung eines spezifischen Kirchen-Managements ergab sich einerseits aus der Aussicht auf knapper werdende Ressourcen, anderseits aus der Erkenntnis, dass gesellschaftliche Umbrüche und die Professionalisierung verwandter Bereiche, zum Beispiel Sozialarbeit und Gesundheitswesen, die Kirchen dazu zwingen, ihre Angebote zielgruppengerecht auszugestalten und ihre Mittel sparsam und wirksam einzusetzen. Die für das New Public Management zentralen Begriffe der Wirkungsorientierung und der Kundenorientierung ließen sich aus meiner Sicht theologisch gut adaptieren. Ähnliches galt für das Change-Management. *Sind Veränderungsbereitschaft und Offenheit für Neues nicht Schlüsselworte aus dem Evangelium, die gleichzeitig auf die aktuellen Herausforderungen antworten? Ist Change-Management nicht das Mittel der Stunde, um kirchliche Reform-Postulate zu plausibilisieren?* Dass es mit Hilfe eines solchen Verständnisses von «wirkungsorientierter Pastoral» und «Kirchen-Management» möglich ist, Reformforderungen plausibel zu machen, ohne dafür explizit theologisch oder gesellschaftspolitisch zu argumentieren, erachtete ich als weiteren Vorteil, insbesondere wenn es darum ging, auch traditionellere und konservativere Kräfte in der Bischofskonferenz und in staatskirchenrechtlichen Behörden einzubinden.

Demokratische und rechtsstaatliche Standards
Zu diesem Amalgam aus biblischen Visionen und Logiken des Managements kam als drittes Element die Orientierung an den Standards und Verfahren des demokratischen Rechtsstaats hinzu. Denn die staatskirchenrechtlichen Strukturen des Schweizer Katholizismus haben ihr Fundament im staatlichen Recht und zeichnen sich dadurch aus, dass sie die Grundrechte und das Diskriminierungsverbot respektieren, die demokratische Beteiligung aller Gläubigen an wichtigen Entscheidungen ermöglichen und analog dem schweizerischen Staatswesen «von unten nach oben» aufgebaut sind. Damit bilden sie im sogenannten «dualen System» ein starkes Gegengewicht zum hierarchischen Prinzip der römisch-katholischen Weltkirche. Von diesen Prinzipien «demokratisch – solidarisch – unternehmerisch» bin ich nach wie vor überzeugt. Aber zwischenzeitlich haben verschiedene Entwicklungen dazu beigetragen, dass sich Akzente verschoben und mein Verständnis dieser Prinzipien verändert haben.

Haltung entscheidet
Die Hoffnung, mit dem «richtigen» Management sei eine zugleich dem Evangelium verpflichtete und für moderne Menschen attraktive Kirche machbar, erweist sich als naiv. Nicht das Management-Instrumentarium, sondern – wie es Martin Permantier formuliert: «Haltung entscheidet». Die Krise, in welche die Häufung von sexuellem Missbrauch und seiner Vertuschung die Kirche gestürzt haben, verstärkt dies. Echte Kirchenreform bedarf der spirituellen Verwurzelung und eines tragfähigen Wertefundaments.

Zentrale Werte und Rechte unterliegen nicht dem Mehrheitsprinzip
Politische Entwicklungen, insbesondere der wachsende Rechtspopulismus machen deutlich, dass mit der einseitigen Betonung des Mehrheitsprinzips erhebliche Risiken verbunden sind. Es zeigt sich: Die unantastbare Würde der Person und die damit verbundenen Grund- und Menschenrechte, dürfen keine Frage von Mehr- und Minderheitsmeinungen sein. Zentral bleibt das demokratische Prinzip allerdings, wenn es um die Konkretisierung dieser Prinzipien geht.

Synodalität verknüpft Orientierung am Evangelium und Partizipation
«Synodalität», wörtlich: gemeinsam unterwegs sein, verbindet auf überzeugende Art die Stichworte «evangeliumsgemäß» und «demokratisch» miteinander. Mit Worten von Hans A. Wüthrich gesagt, geht es darum, «in einer Haltung der Demut gemeinsam um passende Lösungen zu ringen und durch das dialogische (Weiter-)Denken etwas Neues entstehen zu lassen». «Synodal» ist die Kirche dann, wenn sie sich von der Frage leiten lässt, was der Auftrag und die Botschaft der Kirche für die jeweilige Situation sind. Dies in einer Haltung des Hörens und Ringens um gemeinsame Lösungen und unter Beteiligung aller.

Religiös begründete Überzeugungen müssen menschenrechtlichen Standards genügen

Da «*für viele nichts fehlt, wenn Gott fehlt*» (Jan Loffeld), ist auch ein Bedeutungsverlust der Kirche erkennbar. War lange Zeit die Überzeugung prägend, dass die Kirchen die christlichen Werte vermitteln und die Gesellschaft diese Werte aufnimmt, haben sich die Verhältnisse in zweifacher Weise umgekehrt. Erstens muss die Kirche – und muss auch die einzelne Christin, der einzelne Christ in einem zunehmend konfessionslosen Umfeld – bereit sein, das Evangelium und die christlichen Werte in eine nicht-religiöse Sprache zu übersetzen und für säkulare Menschen anschaulich zu machen. Und zweitens müssen die Kirchen, insbesondere die römisch-katholische, anerkennen, dass sie im Ringen um die Werte nicht nur vorzugeben, sondern auch zu lernen haben, insbesondere dort, wo sie in ihrem Verhalten (zum Beispiel Missbrauch) oder in ihren Normen (Diskriminierung von Frauen und gleichgeschlechtlich Liebenden oder Verweigerung von Mitbestimmung) unter den Standards des demokratischen Rechtsstaats zurückbleiben.

Mein Fazit

Ein Rückblick führt zu einer paradoxen Feststellung: Für meinen Wertekompass sind im Laufe der Zeit gleichzeitig seine Verwurzelung in der Botschaft des Evangeliums *und* seine Plausibilität in einem säkularen Kontext wichtiger geworden. Spirituelle Vertiefung *und* Dialog mit einer Gesellschaft, in der eine Gleichgültigkeit in religiösen Fragen zunimmt, sind keine sich ausschließenden Alternativen, sondern bereichern sich gegenseitig.

Dr. Magdalena Hoffmann, promovierte Philosophin, ist seit 2014 Studienleiterin der Weiterbildungsprogramme «Philosophie + Management», «Philosophie + Medizin» sowie «CAS Leadership & Excellence in Argumentation + Diskurs» an der Universität Luzern. Zuvor war sie von 2007 – 2011 als wissenschaftliche Mitarbeiterin an der Universität Zürich tätig, von 2011 – 2014 als PostDoc an der Universität Bern. Magdalena Hoffmann ist Mitglied der Kantonalen Ethikkommission Bern wie auch Kolumnistin der Luzerner Zeitung in der Rubrik «Aussichten». Meine Frage an Magdalena Hoffmann lautete: **Welche Fortschritte im moralisch-ethischen Bereich erkennst du, die dir Hoffnung geben und was bleiben bislang unerfüllte Wünsche?**

Die Faszination intellektueller Tugenden und die Kraft von Vorbildern

Magdalena Hoffmann

Wie alle antiken Ethiken ist auch die aristotelische Ethik von der starken normativen Kraft des Intellekts geprägt. Ein gutes und erfülltes Leben besteht für den Menschen demnach in der exzellenten Kultivierung seines Intellekts, der überdies auch für die charakterliche Vervollkommnung eine zentrale Rolle spielt. Letztlich gibt es bei Aristoteles Exzellenz nur im «Doppelpack»: **Menschliche Exzellenz bedeutet immer intellektuelle und charakterliche Exzellenz** zusammen. Der Tugendhafte verkörpert diese Idee idealtypisch, insofern er die menschlichen Fähigkeiten bis zur Perfektion in sich ausgebildet hat, wofür es der stetigen Übung, aber auch des Unterrichts bedarf. Die Vorstellung, dass der Mensch mit andauernder Übung und Unterweisung moralisch wie auch intellektuell seine Fähigkeiten vervollkommnen kann und sollte, finde ich einen aufregenden und zutiefst motivierenden Gedanken.

Tugendethik und Führung

Die vielen Gespräche mit unseren Weiterbildungsstudierenden zeigen mir immer wieder, dass die Tugendethik eine große lebensweltliche Wirkung entfalten kann, wenn sich von ihr Personen angesprochen fühlen, die viel Einfluss auf andere haben. Damit hat die Tugendethik für mich, über die persönliche Faszination hinaus, an praktischer Relevanz gewonnen. Für eine gute, gelungene Führungsarbeit ist die Tugendethik aus zwei Gründen von zentraler Bedeutung: Erstens setzt sie – anders als viele andere ethische Theorien – an der Person als Kriterium richtigen Handelns an. Wenn man sich zum Beispiel den Einfluss von Führungskräften vor Augen führt, kommt man zum Schluss, dass die Tugendethik mit ihrer Fokussierung auf die Person und deren Charakter genau richtig liegt. Führungskräfte sind im besten Fall inspirierende Vorbilder, im schlimmsten Fall abschreckende Negativbeispiele. Die Tugendethik ist für diejenigen Führungskräfte, die zur ersten Gruppe gehören möchten, die zentrale ethische Referenz und ein seriöser Fundus der Arbeit an sich selbst.

Zweitens zeichnet sich die Tugendethik durch eine große Flexibilität aus, was auch einer ihrer größten Nachteile sein mag. Wie etwa eine bestimmte Handlung ethisch zu bewerten ist, hängt in der Tugendethik vom Handelnden und dem Kontext ab. Dies eröffnet Handlungsspielräume, was Führungskräften sehr entgegenkommt, wobei es natürlich ethische Grenzen gibt. Diese werden aber nicht durch fixe Regeln bestimmt, sondern durch die Tugenden bzw. die Tugendhafte oder den Tugendhaften selbst. Oder, wenn auch verkürzt ausgedrückt: **Integrität schlägt Compliance.** Das darf allerdings nicht als eine Art Freipass für Regellosigkeit missverstanden werden. Im Gegenteil: Integrität ist, tugendethisch verstanden, das anspruchsvollere, komplexere Konzept und geht über Regeln hinaus.

Neue Impulse dank der Tugenderkenntnistheorie

Die Tugendethik, die vor allem charakterliche Tugenden wie Mut, Gerechtigkeit und Besonnenheit ins Zentrum stellt, ist in meinen Augen mittlerweile ausgiebig erforscht. Im Vergleich dazu hat die Auseinandersetzung mit der sogenannten Tugenderkenntnistheorie und intellektuellen Tugenden – insbesondere im deutschsprachigen Raum – erst jetzt Fahrt aufgenommen. Die Tugenderkenntnistheorie hat die Art und Weise, wie wir über Wissen nachdenken, ziemlich auf den Kopf gestellt. Sie besagt, dass Wissen mit Hilfe des Konzepts intellektueller Tugenden verstanden werden kann. Dieses neuartige Verständnis von Wissen eröffnet neue Denkräume und praxisrelevante Einsichten. Doch was sind intellektuelle Tugenden? Damit sind Eigenschaften gemeint, über die exzellente Denker verfügen. Welcher Art diese Eigenschaften sind, ist Gegenstand einer Kontroverse. In meinen Augen spricht viel dafür, intellektuelle Tugenden als **lobenswerte Charakterzüge** wie Aufgeschlossenheit, Bescheidenheit, Neugier oder Hartnäckigkeit zu verstehen, die im Hinblick auf Wissen, dessen Erwerb und seine Vermittlung besonders wichtig sind. Angesichts unserer zunehmend von Desinformation, Halbwahrheiten und Polarisierung geprägten Welt scheint mir die Ausbildung und Kultivierung intellektueller Tugenden entscheidend zu sein. Insofern ist es erfreulich, dass auf dem Gebiet der Tugenderkenntnistheorie Fortschritte erzielt worden sind; dasselbe gilt übrigens für die Erforschung intellektueller Laster wie Arroganz, Oberflächlichkeit und Engstirnigkeit.

Laster – das wichtige(re) Spiegelbild der Tugenden?

Die Auseinandersetzung mit intellektuellen Lastern und deren negativen Folgen finde ich im Hinblick auf das reale Leben mittlerweile sogar wichtiger als die Beschäftigung mit den Tugenden. Das ist eine zentrale, wenn auch etwas schmerzliche Erkenntnis, insofern daraus eine gewisse Ernüchterung spricht. Inzwischen bin ich der Meinung, dass wir schon sehr viel gewonnen hätten, wenn wir uns um die Vermeidung beziehungsweise Reduzierung unserer intellektuellen Laster kümmern würden. Zwar ist man dann noch lange nicht exzellent, doch immerhin kein allzu unangenehmes Exemplar mehr für sein Umfeld, wie ich am Beispiel der Arroganz aufzeigen möchte. Von allen aufgeführten Lastern: Arroganz, Oberflächlichkeit und Engstirnigkeit, halte ich **Arroganz für dasjenige, das die größte toxische Wirkung entfaltet.** Auch zeigt sich an der Arroganz sehr gut, dass sich die konzeptionelle Unterscheidung zwischen charakterlichen und intellektuellen Lastern manchmal gar nicht trennscharf ziehen lässt. So ist Arroganz in intellektueller Hinsicht ein Laster, weil die arrogante Person durch Beratungsresistenz, mangelnde Selbstreflexion und -kritik sowie die Unfähigkeit auffällt, zuzuhören und von anderen zu lernen. In charakterlicher Hinsicht ist Arroganz ein Laster, weil der arrogante Mensch aus der Tatsache, dass er auf einem oder mehreren Gebieten überlegen ist, dem Fehlschluss unterliegt, er sei auch in normativer Hinsicht anderen Menschen überlegen. Damit missachtet der oder die Arrogante die Ebenbürtigkeit von Menschen. Wer arrogant ist, begegnet anderen Menschen mit allen denkbaren Varianten von Geringschätzung bis hin zur Verachtung, was eine Zusammenarbeit oder ein Zusammenleben erschwert oder gar verunmöglicht.

Laster oder Tugenden: Wo gilt es anzusetzen?
Angesichts der dargestellten Folgen der Arroganz ist es nachvollziehbar, vorerst Laster zu reduzieren, bevor wir uns den Tugenden widmen. Das ist allerdings nicht einfach, denn Laster sind «ausgewachsene» schlechte Haltungen, die nur schwer zu verändern sind. Hinzu kommt, dass die betroffene Person das Laster gar nicht als solches erkennt, weshalb es ihr an der entsprechenden Motivation zur Verhaltensänderung fehlt. Daher muss ich meine Aussage, dass die Auseinandersetzung mit intellektuellen Lastern wichtiger ist als die mit Tugenden, wie folgt präzisieren: Im Hinblick auf die direkten schlechten Folgen sind intellektuelle Laster prioritär zu behandeln. Was ihre Vermeidung betrifft, werden wir allerdings wieder auf die intellektuellen Tugenden verwiesen. Denn deren Kultivierung ist das beste Mittel, um diesen Lastern möglichst früh beizukommen. Oder anders formuliert: **Geht es um die konzeptionelle Priorität, wäre bei den intellektuellen Tugenden anzusetzen; geht es um die lebensweltliche Dringlichkeit, müssten wir uns um die Eindämmung der Laster kümmern.** Ideal wäre es natürlich, wenn es uns gelingen würde, in Schulen und Universitäten wie auch in Arbeitswelt und Gesellschaft eine lernbegeisterte Atmosphäre zu schaffen, die es erlauben würde, intellektuelle Tugenden auszubilden und zu fördern, damit wir nicht mehr allzu viel Aufwand mit der Beseitigung der negativen Folgen intellektueller Laster haben. Doch wie können wir intellektuelle Tugenden ausbilden und befördern? In der pädagogischen Diskussion rund um intellektuelle Tugenden werden verschiedene Methoden diskutiert wie das Einüben von (Selbst-)Reflexion, die Ermutigung zum kritischen Nachfragen oder die Orientierung an Vorbildern.

Vorbilder: Motivation durch verkörperte Exzellenz
Von den genannten Methoden halte ich die Orientierung an Vorbildern für die wirksamste, weil Vorbilder dort ansetzen, wo Handlungen entstehen: Bei der Motivation. Der sogenannte «moralische Exemplarismus» stellt Personen, verstanden als positive Exempel, ins Zentrum. Warum? Weil uns schon immer herausragende Persönlichkeiten aufgezeigt haben, dass die Grenzen menschlicher Fähigkeiten nach oben hin verschoben werden können und sie uns im besten Fall zu mehr Anstrengung und Exzellenz motivieren. Indem diese außerordentlichen Personen in uns Bewunderung auslösen, geben sie

uns auch einen Impuls, ihnen nacheifern zu wollen. Tugenden und das gute Leben schlechthin sind dann nicht mehr bloß Ideale, sondern werden real von exzellenten Menschen verkörpert. Diese Moraltheorie identifiziert drei Grundtypen von Vorbildern, nämlich den Heiligen (Wohltätigkeit), den Helden (Mut) und den Weisen (Weisheit). Das ist zwar plausibel, greift aber in meinen Augen zu kurz, weil mit dieser Typisierung das Potential des moralischen Exemplarismus begrenzt bleibt. Insbesondere der Verweis auf den Weisen dürfte auf uns nicht mehr zeitgemäß wirken. Daher würde ich mir für die Zukunft wünschen, **dass wir neue Typen von Vorbildern suchen:** Vorbilder, die uns auf herausragende Art und Weise beweisen, dass man zum Beispiel auch unter großem öffentlichem Druck die intellektuelle Tugend der Aufgeschlossenheit beibehalten kann, indem sie eine bestimmte Form der «Dissens-Souveränität» zeigen. Auch Personen, die trotz großer Erfolge gewissenhaft und vorsichtig bleiben und damit intellektuelle Bescheidenheit verkörpern und einen wichtigen Kontrapunkt zur häufig anzutreffenden medial inszenierten Selbstüberschätzung setzen, wären solche möglichen Vorbilder. Diese neuen Typen von Vorbildern könnten dann im besten Fall auch unseren Begriff von gesellschaftlichem und beruflichem Erfolg umdefinieren, indem sie konkret aufzeigen, wie faszinierend eine Kultur der Exzellenz statt eine des Status sein könnte.

Vom Denken zum Handeln

Die in unserer Welt so dringend benötigte Wertefundierung lässt sich nicht allein durch moralisierende Appelle sicherstellen. Deshalb plädiere ich dafür, dass wir uns intensiv mit der Entwicklung unserer persönlichen Integrität und unserem eigenen Wertekompass, dem «Gesetz in mir» auseinandersetzen, und dies mit der gebotenen Achtsamkeit angehen. Eine empfohlene **paradoxe Intervention** lautet:

Trotz der augenfälligen Wertedefizite moralisch um- statt aufrüsten und die abstrakten Regeln des Sollens durch persönlich gelebte Tugenden einer intrinsisch begründeten Ethik des Wollens verstärken.

Dies ist zweifellos eine anspruchsvolle Forderung, von der ich jedoch überzeugt bin, dass sie einen wesentlichen Beitrag zur Verbesserung der Qualität unseres Zusammenlebens leisten kann. Anstatt eine Gesinnungsdiktatur zu schaffen, sollten wir unsere individuell in Form gelebter Haltungsmaximen verfestigten Tugenden als das betrachten, was unser Leben lebenswert macht. Menschen, die sich ihrer Tugenden bewusst sind, neigen weniger dazu, verführt zu werden.

Zur persönlichen Vertiefung der Thematik «Wertekompass» empfehle ich im Sinne einer Selbsterkundung, die folgenden Aktionen durchzuführen, die angebotenen Reflexionsfragen zu beantworten und Experimente zu wagen:

To-dos
- Reflektieren Sie Ihre persönliche «Beziehung» zu Werten. Inwiefern lassen Sie sich von moralischen Regeln des Sollens beeinflussen und inwiefern von Ihren eigenen inneren Überzeugungen? Versuchen Sie die Entstehung Ihrer persönlichen Ethik zu rekapitulieren und beschreiben Sie die Tugenden, die Ihr Handeln leiten.
- Darüber hinaus könnten Sie Freunde oder enge Vertraute darum bitten, Ihnen Fragen zu Ihren Werten zu stellen. Reflektieren Sie anschließend gemeinsam mit diesen Personen Ihren eigenen Wertekompass. Welche zentralen Tugenden nehmen Ihre Gesprächspartner in verschiedenen Situationen wahr? Versuchen Sie, die erhaltenen Rückmeldungen zu interpretieren. Was überrascht Sie dabei und was bestätigt Ihre bisherigen Annahmen?

Reflexionsfragen
- Welche konkreten Erfahrungen haben Sie mit dem Moralismus und seinen Du-sollst-Werten gemacht?
- Wie stark sehen Sie Werte als eine normative Grundlage und als eine richtungsweisende Orientierung für Ihr Leben an?
- Mit welchen Glaubenssätzen sind Sie aufgewachsen und welchen Einfluss hatten diese auf die Entwicklung Ihrer ethischen Haltung?
- Welche dieser internalisierten Werte beeinflussen ihr Verhalten und welche tragen Sie heute weiter?
- Was passiert, wenn Sie das eigene Wertegerüst überhöhen? Wo erleben Sie ein Zuviel an Werten oder eine Überbetonung der Moral, und welche Schlussfolgerungen ziehen Sie daraus?

- Ist Ihr gegenwärtiges Leben nach den Werten ausgerichtet, die Ihnen wichtig sind?
- Gibt es Bereiche Ihres Lebens, in denen Ihre Handlungen nicht mit den eigenen Werten übereinstimmen? Falls ja, welche Erklärung haben Sie dafür?
- Was bedeutet für Sie das moralisch Richtige?
- Was sind Ihre Regeln des Wollens und wie würden Sie Ihren eigenen moralischen Wertekompass beschreiben?
- Welche Maßnahmen halten Sie für notwendig, um die Verankerung von Werten in der Gesellschaft zu erhalten oder zu verstärken?
- Wie beurteilen Sie den moralischen Fortschritt in unserer Gesellschaft?

Experimente

Wertetagebuch

Führen Sie ein Tagebuch, in dem Sie Ihre Gedanken und Gefühle bezüglich Ihrer Werte und deren Bedeutung in verschiedenen Lebenssituationen dokumentieren. Notieren Sie, welche Werte in verschiedenen Konstellationen für Sie besonders bedeutsam waren und sind, und erläutern Sie die Gründe dafür. Überlegen Sie, ob Ihre Antwort vor zehn Jahren gleich ausgefallen wäre und falls nicht, welche möglichen Erklärungen es dafür gibt. Interpretieren Sie das Ergebnis.

Dilemma-Dialog

Entwickeln Sie mit Ihrem Arbeitsteam, vergleichbar mit dem vorgängig genannten «Weichenbeispiel», hypothetische Dilemmasituationen mit einem konkreten Bezug zur Realität. Leiten Sie die sich jeweils stellenden moralisch-ethischen Frage ab und diskutieren Sie diese. Versuchen Sie dabei die möglicherweise unterschiedlichen Ethikansichten der Teammitglieder zu verstehen und transparent zu machen. Leiten Sie denkbare Konklusionen ab, wie Sie zukünftig mit den unterschiedlichen Werthaltungen umgehen wollen.

Ausklang –
Denken braucht Taten

Unvernunft

ist für den **Denkfortschritt**

unerlässlich.

Eigenständiges Denken bleibt alternativlos

Wenn die Korridore des Sagbaren sich verengen, werden die Räume des Denkbaren kleiner und Teile der Realität verfallen einem Denkverbot. Gerade durch den alltäglichen Gebrauch von künstlicher Intelligenz drohen wir in eine Abhängigkeit zu geraten, die uns nicht nur die Freiheit, sondern auch die Vernunft und die Fähigkeit zum Denken rauben könnte. Es besteht die Gefahr, dass das Denken immer mehr an die vermeintlich kompetentere Technologie ausgelagert wird und wir uns die Frage stellen müssen: **Wo und von wem lassen wir zukünftig denken?** Eine gefährliche Entwicklung in einer Zeit, in der wir so dringend ein reflexives Bewusstsein benötigen und auf die kreative Denkkraft von Selbstdenkenden angewiesen sind. Der Schlüssel dieser Kreativität liegt in der Vorstellungsgabe. Mindestens bis heute verfügt der Mensch, im Gegensatz zur Maschine, allein über diese Fähigkeit. Sie führt im Hirn zu einem schöpferischen Akt, zur Introspektion, zum Träumen und innerlichen Denken.[73] Es ist daher essenziell, künstliche Intelligenz verantwortungsvoll weiterzuentwickeln und sinnvoll zu nutzen, während wir uns gleichzeitig die Kraft des unabhängigen und selbstständigen menschlichen Denkens im Sinne einer humanen «(Herz-)Intelligenz» bewahren.

Damit das **Denken selbst denken kann,** muss ich versuchen, mich nicht von einem dominanten Gedanken leiten zu lassen, sondern mich dem Prozess hinzugeben. Dieses Sich-frei-Denken, das Spielen mit diversen Sichthypothesen und ein Denken des bisher Undenkbaren, erfordern eine ausgeprägte Souveränität. Konkret ein Vertrauen in das Unerfahrene, Unvertraute und Unvernünftige. Oder wie es Axel Hacke poetisch formuliert: *«Möchte ich nicht, dass Vernunft gnadenlos wird, muss mir die Vernunft selbst sagen, dass es vernünftig ist, auch mal unvernünftig zu sein.»*[74] Das Fremde, Ungewöhnliche und Atypische zulassen, ihm Bedeutung beimessen und Raum geben, ist äußerst anspruchsvoll. Bezogen auf die thematisierten sieben Denkkonstrukte lässt sich viel Unvertrautes erkennen. Das Sich-Einlassen auf das Unbekannte ist eine taugliche Möglichkeit, sich damit vertraut zu machen. So zum Beispiel:

- **Thinkout** «Menschenbild»: Sich von der beeindruckenden Kraft der sozialen Ansteckung überraschen lassen und mit einem konsequent positiven Menschenbild die Welt verändern.
- **Thinkout** «Selbstregie»: Ohnmacht durch Eigenmacht ersetzen, auf der Hinterbühne Regie führen und fremdbestimmt selbstbestimmt handeln.
- **Thinkout** «Normalität»: Dem Normalen misstrauen, eine momentane Normalität ausbilden und die intellektuelle Trägheit überwinden.
- **Thinkout** «Transformation»: Wandel neu denken, auf Appelle verzichten und emotional erlebbare Erfahrungen als Transformationskatalysator nutzen.
- **Thinkout** «Komplexität»: Hyperrationalität ablegen, dem Zufall eine Chance geben und Komplexität durch Vertrauen und Vielfalt erschließen, statt versuchen, sie zu reduzieren.
- **Thinkout** «Leadership»: Exzellenz nicht als Zustand, sondern Ergebnis verstehen, am System arbeiten und sich emporirren.
- **Thinkout** «Wertekompass»: Moralisch um- und nicht aufrüsten, eigene Tugenden ausbilden und mit einer Ethik des Wollens die Qualität des Zusammenlebens verbessern.

Meiner eigenen Erfahrung und dem erlebten Lernparcours entsprechend, sind **Experimente das mächtigste Mittel,** um dieses Vertrauen in das Unvertraute zu schaffen. Unser ganzes Leben ist ein Experiment und wir beginnen immer wieder, ohne das Ende zu kennen. Experimentieren ist eine faszinierende Verschmelzung von Handlung und immer neuem Erproben, ein Nie-fertig-Sein, ein Nie-sicher-Sein und ein Immer-weiter-Denken. Experimente sind alternativlos. Sie sind der Katalysator des Denkfortschritts und der Wissensproduktion. Als Gelingensvoraussetzungen für das Experimentieren lassen sich nennen: Akzeptanz des Nichtwissens, Abkehr vom Streben nach Perfektion, die Wiedereinführung des Zufalls und die Bereitschaft, Dinge zu finden, nach denen wir nicht gesucht haben. Experimente helfen, das Dogmatische zurückzudrängen, sie entlarven limitierende Denkmuster und Vorurteile, sie widerlegen Theoriestandards und geben neue Antworten. Sie mobilisieren Potenziale und verborgene Energien und schaffen wertvolle Realitäten auf Probe. Der Verzicht auf das Experiment ist die einzige Form des dummen Scheiterns, denn wenn ich nicht experimentiere, habe ich keine Chance, Neues zu denken und zu lernen. Den Denkraum können wir nur erweitern, indem wir das vermeintlich Reale experimentell verändern. Dazu benötigen wir die Kompetenz und eine von uns persönlich ausgestellte Lizenz zum gedanklichen Experimentieren. So helfen zum Beispiel ergebnisoffene Versuche, die Plausibilität des unterstellten Menschenbildes zu testen und Selbstwirksamkeit auf der Hinterbühne zu erfahren. Sie erweitern den Möglichkeitssinn für das Normale und schaffen neue Erfahrungswelten für gelingende Veränderungen. Im Umgang mit Komplexität erweisen sie sich als Mittel zur gezielten Erhöhung von Varietät und im Kontext der Führung fördern sie die Ausbildung von Führungsexzellenz. Und schließlich helfen Experimente Eigenkonventionen und eine Ethik des Wollens zu konturieren.

Zum Schluss noch ein Gedanke in eigener Sache. Anfang 2024 hatte ich auch den Neurobiologen Gerald Hüther angefragt, ob er bereit sei, einen Beitrag für dieses Buch zu schreiben. Seine sinngemäße Antwort lautete: Er möchte die Aufgabe lieber nicht übernehmen und sich selbst gegenüber ehrlich eingestehen, wie wenig all die zahlreichen Beiträge von vielen klugen Leuten in den letzten Jahrzehnten tatsächlich bewirkt haben. Jugendliche und junge Erwachsene seien zudem größtenteils außerstande, einen differenzierten Text zu lesen oder gar zu verstehen. Er fokussiere deshalb seine Aktivitäten auf die praktische Umsetzung konkreter Vorhaben. Die Botschaft von Gerald Hüther hat mich nachdenklich gestimmt und dazu geführt, dass ich mir die Frage nach dem Sinn dieser Publikation gestellt habe. Ist mein Denken allenfalls eine Exkulpation für das eigene Handeln?

Reden verbraucht Ideen, während im Schreiben neue entstehen. Ich habe das Buch geschrieben, weil für mich die Ordnung der eigenen Gedanken die Basis für mein Handeln bildet. Dinge, die man durch das Denken selbst entdeckt, sind wichtiger als Dinge, die andere dir sagen. Mit dem Schreiben habe ich erlebt, dass Wittgenstein mit seiner Aussage «Worte sind Taten» recht hatte. Sollten Sie, geschätzte Leserin, geschätzter Leser, durch **Thinkout** eine Einladung zum Selbstdenken, eine Anregung zur Klärung Ihrer Gedanken und eine Ermutigung zum Finden eigener Antworten erfahren haben, so ist – zumindest für mich – das Ziel dieser Publikation erreicht.

**Wenn Menschen lachen,
sind sie fähig zu denken.**

Leichtigkeit zeichnet Denkende aus. Bevor wir zu Halluzinogenen und Psychedelika als Mittel zur Denkerweiterung greifen, sollten wir die Botschaft des Dalai Lama ernst nehmen und Humor vermehrt als Ansporn für unser eigenes Denken nutzen. Denken braucht Taten, das heißt: Denken setzt eigene Initiative voraus, und erst durch Taten gewinnt es an Bedeutung und entfaltet es seine volle Wirkung.

Dabei geht es nicht um ein lähmendes «Zerdenken» oder das Verlagern aller Aktivitäten ins Geistige, sondern um das reflexive, handlungsorientierte Denken.

Selbst denken,
Horizonte sprengen und
Zukunft gestalten,
jetzt.

Anmerkungen

1. Kant, I.: Beantwortung der Frage: Was ist Aufklärung?, in: Berlinische Monatsschrift, 1784, H. 12, S. 481–494
2. Hirschi, C.: Nachdenken können sich Politiker nur selten leisten, in: NZZ am Sonntag, 26.11.23, S. 24
3. Goethe, J.W.: Wilhelm Meisters Lehrjahre, 1. Auflage, Berlin 2007
4. Bauer, J.: Wie wir werden, wer wir sind. Die Entstehung des menschlichen Selbst durch Resonanz, München 2019, S. 13
5. Waldinger, R./Schulz, M.: The Good Life und wie es gelingen kann, Erkenntnisse aus der weltweit längsten Studie zu einem erfüllten Leben, München 2023
6. Vgl. Fehr, E.: Nur ein Viertel der Menschen handelt rein egoistisch, in: NZZ vom 20.06.2024, S. 20
7. Frankl, V.E.: Trotzdem Ja zum Leben sagen: Ein Psychologe erlebt das Konzentrationslager, München 1977
8. Van Schaik, C./Michel, K.: Mensch sein – von der Evolution für die Zukunft lernen, Hamburg 2023, S. 60, 76
9. Falk, A.: Warum es so schwer ist, ein guter Mensch zu sein, München 2022
10. Pinker, S.: Das unbeschriebene Blatt, Die moderne Leugnung der menschlichen Natur, Frankfurt a.M. 2018
11. Unter einer paradoxen Intervention versteht man eine therapeutische Eingriffsform, die darauf abzielt, Veränderungen durch scheinbar absurde Handlungen zu provozieren. Durch das Empfehlen eines unerwarteten Verhaltens soll bewusst ein Zustand der Widersprüchlichkeit entstehen, der die Person anregt, ihre ursprüngliche Denk- und Verhaltensweise zu überdenken und alternative Anschauungen oder Handlungsweisen in Betracht zu ziehen.
12. Ryan, R.M./Deci, E.L.: Self-determination theory: Basic psychological needs in motivation, development, and wellness, New York 2017
13. Luhmann, N.: Die Realität der Massenmedien, Berlin 1996
14. Vgl. Marti, L.: Die Kraft des Unterbewusstseins, in: Aargauer Zeitung, 12.06.24, S. 12
15. Pinker, S.: Das unbeschriebene Blatt, Die moderne Leugnung der menschlichen Natur, Frankfurt a.M. 2018
16. Sigrist, Ch.: Ich glaube nicht, dass Kirchtürme moralische Zeigefinger sein sollen, in: Neue Zürcher Zeitung, 02.03.2024, S. 16: Interview von Urs Bühler mit Christoph Sigrist
17. Peterson, Ch./Maier, S.F./Seligman, M.E.P.: Learned Helplessness: A Theory for the Age of Personal Control New York, Oxford 1993
18. Gilovich, T./Ross, L.: The Wisest One in the Room: How You Can Benefit from Social Psychology's Most Powerful Insights, o.O. 2016
19. Brunsson, N.: The Irrational Organization: Irrationality as a Basis for Organizational Action and Change, Oslo 2000
20. Interessierten empfehle ich das ambitionierte Über-sich-selbst-Nachdenk-Buch: Schöll, R.: Entdecken, was möglich ist, Existenzielles Selbstcoaching, Trier 2024
21. Brooks, A./Winfrey, O.: Die Kunst und Wissenschaft des Glücklichseins, München 2023
22. Hacke, A.: Über die Heiterkeit in schwierigen Zeiten und die Frage, wie wichtig uns der Ernst des Lebens sein sollte, 3. Aufl., Köln 2024, S. 210 f.
23. Jenni, O.: Eltern entspannt euch, in: NZZ am Sonntag, 28.04.24, S. 18
24. Vgl. Frey A.: Exklusion war ihre pädagogische Leitlinie, in: NZZ am Sonntag, 18.02.2024, S. 49f.; Seichter, S.: Der lange Schatten Maria Montessoris, Weinheim 2024
25. Sauerland, S./Waffenschmidt, S.: Welche Halbwertszeit hat medizinisches Wissen? In: KVH-Journal, 6/2018, S. 20–22

26 Vgl. Neuhaus, C: Achtung, Moral!, in: NZZ vom 10.08.24, S. 1
27 Hehli, S.: Die künstliche Intelligenz macht die Medizin besser, in: NZZ vom 31.05.2023, S. 9; o.V.: Die stille Revolution, in: Der Zukunftsbeweger – Globalance, 2023/2024, S. 8f.
28 Kaduk, S./Osmetz, D./Wüthrich H.A.: MusterbrecherX, Ein Prospekt für mutige Führung, Hamburg 2017; Kaduk, S./Osmetz, D./Wüthrich H.A./Hammer, D.: Musterbrecher – Die Kunst, das Spiel zu drehen, Hamburg 2013; Wüthrich, H.A./Osmetz, D./Kaduk, S.: Musterbrecher – Führung neu leben, 3. Aktualisierte und vollständig überarbeitete Auflage, Wiesbaden 2008
29 Lewin, K.: Frontiers in group dynamics. Concept, method and reality in social science. Social equilibria and social change, in: Human Relations. Bd. 1, Nr. 1, 1947, S. 5–41
30 Linder, M.: Unser Skelett ist eine ständige Baustelle, in: Tagesanzeiger, 27.06.03, S. 78
31 Rogers, E.M.: Diffusion of Innovations, 5. Auflage, New York, London, Toronto, Singapore, 2003
32 Geiser, E.: Das Gehirn braucht Zuwendung, in: NZZ vom 09.12.23, S. 57
33 Vgl. Lahrtz, St.: Eine Ameise zwingt die Löwen, ihren Menuplan zu ändern, in: NZZ vom 27.01.2024, S. 51
34 Quelle: 2023 Alight Workforce and Wellbeing Mindset Study: Deutschland, verfügbar unter: https://www.alight.com/de/about/newsroom/de-alight-mindset-study-2023 (Stand 26.02.24)
35 Fuchs, Th./Iwer, L./Micali, St.(Hrsg.): Das überforderte Subjekt, Zeitdiagnosen einer beschleunigten Gesellschaft, Berlin 2018
36 Dörner, D.: Die Logik des Misslingens, strategisches Denken in komplexen Situationen, Hamburg 2003
37 Vgl. Althaus, N./Messmer, P.: Was unsere Seele stark macht, in NZZ am Sonntag, 23.06.2024, S. 16
38 Luhmann, N.: Vertrauen, ein Mechanismus zur Reduktion sozialer Komplexität, Stuttgart 1968
39 Osterloh, M./Weibel, A.: Investition Vertrauen, Prozesse der Vertrauensentwicklung in Organisationen, Wiesbaden 2006, S. 35.
40 Lietaer, B.: SHIFT. Drei Paradigmenwechsel, die wir vollziehen müssen, um zukunftsfähig zu werden, Saarbrücken 2023
41 Baecker, D.: 4.0. oder Die Lücke die der Rechner lässt, Leipzig 2018
42 Zur «Torheit» vgl. March, J. G.: Die Technologie der Torheit, in: March, J.G. (Hrsg.): Entscheidung und Organisation: Kritische und konstruktive Beiträge. Wiesbaden 1990, S. 281 – 295, S. 290
43 Vgl. dazu: Wüthrich, H.A.: Zufall als Fortschrittsgarant, Ein Plädoyer für das unbeabsichtigte Entdecken, in: zfo 03/2019, S. 200 ff.; Schaller, Ph.D./Wüthrich, H.A.: Experimente, Eine Methodik intelligenter Unternehmensentwicklung und Zukunftsgarant, in: zfo 05/2016, S. 308 ff. und Kaduk, S./Osmetz, D.: Richtig widerstehen, Der Weg zur strapazierfähigen Organisation, Hamburg 2024, S. 77 ff.
44 Edmondson, A.C.: Strategies From Learning From Failure. In: Harvard Business Review, 89 Jg., 2011, H. 4, S. 48 ff.
45 Quelle: https://www.bfs.admin.ch/asset/de/24045685 (Stand 07.08.24)
46 Samochowiec, J./Bauer, J./Neumüller, K.: Strategien im Umgang mit dem Arbeitskräftemangel, GDI Gottlieb Duttweiler Institut, 2023
47 McKinsey Center for CEO Excellence, McKinsey, December 14, o.O. 2023
48 Quelle: Generationenbarometer Schweiz 2023, www.hdl.ch/generationenbarometer
49 Für detaillierte Ausführungen zu den Metakompetenzen vgl. Wüthrich, H.A.: Capriccio – Ein Plädoyer für die ver-rückte und experimentelle Führung, Zürich, München 2020
50 Quellen: Studien des Instituts für Führung und Personalmanagement der Universität St. Gallen, Befragung von Mitarbeitenden und Führungskräften in 100 Unternehmen (2010), in 94 Unternehmen (2011) und in 96 Unternehmen (2013)
51 Molitor, A.: Bin ich gut genug? In: brandeins 10/20, S. 72 – 78
52 Dewar, C./Keller, S./Malhotra, V.: CEO Excellence, The Six Mindsets That Distinguish the Best Leaders from the Rest, New York 2022; www.mckinsey.com/featured-insights/mckinsey-on-books/ceo-excellence (Stand 08.08.24)
53 Robertson, B.J.: Holacracy: Ein revolutionäres Management-System für eine volatile Welt, München 2016

54 Strauch, B./Reijmer, A.: Soziokratie: Kreisstrukturen als Organisationsprinzip zur Stärkung der Mitverantwortung des Einzelnen, München 2018
55 Oestereich, B./Schröder, C.: Das kollegial geführte Unternehmen, Ideen und Praktiken für die agile Organisation von morgen, 1. Aufl., München 2017
56 Kolind, L./Botter, J.: Unboss, Copenhagen, 2012
57 Kühl, S./Sua-Ngam-Iam, P. (Hrsg.): Holocracy – Funktionen und Folgen eines Managementmodells, Wiesbaden 2023
58 Groth, T./Krejci, G.P./Günther, S. (Hrsg.): New Organizing, Wie Großorganisationen Agilität, Holocracy & Co. Einführen – und was man daraus lernen kann, Heidelberg 2021
59 Bruch, H.:/Menges, J.I.: Wege aus der Beschleunigungsfalle, in: Harvard Business Manager, Mai 20210, S. 2 – 8
60 Gentinetta, K.: Keiner oder zwei: So lautet die Devise für die Chefetage von morgen, in: NZZ am Sonntag, 30.11.2019
61 Wüthrich, H.A.: Verteilte und kollektive Führung, in: zfo 02/2020 (89. Jg.), S. 68 – 72, S. 70
62 Vgl. Jünke, A./Sestendrup, L:/Bräunlein, G./von der Oelsnitz, D.: Die Automatisierung von Führungsfunktionen, Ein Literatur-Review zum Einsatz von KI in der Mitarbeiterführung, in: zfo 04/2024 (93. Jg.), S. 230 – 235
63 Zur Vertiefung: Vgl. Wüthrich, H.A.: Zufall als Fortschrittsgarant, Ein Plädoyer für das unbeabsichtigte Entdecken, in: zfo 03/2019, S. 200 – 204.
64 Zitiert in: Precht, R.D.: Die Kunst, kein Egoist zu sein – Warum wir gerne gut sein wollen und was uns davon abhält, 2. Aufl., München 2010, S. 239 ff.
65 Kaeser, E.: Wir schrecklichen Verallgemeinerer – der Mensch denkt in Abstrakta, doch alle haben das Recht, ein Einzelfall zu sein, in: NZZ 30.04.24
66 Zitiert in: Teuwsen, P.: Die Fanatiker, sie dürfen uns nicht erwischen, in: NZZ vom 11.05.2024
67 Wüthrich, H.A.: Manifest der intellektuellen Bescheidenheit – Problemlösung neu denken, Zürich, München 2022
68 Der Begriff «Gleichwürdigkeit» stammt vom Familientherapeuten Jesper Juul
69 Nachfolgende Ausführungen sind teilweise entnommen aus: Wüthrich, H.A.: Die Kluft überwinden, in: neues lernen, 01/2024, S. 14 – 18
70 Brown, B.: Words, Actions, Dehumanization, and Accountability. https://brenebrown.com/podcast/brene-on-words-actions-dehumanization-and-accountability/ (Stand 07.08.24)
71 Zitiert in: Höffe, O.: Es braucht Mut, den Verstand zu gebrauchen: Immanuel Kant fordert die Menschen zum Denken auf und provoziert die Gebildeten, in: Neue Zürcher Zeitung, 20.04.24
72 Wüthrich, H.A.: Manifest der intellektuellen Bescheidenheit – Problemlösung neu denken, Zürich, München 2022, S. 22
73 Interview mit Rex Jung in: Zucker, A.: Mit KI ist es wie mit Psychopathen, in: NZZ am Sonntag, 30.06.2024, S. 18
74 Hacke, A.: Über die Heiterkeit in schwierigen Zeiten und die Frage, wie wichtig uns der Ernst des Lebens sein sollte, 3. Aufl., Köln 2024

Glossar

Affichenmoralismus (S. 197)	Phänomen der vorgetäuschten moralischen Überlegenheit oder der oberflächlichen und scheinheiligen Proklamation von Moralvorstellungen.
Ambiguitätskompetenz (S. 104)	Fähigkeit, Mehrdeutigkeiten und Ungewissheiten zu tolerieren und konstruktiv mit ihnen umzugehen.
Arbeit am System (S. 114)	Einflussnahme auf den Kontext, das heißt die Strukturen, Prozesse und Kultur eines Systems.
Blackbox-Gesellschaft (S. 135)	Gesellschaft, in der die Funktionsweisen meist technologischer Systeme und Entscheidungsprozesse für die meisten Menschen undurchsichtig und schwer verständlich sind.
Confirmation Bias (S. 59)	Tendenz, Informationen so zu suchen, zu interpretieren und zu erinnern, dass sie die eigenen Überzeugungen und Erwartungen bestätigen.
counterfactual conditionals (S. 18)	Hypothetische Aussagen, die beschreiben, was unter anderen Umständen oder Bedingungen passiert wäre, häufig ausgedrückt mit «wenn … dann»-Formulierungen.
Denkies (S. 13)	Gedankensplitter unter Aktivierung der eigenen Denkkraft. Begriff stammt von Wolf Lotter.
Denkkonstrukt (S. 15)	Gedankliches Gebilde, das abstrakte Konzepte oder Ideen zur Erklärung komplexer Sachverhalte verwendet.
dialektisch (S. 98)	Methode des Denkens und Argumentierens, bei der Gegensätze und Widersprüche untersucht und aufgelöst werden, um zu einer höheren Erkenntnis zu gelangen.
Diffusionstheorie (S. 116)	Beschreibt die Art der Verbreitung von Ideen innerhalb einer sozialen Gruppe oder Gesellschaft im Zeitablauf.
Dissens-Souveränität (S. 218)	Fähigkeit, in einer Diskussion oder Verhandlung souverän und konstruktiv mit Meinungsverschiedenheiten umzugehen.
erlernte Hilflosigkeit (S. 60)	Psychologischer Zustand, in dem eine Person aufgrund wiederholter negativer Erfahrungen das Gefühl entwickelt, keine Kontrolle über die Situation zu haben, und daher passiv bleibt, selbst wenn sie die Möglichkeit zur Veränderung hätte.
Evidenz (S. 12)	Nachgewiesene, belegbare Fakten oder Daten, die zur Untermauerung wissenschaftlicher Erkenntnisse oder Argumente herangezogen werden.

Exemplarismus (S. 217)	Erläuterung eines Sachverhalts, eines Begriffs oder einer ganzen Lehre durch ein Beispiel.
Existenzanalyse (S. 36)	Psychotherapeutische Methode, die sich auf die wirklichkeitsbezogene Auseinandersetzung mit den grundlegenden Bedingungen menschlicher Existenz und deren Bedeutung für das individuelle Leben konzentriert.
Führungslabor (S. 174)	Experimentierraum, in dem Führungskräfte praxisnah Führungsfähigkeiten entwickeln und testen können.
Gegenwind-Rückenwind-Asymmetrie (S. 60)	Phänomen, dass Menschen negative Einflüsse wie Gegenwind stärker wahrnehmen und erinnern als positive Einflüsse wie Rückenwind.
Gesetz in mir (S. 200)	Moralisches Gesetz, das jeder Mensch in seinem eigenen Bewusstsein trägt, unabhängig von äußeren Vorgaben.
Gesinnungsethik (S. 195)	Ansatz, bei dem Handlungen nach den zugrunde liegenden Motiven und Überzeugungen statt nach ihren Konsequenzen bewertet werden.
Good Governance (S. 196)	Prinzipien und Praktiken, die eine verantwortungsvolle, transparente, partizipative und effiziente Führung und Verwaltung öffentlicher und privater Organisationen gewährleisten.
Halluzinogene (S. 226)	Substanzen, die bei Einnahme Wahrnehmungsveränderungen wie Halluzinationen und veränderte Bewusstseinszustände hervorrufen.
hermeneutischer Zirkel (S. 40)	Philosophisches Konzept, das beschreibt, wie das Verständnis des Ganzen und seiner Teile sich gegenseitig bedingen und kontinuierlich vertiefen.
heroische Führung (S. 167)	Führungsstil, bei dem eine charismatische und visionäre Einzelperson ihre Gefolgschaft heldenhaft leitet und motiviert.
Herzintelligenz (S. 223)	Fähigkeit, die es erlaubt, intuitives Wissen und emotionale Weisheit zu nutzen, um Entscheidungen zu treffen und das Wohlbefinden zu fördern.
Humanethnologie (S. 34)	Wissenschaftliche Disziplin, die sich mit der vergleichenden Untersuchung und Analyse der kulturellen und sozialen Strukturen verschiedener menschlicher Gesellschaften beschäftigt.
Ich-will-Ethik (S. 196)	Ethische Haltung, bei der intrinsisch motivierte Wert- und Moralvorstellungen handlungsleitend sind.
intellektuelle Bescheidenheit (S. 200)	Innere Souveränität, die es einem erlaubt, sich vom Habitus der Ich-Zentrierung, der rechthaberischen Deutungshoheit, der naiven Omnikompetenz und des trügerischen Wissens zu emanzipieren.

Komplexitäts-Resilienz (S. 138)	Fähigkeit eines Systems, trotz steigender Komplexität und unvorhersehbaren Veränderungen stabil und funktionsfähig zu bleiben.
kreativer Systembetrug (S. 169)	Bewusstes Ausnutzen von Schlupflöchern oder Schwächen in einem System durch innovative Methoden, um unrechtmäßige Vorteile zu erlangen.
Libellensicht (S. 73)	Fähigkeit, eine Situation aus mehreren Perspektiven gleichzeitig zu betrachten, ähnlich wie eine Libelle mit ihren facettierten Augen.
Logotherapie (S. 36)	Psychotherapeutische Methode, die darauf abzielt, dem Leben des Einzelnen durch die Suche nach einem tieferen Sinn eine positive Bedeutung zu verleihen.
mentales Immunsystem (S. 139)	Kognitive und emotionale Mechanismen, die uns helfen, negative Gedanken und schädliche Einflüsse zu erkennen und zu bewältigen, um psychische Gesundheit zu erhalten.
Metaanalyse (S. 73)	Statistische Verfahren, die die Ergebnisse mehrerer Studien zu einem bestimmten Thema zusammenfassen, um übergreifende Schlussfolgerungen zu ziehen.
Modell des Lebensfähigen Systems (S. 149)	Theoretisches Rahmenwerk, das die Strukturen und Prozesse beschreibt, die ein System benötigt, um langfristig in einer sich verändernden Umgebung zu überleben.
Multiphrenie (S. 66)	Zustand, in dem eine Person durch die Vielzahl an sozialen Rollen und Erwartungen zerrissen wird, was zu einem fragmentierten Selbstbild führen kann.
Narrativ (S. 11)	Strukturierte Erzählung oder Geschichte, die Ereignisse sinnvoll verknüpft und dazu dient, Werte und Bedeutungen zu vermitteln.
Negativitätsverzerrung (S. 38)	Menschliche Tendenz, negative Ereignisse, Informationen oder Emotionen stärker zu gewichten und länger im Gedächtnis zu behalten als positive.
norma normans (S. 103)	Normative Regel, die selbst keine höheren Normen über sich hat und somit als oberste Richtschnur fungiert.
Normalitätsblindheit (S. 88)	Tendenz, Alltägliches oder Weitverbreitetes als selbstverständlich anzusehen und dessen potenziell problematische Aspekte zu übersehen.
Organisationale Resilienz (S. 168)	Fähigkeit einer Organisation, sich an Veränderungen anzupassen, Krisen zu bewältigen und gestärkt aus ihnen hervorzugehen.
paradoxe Intervention (S. 50)	Therapeutische Technik, bei der der Therapeut dem Klienten das Gegenteil von dem empfiehlt, was er erreichen möchte, um das gewünschte Verhalten zu fördern.
Phrenie (S. 66)	Medizinischer Begriff, der sich auf Geisteskrankheiten oder Störungen des Geisteszustands bezieht.

Power Laws (S. 149)	Mathematische Beziehungen, bei denen eine relative Veränderung einer Größe zu einer proportionalen relativen Veränderung einer anderen Größe führt, oft in Form einer Potenzfunktion.
produktive Resignation (S. 62)	Haltung, bei der man trotz des Erkennens von Begrenzungen und Hindernissen konstruktiv und gelassen handelt, anstatt zu verzweifeln.
prosoziales Verhalten (S. 29)	Freiwillige Handlungen, die darauf abzielen, anderen zu helfen oder ihnen einen Nutzen zu bringen.
Psychedelika (S. 226)	Substanzen, die Bewusstseinsveränderungen hervorrufen und Wahrnehmung, Stimmung sowie kognitive Prozesse intensiv beeinflussen können.
Remodellierung (S. 113)	Strukturelle Anpassung und Erneuerung von Geweben oder Organen als Reaktion auf innere und äußere Einflüsse.
Schmetterlingseffekt (S. 136)	Beschreibt das Phänomen, dass kleine Veränderungen in den Anfangsbedingungen eines Systems große und unvorhersehbare Auswirkungen haben können.
Schwache Signale (S. 150)	Subtile Anzeichen oder Hinweise auf zukünftige Trends oder Veränderungen, die oft schwer zu erkennen und zu interpretieren sind.
Schwarzer Schwan (S. 151)	Seltenes, unvorhersehbares Ereignis mit erheblichen Auswirkungen, das außerhalb der normalen Erwartungen liegt.
Serendipitätsprinzip (S. 145)	Das Prinzip besagt, dass bedeutende Entdeckungen oder Erfindungen oft zufällig und unerwartet gemacht werden, während man eigentlich nach etwas anderem sucht.
Soziale Ansteckung (S. 31)	Ausbreitung von Verhaltensweisen, Emotionen oder Einstellungen durch direkte oder indirekte Interaktionen zwischen Menschen.
Soziale Fitness (S. 33)	Fähigkeit einer Person, positive und effektive soziale Beziehungen zu pflegen und sich erfolgreich in einer Gesellschaft zu bewegen.
St. Galler Systemansatz (S. 166)	Managementmodell, das Organisationen als komplexe, produktiv soziale Systeme betrachtet und deren Wechselwirkungen mit der Umwelt sowie interne Strukturen und Prozesse analysiert.
Subsumtion (S. 100)	Prozess, bei dem ein konkreter Sachverhalt unter eine allgemeine Regel oder ein Gesetz unterordnet wird.
Synodalität (S. 213)	Prinzip der Kirchenführung, bei dem Entscheidungsprozesse durch gemeinsame Beratung und Beteiligung aller Mitglieder einer kirchlichen Gemeinschaft erfolgen.
Therapieauftrag (S. 116)	Definiert die Ziele und Erwartungen, die ein Patient und ein Therapeut gemeinsam für den therapeutischen Prozess festlegen.

Toxizität (S. 28)	Maß der schädlichen Wirkung einer Substanz auf einen Organismus oder ein Organ.
Tugendethik (S. 215)	Ethisches Konzept, das den Charakter und die Tugenden des Handelnden in den Mittelpunkt stellt und moralisches Handeln durch die Entwicklung und Förderung guter Eigenschaften erklärt.
Überpathologisierung (S. 82)	Tendenz, normale Verhaltensweisen oder Befindlichkeiten fälschlicherweise als krankhaft oder behandlungsbedürftig zu interpretieren.
Varietät (S. 141)	Vielfalt oder Unterschiedlichkeit von Elementen innerhalb eines bestimmten Systems oder einer Gruppe.
verkleideter Segen (S. 159)	Eine zunächst negativ erscheinende Situation, die sich im Nachhinein als vorteilhaft oder positiv herausstellt.
Vernunftethik (S. 195)	Ethisches Konzept, das moralische Prinzipien und Handlungen auf der Basis rationaler Überlegungen und logischen Denkens begründet.
vitale natürliche Systeme (S. 141)	Organismen oder Ökosysteme, die gesund wachsen, Widerstandsfähigkeit gegenüber Umweltveränderungen zeigen und damit langfristig überlebensfähig sind.
Vorder- und Hinterbühne (S. 62)	Begriffe aus der Soziologie, die die Unterscheidung zwischen dem öffentlichen Verhalten (Vorderbühne) und dem privaten, oft verborgen bleibenden Verhalten (Hinterbühne) von Individuen beschreiben.
WIIFM (S. 123)	«What's In It For Me» ist eine Perspektive oder Frage, die Menschen stellen, um den persönlichen Nutzen oder Vorteil eines Angebots, einer Aktion oder einer Information zu bewerten.
Zirkularität (S. 32)	Rückkopplungsschleife, bei der die Ursache eine Wirkung erzeugt, die wiederum auf die ursprüngliche Ursache einwirkt.

Danksagung

Ein besonderer Dank gebührt den Drittautorinnen und -autoren, die sich auf das Selbstdenken eingelassen und uns freizügig Einblicke in ihre Erfahrungswelten gewährt haben. Sie waren bereit, ein **Thinkout** zu nehmen, den Raum für ein Innehalten zu nutzen und sich einer barrierefreien Reflexion zu stellen. Durch ihre biografischen Erzählungen haben sie vielfältige Perspektiven eingebracht, unser Wissen erweitert und unsere Sichtweisen bereichert. Sie haben uns zum Nachdenken und zum produktiven Zweifeln angeregt.

Persönlich möchte ich meinen aufrichtigen Dank an all jene inspirierenden Persönlichkeiten richten, denen ich bislang in meinem Leben begegnet bin und die mir geholfen haben, ein eigenständiges und kritisches Denken auszubilden. Dank ihrer Haltung des Nicht-recht-haben-Müssens sind wertvolle Dialoge entstanden, die mir geholfen haben, meinen Denkhorizont zu erweitern, und mich vor mentaler Lethargie bewahrt haben. Viele der in diesem Buch präsentierten Gedanken sind nicht ausschließlich meine eigenen; sie entspringen vielmehr den inspirierenden Begegnungen mit diesen Schlüsselpersonen und den Impulsen, die ich aus unterschiedlichen wissenschaftlichen Disziplinen gewinnen konnte.

Ein besonderer Dank gebührt den beiden Verlagen Versus und Vahlen, die die Veröffentlichung von **Thinkout** ermöglicht haben, sowie dem ganzen Team des Versus Verlags für das sorgfältige Lektorat und die Gestaltung des Buchcovers.

Schließlich möchte ich mich einmal mehr herzlich bei meiner Frau Ursula bedanken, die mich während des gesamten Schreibprozesses liebevoll unterstützt und viel Verständnis für meine zeitweilige gedankliche Abwesenheit aufgebracht hat.

Autor

Hans A. Wüthrich (Jg. 1956) ist emeritierter Professor für Internationales Management an der Universität der Bundeswehr München und Privatdozent an der Universität St. Gallen. Er ist Autor und Co-Autor zahlreicher Sachbücher. 2022 erschien «*Manifest der intellektuellen Bescheidenheit – Problemlösung neu denken*», 2020 «*Capriccio – Ein Plädoyer für die ver-rückte und experimentelle Führung*», 2017 «*MusterbrecherX – Ein Prospekt für mutige Führung*», 2013 «*Musterbrecher – Die Kunst, das Spiel zu drehen*», 2008 «*Musterbrecher – Führung neu leben*». Im Jahre 2007 erhielt er den Heinz von Foerster-Preis für Organisationskybernetik. Er ist als Verwaltungs- und Stiftungsrat tätig, Vater dreier erwachsener Söhne und Großvater von lebhaften Enkelkindern, die das unbekümmerte Denken tagtäglich spielerisch vorleben.

Vom gleichen Autor

Hans A. Wüthrich

Manifest
der intellektuellen Bescheidenheit
Problemlösung neu denken

ISBN 978-3-03909-325-0 · 2022 · 167 Seiten · gebunden

«Von der Ich-Zentrierung zur Gelassenheit.
Wüthrichs Buch versteht sich als Weckruf,
es ist der Versuch, eine Problemlösungsheuristik
zu entwerfen, die zu besseren Lösungen führt.»

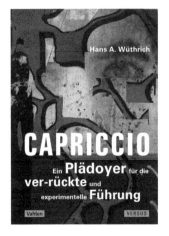

Hans A. Wüthrich

Capriccio –
Ein Plädoyer für die ver-rückte und experimentelle Führung
Denkangebote zur Zukunft der Führung – ein Störbuch

ISBN 978-3-03909-285-7 · 2020 · 157 Seiten · gebunden

«Ein sehr gelungenes Buch zum Thema Führung,
das zum Nachdenken und Nachahmen anregt,
andere Sichtweisen auf Führung aufzeigt und Beispiele
gibt, wie Führung auch in anspruchsvollen und von
ständiger Veränderung geprägten Zeiten gelingen kann.»